Nanjing
Cultural Talent
南京文化人才

领读南京

许金晶 编著

南京出版社
南京出版传媒集团

图书在版编目（CIP）数据

领读南京 / 许金晶编著 . -- 南京 ：南京出版社，2025. 1. -- ISBN 978-7-5533-5025-7

Ⅰ . G252.17

中国国家版本馆 CIP 数据核字第 20243WF073 号

书　　名　领读南京
编　　著　许金晶
出版发行　南京出版传媒集团
　　　　　　南　京　出　版　社

社址：南京市太平门街 53 号　　邮编：210016
网址：http：//www.njcbs.cn　　电子信箱：njcbs1988@163.com
联系电话：025-83283893、83283864（营销）　025-83112257（编务）

出 版 人　项晓宁
出 品 人　卢海鸣
策划编辑　孙海彦
责任编辑　孙海彦
装帧设计　赵海玥
封面摄影　柴　云
责任印制　杨福彬

排　　版　南京新华丰制版有限公司
印　　刷　南京新世纪联盟印务有限公司
开　　本　787 毫米 ×1092 毫米　1/16
印　　张　18.25
字　　数　260 千
版　　次　2025 年 1 月第 1 版
印　　次　2025 年 1 月第 1 次印刷
书　　号　ISBN 978-7-5533-5025-7
定　　价　68.00 元

用微信或京东
APP扫码购书

用淘宝APP
扫码购书

目 录

推荐序：如何领读？怎样南京？

杨早

许金晶兄让我给《领读南京》一书写篇序，这种任务常常让我内心惶恐，总感觉那该是某位本土学院耆宿的手笔。不过，上次推辞了金晶兄的一篇约稿，该死的讨好型人格让我没能再次拒绝他的要求。这是毛病，得改。

我非常赞同南京大学谢欢教授在本书访谈中所言“读书自古以来都是一种小众行为”。虽然我经常被冠以“阅读推广人”的名头，但每每忍不住陷入自我怀疑之中：阅读是可以推广的吗？谁能保证你奉行的推广是适合对方的呢？就像我常常讲的：浅阅读是不用推广的，人的好奇心会推动他们去了解更多更新的信息；而深度阅读是反人性的，因为人性趋易避难，想让更多的人享受深度阅读的好处，非多想点法子不可。

2023年我曾经与一位高中的学长一起聊过我们的阅读史。在中学时光，我们共同的阅读记忆是金庸为首的武侠小说。我问了一个问题：当时几乎所有同龄人都在看武侠小说，现在他们中的大部分可能还沉湎在网文、微短剧、短视频之中。那么，咱俩是什么时候、用何种方式翻过那道“坎”的呢?

我的意思是，从自身成长的角度，我们这些个体是如何领略到深度阅读的好处并终生不渝的呢？破解了这个问题，或许可以对“阅读推广”的方式方法有所助益。

关于这个问题，我问过的人似乎都很难清晰地描绘，大概印象都是像郑振铎先生被问到“为什么买旧书”时那种回答“喜欢得弗得了”。若说是因为爱上阅读的人选择并从事学术、传媒、文化等行业的缘故，也不尽然，我参与创办的阅读邻居读书会13年来，各行各业的人都有，他们对阅读的热爱、敬意与努力，往往超过“专业人士”多多。那么，如果“喜欢阅读”只是一种天赋，阅读推广就变成一种机会提供，让天性爱阅读的人找到这片蓝海，让他们不会浪费自己的阅读天赋，是不是这样呢？

这是首先需要回答的问题。所谓“领读”，得知道往哪儿领，怎么领。可一书店创始人钱晓征女士在本书访谈中曾经描述了一个阅读的天堂般景象：

温暖的灯光下，人们手持酒杯，一边赏画，一边轻声交流。画廊临街的落地窗前，设有一个艺术阅读区，3米多长的阅览桌，可以容纳几十人，满墙的书架上，摆满艺术画册、艺术杂志，仅国内外艺术杂志就有50多种。有一个书架专门陈列画家们的画册，画家出版新的画册，会第一时间送来。艺术阅读区是沙龙酒会的休息区，阅读桌上摆着一些饮料、红酒、水果、茶点等，看完墙上的画，宾客们来到艺术阅读区，或坐或站， 一边吃吃喝喝，一边散漫地聊天，或者翻阅画册。

我敢说，没有比这样更理想的阅读场域了。但这种场域能否让公众在“网红”打卡的诱惑之外，更进一步地接触深度阅读的内核，那也是不敢打包票的事。许金晶兄写过一篇文章《警惕阅读的运动化和仪式化》，核心观点是：“如果公众的阅读兴趣和阅读品位不通过媒体传播等各种手段加以转变，仅仅把他置身于一个仪式化的读书会场景之下，其实对其阅读的提升和阅读习惯的转变基本上没什么作用。”仪式化是不可或缺的，但它很可能是个必要而非充分的条件。

如果非要我就目前的阅历、思考与表达能力做出回答，那我大概最看重的，还是每个读者的能动性。人不是生来就喜欢烧脑的，要么把烧脑当成了一种智力游戏（虚荣也是必要的，别人不读的书我在读，足以建立某种优越感），要么，烧脑能帮助你获得对人生、对世界新的认知。

这两者也可以结合。回顾自己的阅读史，大学时候泛览哲学，很大程度上一是可以给脸上贴金，时时引用名人名言也能制造出“智慧在脑”的假象；二是这些书是我佩服仰慕的师长们推荐，我相信只要沿着这条阅读之路走下去，有朝一日也会成为他们那样的人。

而后来，当我爱上历史时，曾反复用陈寅恪“读史早知今日事”来印证自己的读史与读世，包括写作也偏向历史领域，搞得很多人都以为我是学历史的。其实我深知自己的底色是文学思维，喜欢关注那些可以共情的小人物在哪里，吃什么，想什么，如何探知他们难于被记载的情绪与回忆。

因此，我从不敢小看环境与榜样对阅读的影响。我相信每个人打开深度阅读之门的时间与动作都不会完全相同，或者，我们要做的不过是多种场景、多种方式的磨合。从这一点说，一切的“领读”都可以尝试，其目标是要让“读者”动起来，找到自己的阅读榜样，建立自己的阅读谱系，发现希望解决的人生问题与阅读之间的关联。

《领读南京》比此前的《领读中国》更为立体而丰富，被访谈者涵括了作家、出版人、书店人、阅读推广人等领域的达人们。他们的经历、经验和心得，足以让或高或低的读者们找到自己心仪的阅读榜样。“我也希望成为那样的人”会激发出更多的领读者，这一点我坚信不疑。

至于“怎样南京”即南京的阅读特色与领读适配类型，访谈中亦多有提及（也是每场访谈的规定动作）。遥想祖父当年就读金陵大学附中，抗战中流离至万县、蓉城，其阅读如何，有点难于描画。在他最后的岁月里，为了抵抗越来越明显的遗忘，祖父在笔记本上一遍又一遍地写下年轻时迷恋至深的好莱坞影星的名字：格里高利·派克、英格里·褒曼、伊丽莎白·泰勒、奥黛丽·赫本……有时用中文，有时用英文。95岁老人的笔迹已经散乱，但似乎可以从中窥见20世纪30年代少年的文化记忆是如何被塑形的。

南京大学徐雁教授在访谈中引用1934 年中央大学教授朱偰之言谓：“尝

以为中国古都，历史悠久，古迹众多，文物制度，照耀千古者，长安、洛阳而外，厥推金陵……此四都之中，文学之昌盛，人物之俊彦，山川之灵秀，气象之宏伟，以及与民族患难相共、休戚相关之密切，尤以金陵为最。”这话让人想起《儒林外史》里娄太爷劝杜少卿的话：

南京是个大邦，你的才情到那里去，或者还遇着个知己，做出些事业来。

吴敬梓写下这话，已500年矣。2019年10月31日，南京被联合国教科文组织评为中国唯一的“世界文学之都”。抚今追昔，无论新旧之南京人，皆当与有荣焉。学术文化的昌盛，与足球水平的进步一样，不是托赖于少数天才的发掘，而是丰厚土壤的养成。南京作为“菜佣酒保都有六朝烟水气”的古城名都，理当书香文脉，郁沉发扬，而不是袁枚半真半假讽刺的“金陵人只解吃鸭，光天白日，尚无目识字画，安能于灯光烛影中别其媸妍耶？”——这句话由汪曾祺的《金冬心》传播甚广，可见阅读的重要，也足见“文学”是比较容易成为公众爱上阅读的门径：“区县图书馆来的读者，他们的阅读方向和兴趣主要是在文学这一块，尤其是小说、散文这一类，我们的阅读活动也迎合了受众的需求。”（南京鼓楼区图书馆副馆长徐力访谈）

我读《领读南京》，于阅读之道获益甚多，亦对南京的城市氛围心向往之。想来读者亦当如是？

2024年7月3日于北京团结湖寓

杨早：北京大学文学博士，中国社会科学院文学所研究员，
中国社会科学院大学教授，中国当代文学研究会副会长，
阅读邻居读书会联合创始人，“名著三缺一”联合创始人。
2024年获得第六届伯鸿书香奖“阅读推广奖·正式奖”。

自 序

许金晶

《领读南京》一书的书稿杀青之时，距离我上一本以“领读”来命名的书籍——《领读中国》的出版，已经过去了整整七年。人们常说“七年之痒”，然而可喜的是，这七年下来，个人之于阅读的兴趣，非但没有丝毫减退，对共同热爱阅读的各界人士进行口述访谈的志愿，也同样越发浓厚。

跟《领读中国》聚焦的都是中国主要城市里的代表性读书会不同，这本《领读南京》，一是聚焦南京城里的阅读生态与风貌，二是把访谈对象的范围，扩大到包括知名作者、优秀出版人、资深书店人和优秀阅读推广人在内的这四类群体。在选样的过程中，我们不只聚焦类似叶兆言、程章灿、徐雁等在内的南京各界公认的阅读相关知名人士，也同样将译林出版社编辑陆晨希、先锋书店首席导购孙清、南京大学图书馆学青年学者谢欢等在内的阅读相关中坚人士囊括在内。这是一种“精英史”与“社会史”相结合的选样视角——顶级知名人士的“领读”固然重要，然而放眼南京城完整的阅读生活生态，整个城市文学氛围与阅读环境的维系与改进，自然还是要靠一个个中坚人士的日常引领、一场场读书会的潜移默化与一本本好书的自在传播。我们选出的这15位访谈对象，当然无法代表“领读南京”的全貌，但通过他们之于自己阅读史和参与南京阅读文化史进程的口述，我们也足以对南京这座城市的阅读氛围与书香文化，建立起一幅相对完整的图景。

跟我过往出版的5本书类似，这本《领读南京》，仍然选择以口述访谈作为全书的内容主体。当然，这种访谈并不是漫无边际的“漫谈”，在访谈提纲设计时，我们大致本着三个方面的核心问题意识：一是访谈对象个人的阅读史与跟阅读相关的出版、写作、发行、传播史；二是访谈对象见证的南京阅读文化的变迁历程；三是访谈对象以个人阅读，在社会公众当中构建“领读”行为的种种生命体验。正是凭借这三方面的内容聚焦，使得这些口述访谈，无论是在内容的原创性与辨识度上，还是在之于访谈对象个人史与南京阅读文化史的史料文本价值上，都应该具备了比较重要的参考意义。素人如我，能持续以口述访谈的形式，参与南京和中国当代文化史的原创史料开发及整理，是非常荣幸和开心的事情。

《领读中国》出版后的第二年（2018）5月，我创办了定位于经典与优质大众学术新书共读的纯公益性读书会——梅园经典共读小组，截至写作这篇自序时，梅园经典共读小组已经举办了67期共读沙龙，全部由相关领域的优秀青年学者担任分享嘉宾，跟小组一起成长起来的10多位志愿者，很多已经从小组创办之初的南京各大高校的本科生，成为中国各知名高校的硕士（博士）研究生。这样的阅读共同体的构建与公益阅读传播行为的持续推进，可以算是我在写作《领读南京》一书的同时，以行动践行“领读”的一点小小的作为。毕竟，阅读的重要意义之一，不就在于知行合一、让这个世界变得更好么？

感谢本书的策划编辑和责任编辑孙海彦老师。她不只承担了书中出版人卢海鸣和书店人钱晓征这两位资深人士访谈稿的整理工作，也直接贡献了本书四类群体选样的重要思路。跟我俩之前共同编著的《开山大师兄——新中国第一批文科博士访谈录》《一个家族的电影史》这两本书类似，这本《领读南京》的作者，尽管只署名我一人，但实际上，仍然应该是我俩的共同作品。这本我自认为还算得上“好书”的作品，能遇到海彦这样优秀、专业、勤勉的编辑，是本书之幸，也是作者之幸。

感谢参与本书访谈稿整理的写作团队成员。在这里，请允许我把她们的名字一一列出：孙海彦（卢海鸣、钱晓征）、陈琦（魏明）、孙美玲（徐海）、刘泽宇（黄梵、孙清）、张珈源（徐力）、刘艺（葛继彬、阚炜）、沈飞地（徐雁、谢欢）、吴欣欣（陆晨希、程章灿）、吴思瑾（刘奇）、王茵（程章灿）、郭靖媛（叶兆言）。我跟这些整理者，基本上都是以书会友，以阅读或共读沙龙而结缘。能跟大家一起，做出一本承载南京当代阅读文化史的好书，是非常值得开心和骄傲的事情，也很庆幸能与这些认真而细致的整理者们同行。

感谢书中这15位接受访谈的南京“阅读达人”。访谈的过程，其实就是读书人如我，以个人的阅读生命体验，去跟这些优秀读书人的阅读生命体验去共情、去连接、去对话的过程。这样的过程，实在让我受益匪浅。希望通过本书的出版与传播，能让南京内外的更多读书人，感受到这些“阅读达人”自在的文化积蓄和生命情怀，并将其融汇为自身阅读体验与生命能量的一部分，继续前行。

最后，我要把这本书，献给去年（2023）年初去世的师友丁进老师。正是从2010年开始，我跟宋宇飞、丁进三人一起在金陵读书会开启的共读实践，才打开了后续《领读中国》《领读南京》的写作之门。虽然创办梅园经典共读小组之后，我逐渐淡出了金陵读书会的沙龙，但跟丁进老师在一起共读多年的难忘经历中，您的博学、热爱与满腔正气，至今仍然时时感召和激励着我。您为《领读中国》一书撰写的书评，也堪称关于《领读中国》衍生的最佳文字；如今这部《领读南京》即将出版之际，也真诚祝愿您在另一个世界里，仍然能饱读诗书，纵情诗酒年华。

套用恩师周晓虹老师的名言来说，就是“吾生也有涯”“阅读也无涯”“能以阅读之无涯，随此生之有涯，幸福之至，开心之至”。

2024年2月29日晚作于竹林斋

作者

叶兆言：阅读是自由的，也是个人化的

程章灿：阅读，要从娃娃抓起

黄梵：阅读与写作相辅相生

叶兆言：阅读是自由的，也是个人化的

作为“将95%的时间用于写作”的职业作家，叶兆言老师的作品很多，我个人印象最深的，还是《南京人》《南京传》《江苏读本》这三本书。《南京人》是我16年前刚来南京时、之于南京城市文化和市民文化的启蒙读物；《南京传》问世后，尽管各界褒贬不一，但都应该承认这是国内传播最广、最具影响力的城市传记作品之一，也在客观上助推了各地城市传记的写作热潮；《江苏读本》是我每一次到市县讲课和主讲阅读推广沙龙时的必荐书籍，也是主要在江苏省内工作、生活的各界读者了解江苏各地文化的最佳大众读本之一。

当天上午将近100分钟的访谈时间里，我们围绕叶老师之于南京的城市书写、阅读与写作的互动与反哺，以及个人阅读史和亲历的南京城市阅读文化史等话题，展开了轻松而坦率的交流。做完访谈，就完全能理解：叶老师为什么能把南京的市民文化与市民生活写得那么好。因为在他看来，自己就是南京普通市民的一员，阅读与写作只是职业，是爱好，而绝不是自己可以沾沾自喜甚至孤芳自赏的标签和理由。

“做事比阅读重要”“阅读是自由的，也是个人化的”“要慎做领读者，更不能以领读的名义借行其他，甚至自己根本不读书”——感谢叶老师的坦率和本色分享，也由衷期待《江苏读本》的最新修订版早日问世，一定第一时间重新拜读。

2023年11月18日上午访谈于叶兆言南京家中

访谈整理：郭靖媛

许金晶：在您成长为职业作家的人生各阶段中，阅读分别扮演着什么样的角色？很多人都说，一个读书人的阅读史就是他的生命史，那您的阅读史与您的生命历程之间，是怎样的映照关系？

叶兆言：我的阅读史说起来很简单，好像从我不识字的时候开始，阅读就一直伴随着我了。我家里藏书很多，最小的时候是通过看书来识字，之后开始把藏书拿出来，接触一切可以读的东西。这样的阅读不成什么系统，也没有人来辅导，我的阅读是自由的。我觉得自己人生最幸运的一点，就是我始终是自由的。上大学以后，我们的专业老师会开一批必读书单，印象最深的就是，里面的书我基本都看过。拿外国文学来说，我自己看过的远远超过书单上列的那些。在我印象里，我的阅读始终没有被束缚过，没有特别功利性地读书。

包括我前几年写的《南京传》，也是靠以往无意间的积累，完全不是为了写这本书临时去找素材。我毕竟是个职业作家，不是职业阅读人。职业阅读人可能对自己读的书有规划，要读什么不读什么。但我作为一个职业写作者，平时的阅读更多是一种消遣，它一直就是我生活的一部分。

我觉得阅读是非常自然的一件事情，就像吃饭一样，你很难讲吃饭的意义是什么。对我来说阅读也一样，几乎没有什么特别的意义。我现在读书也比较自由，不论多好多烂的书，我都会看，看不下去了就扔到一边。我始终觉得，阅读就是很寻常的一件事，它跟你的人生状态有关系，比如我正好在一辆火车上没事做，我会把手边的报纸看完，甚至连里面各种各样的广告、小道消息之类的文字，都很认真地读完。不是这张报纸的内容有多好，而是在那样的空间里，我没别的东西读。

阅读和我的人生，就是这样一种很自然的关系，就像现在的人无聊的时候把手机拿起来看一样，并不是为了接受教育或提高自己，没多少大道理可谈。

许金晶：您家族四代都与文学有或多或少的渊源，就您个人来说，跟文学的结缘乃至后来以文学为业，是祖辈的刻意为之呢，还是个人兴趣使然？

叶兆言：我觉得主要是时代原因，不是家庭。为什么这么说呢？我们"50后"这一代人，经历了中国历史上最奇特的一个时代，也经历了你无法想象的变化。从表面上看，那时候我家里面有很多书，出了几代作家，但在我的家庭教育中间，"当作家"是一件被反对的事情。我从小没有想过当作家，看书完全是本能。家里面曾经干涉过我看书，但也干涉不了，就像小孩子喜欢打电子游戏机一样，大人是干涉不了的。我的父母没有觉得读书会让你变得更好，这里的"读书"有两个意思，一种是看小说之类的家里的藏书，还有一种就是去上学。

特殊的时代造成了家长的一种心理。从我爷爷（叶圣陶）到我父亲（叶至善），他们最基本的观点，是要我做一个能做事的人，有点本事的人，甚至哪怕有点手艺都行，在那个时代就是这样的。我们家曾经很认真地规划，希望我到玄武湖做个养花工人。至于说让我当作家，家里人从来没往这上面想过，我也没想过。我的人生有很多平庸的地方，也会有很多不由自主的地方。比如说阅读，那只是因为家里有很多书，另外我是独生子女，没有其他的孩子和我一起玩儿，平时就只能读书。

我们那个时代和现在完全不同，现在可能无法理解，一个高中毕业不需要考大学的小孩，会有多么巨大的精力。那时候没有电视，小孩子身体又好，一部长篇小说一夜就可以看完。我们这代人会觉得很多事情都不由自主，看到别人考大学了，我也考大学。然后看到别人写小说了，我也就稀里糊涂地写了，也谈不上有多大的志向。之后朦朦胧胧中，我也从来没觉得文学有什么特别的，我的阅读经验告诉我，文学改变不了什么，我自己也改变不了什么，这才是最真实的感受。

我觉得读书是一件很私人和个性化的事情，也不会主动去号召别人读书。受到家庭的影响，到现在我还是觉得要做事为先，一个人做点实事是最重要的。家里也从来没有给我灌输过，类似不读书如何可怕这样的道理。我读书最重要的理由，就是当时无事可做。至于我后来还是进了文学这个圈子，那是巧合，和家里人走到一起去了。如果谈到跟文学结缘的渊源，我一向强调，家庭对我成为作家是没有多大意义和影响的。

另外，我父亲虽然是个作家，是一个职业编剧，但他由于写作被伤到了，所以他不让我吃写作这碗饭，不愿意我当作家，这是发自内心的。而且我也“鄙视”作家，这可能跟我父亲的社会地位有关系，他在生活中总是被别人调侃，写作者根本就没有什么地位，什么人都能提出你这里不对那里不对。一个写东西的人像孔乙己一样，当时就让我觉得很悲哀。我父亲虽然人缘很好，但是他的社会地位，会让你感受到有一种无形的低。过去写作都讲究集体创作，写东西的时候，他老是在听别人的意见，什么人都给他提意见。

因此家庭给我灌输的，就是长大以后不要去当作家，作家太不自由了。从家庭和生活环境这个角度来看，我从小就没觉得自己会当作家，这是非常真实的。

但事情也是一分为二的。后来老人都走了，我祖父走了，父亲也过世了，再反过来想想，我还是通过阅读成为作家的，大量阅读让我变成了一个写作者。如果没有读这么多书，我肯定也考不上大学。某种程度上说，家庭一方面反对你去干这件事，另一方面又无形地给你提供了一个机会。还是要感谢父亲给我留下的这些书，包括父亲给我讲过的那些小说，虽然本来是无意的。

有一个例子特别好，我父亲被打成“右派”之后，他经常说起莫泊桑的小说《项链》。我觉得莫泊桑的小说并不是特别好，但这篇格外有意义。父亲觉得自己这辈子就和这个故事一样，小说里的女主人公因为虚荣，弄丢了从别人那里借来的项链，然后穷尽自己的一生去赔这个项链。最后当她把这个项链还给失主的时候，才知道这是个假的，不值钱，但假项链于她而言却是一生。我父亲说，自己为一根所谓的真项链，那其实是个假项链，磨掉了一生。人生好多时候，就是为了追求一个你以为是真的，但实际上是假的东西。项链的真假并不重要，重要的是人的一生，这种感受本身非常文学。我觉得父亲在和我聊这样一个故事的时候，当中的这些细节，可能就成为未来的我，如何去写小说，如何去理解人生的很重要的一部分。

这可能就是家庭对我的影响，或者说阅读对我的影响，但它是无形的，并没有刻意告诉我以后要当作家。在我的成长中，可能家庭提供了很多类似的东西，包括祖父、父亲和伯父在饭桌上谈文学故事、人生经验，它们会无形地进入我对世界的认识里面去。

对于一个小说家而言，很重要的一件事，是你怎么看这个世界，怎么去关注别人。我显然不属于那种靠自己的切身体会和人生经历去写作的作家。我没什么可以炫耀的人生经历，我经历的历史事件所有人都经历过，也并不比别人多。那我想，应该就是家庭，在无形中给我提供了一些可能别人不太有的东西，比如给我提供了大量的书，它们堆放在那里，你爱读不读，然后我读了。

家庭的影响是两个方面的。一方面是家庭的严厉反对，包括我的祖父。他和父亲不太一样，我祖父和鲁迅的想法差不多。鲁迅也反对自己小孩当作家，他看到太多的作家，都是空头文学家，说废话空话，写烂文章。我祖父也觉得做这样的人最没意思，还不如实实在在做一个好编辑，做个好老师。他是一个很实在的人，在家里面影响还是比较大的。我做工人的时候，就想做个好工人，后来还去读了夜校。我当时眼睛不太好，全家很认真地规划，让我到玄武湖去做花匠，是真的在操作这件事。我祖父的书信上面，经常提到的是，“兆言去玄武湖养花的事情究竟进入到哪一步了？”如果没有改革开放，不恢复高考，我说不定就是玄武湖的一个养花人。

这些事实证明，真正的作家不是靠培养出来的，家里人也从来没有培养过我。我觉得我成为作家，是自己写着写着就慢慢喜欢上了，我跟写作绝对是“先结婚后恋爱”。那时候我的同学、朋友都写小说，我经历了一个人人都写小说的时代，我写得也不比别人好，只是很多人没继续写下去。

开始写作以后，我就一直保持着写作。从我的成长经历里就能发现，如果我真是从一开始就有心当作家的话，不可能再去读研究生，之后又到了出版社。因为当时我还是按照家庭对我的规划，他们希望我做个有本事的人，在大学里当老师，或者在出版社做个好编辑，然后再写点东西。这是家庭对我的期望。

当然我们家确实是有写作的传统，觉得作为受过教育的人，要会写东西。但是这个写东西就和过去的人都会写毛笔字一样，并不是说要成为一个书法家或者作家。我是家里第一个地道的所谓职业作家，我非常喜爱这个工作，我清楚地知道，如果当初我干的是别的工作，我也会辞掉，不去干别的了，还是当一个作家。

许金晶： 刚才您提到，在火车上会把小报里的八卦边角料都读完，这点让我很有感触。您的《南京传》当中，很多资料就来源于一些社会史、文化史的边角料。那么在您选择以作家为业后，个人的阅读和写作是怎样相互映照和滋养的？

叶兆言： 这个可能确实与我的学习生涯有关系。我觉得自己并不算好学生，考入南京大学之后，80%的课我都逃掉了，当年的南大确实是很宽容的。有点狂妄地说，很多大学老师的课，上得确实很一般。我最不能接受的是学文学史，比如说课上讲屈原，我宁愿把《离骚》背下来，也不愿意听老师讲。后来学到唐诗宋词也是这样，我宁愿背大量的诗词。我觉得只要背下来就可以了，干吗要去讲它的文学史意义呢？我的童年比较寂寞，小时候就喜欢背一些东西，虽然说有点浅薄，比如唐诗宋词，《长恨歌》《琵琶行》《前后赤壁赋》《滕王阁序》之类的，到现在我都还能背出来。我觉得中文系学古代文学，只要会背就行了，没有必要讲它的主题思想和意义，或是运用了什么浪漫主义手法之类的，我觉得这些特别无聊。大学的时候我就用了个特别笨的办法，就是如果讲《长恨歌》，那我就把《长恨歌》从头到尾背一遍。老师讲“温泉水滑洗凝脂”这句诗有多么好的时候，我就会觉得这有什么特别好的，不是有点色情吗？我的想法很简单，直截了当，很容易就把老师的肥皂泡戳破了。

其他的课，包括现代文学、文学理论我都能逃则逃，文学理论课上讲的什么现实主义、浪漫主义、批判现实主义，我越听越糊涂，索性就把这些内容都给扔掉，这样就节省了大量的时间。其实逃了课以后，我还是花大量的时间去阅读。好在南大当时有一个很“好”的传统，就是期末考试非常宽松，现在这样是绝对不行的。

大学期间我的阅读非常自然，后来读研究生，我一直都喜欢去图书馆。我写《南京传》的基本功，应该是研究生时积累的。我本来不是特别喜欢现代文学，我也不清楚自己到底喜欢什么。我喜欢外国小说，但是搞外国文学研究还不太现实，我的外语达不到流畅阅读原著的水平。我们这一代人的英语是从零开始的，我高考英语只得了10分。大学期间，我每天都很刻苦地花两个小时死啃英语，还是很困难，所以一开始并没准备考研。后来我的一位好朋友打算考，是他拉着我一起考，这样才考到了现代文学方向。

我原本对现代文学也不是很了解，虽然看过一些，但也不觉得有什么特别好的作品。可我觉得既然读了这个专业，还是要认真，我读现代文学还是比较刻苦的，当然和我的导师叶子铭先生也有关系。

叶老师是一个很认真，甚至有点死板的人。他原本是古典文学专业的研究生，本科毕业论文写的是苏东坡，后来成了陈中凡先生的研究生，本来是准备继续研究苏东坡的。但阴差阳错，他在大学期间研究茅盾的一篇学年论文《茅盾四十年的文学道路》，竟然作为专著出版了，他一下就变成了茅盾研究的领头人。叶老师有个最大的优点，就是他对茅盾的了解超过了茅盾自己，甚至茅盾家里人还要向他请教问题。

就像北大的商金林老师，他对我祖父的认识超过我们家所有人。我祖父有时候想知道之前某个时候自己在哪里，都要去问他。商老师的全部精力都花在了对我祖父的研究上。有一次他在报纸上看到一篇文章，怀疑这是叶老的，就打电话过来，我祖父年龄大了，自己都想不起，这是不是自己写过的。最后商老师不知道用什么办法，考证出来这确实是我祖父写的。他对我祖父的了解已经到了这样的地步。

我是1983年考上研究生的，叶老师对学生说，前两年你们不要考虑别的事，就泡在图书馆。所以我在图书馆里面，干了一件对我后来写作有很大帮助的事，就是看旧报纸、旧刊物，让自己沉浸在当时的历史里。连里面的广告我都看，就是让大脑对那个时代有一个基本的、鲜活的印象。

各种各样的刊物是了解文学史的最好渠道。通过刊物，你就能知道当时哪个作家火，哪个作家不火。作品放在前面当头条的肯定是火的，字印得大的肯定也是火的。但是过了一段时间，就不一定如此了。比如20世纪80年代一些很火的作家，到现在大家反而都不知道了。看这些旧刊物，让我对文学有了重新认识，这和教科书上的文学史完全不一样。

比如说，现在沈从文的地位很高，但我们上大学的时候，从来都没学过沈从文，也没有钱锺书。我曾经很幼稚地跟祖父聊天，说我们重新发现了一个作家，叫沈从文。祖父说你们是胡说八道：沈从文是你们发现的？你去查查看沈从文，当年我发过他多少篇小说，沈从文是红得不得了的一位作家。后来一看旧杂志，确实是这样，沈从文在20世纪30年代非常火，他的小说都是头条，比丁玲还火。沈从文当时写过一篇《记丁玲》，那篇文章非常火爆，用现在的话来讲是热搜文章，但等过一段时间，人们就完全忘记了。所以我祖父一直反对我去上大学，他觉得上大学没用，我们上大学就是胡闹。

我读研究生期间，很长一段时间里，就进入了这样的原始资料积累之中，包括当时的结婚广告我都看，也看到了很多东西。特别是阅读1937年的报纸，特别有历史感。你会看到1937年刚开始，那是南京最辉煌的时候，四处歌舞升平。我为什么能写《1937年的爱情》，我觉得跟我看报纸是有关系的。那一年很多问题都解决了，西安事变解决了，蒋介石一下子变成一个公认的领袖，很多事情就完全不一样了。我所理解的西安事变，最大的胜利者是蒋介石。这件事给蒋介石带来了巨大声誉，你是无法想象的。

事实上，1937年的时候在抗日氛围上，全国都达到了一致。南京军民一致准备和日本开战，从当时报纸上的广告就可以看出来。但是老百姓内心深处是看不到这些的，历史慢慢地往前，战争即将开始，平常人根本无法感受。当年的报纸，甚至到了卢沟桥事变真正发生，都还是很平淡的口吻，让人读了甚至不觉得是一件大事。报纸上每天都会出现一些和日本对抗的内容，比如说在南京有日本人失踪了，或者怀疑某某人是汉奸。当历史事件真正发生的时候，那时的人反而不觉得稀奇了。从我的视角来看，1937年的报纸展现的一方面是歌舞升平，另一方面就是满纸的抗日情绪，当年所有上演的影视戏剧作品都和抗日有关，其实背后也有政府的推动。直到“八一三事件”上海开战后，南京也充满了抗日的热情，报纸上全是“不断胜利”这样的口号。但是后来败退，报纸上的相关内容突然也没有了。

如果你翻翻当年南京的众多报纸，即使看得不是很认真，也能很容易地就沉浸到历史中去。这就养成了我的阅读习惯，我很喜欢看刊物，比如上海沦陷区、租界区的刊物，张爱玲就是从这里面读到的，她是当时最火的作家。

如果要研究当代文学，那就去看20世纪80年代《人民文学》《收获》的目录，甚至都不用细读里面的文章。看看哪些作家在目录上打头阵，哪些人垫后，当代文学史就这样形成了。就像汪曾祺，一开始他的小说都是放在后面的，不能做头条，后来慢慢火起来了，现在变成一种神话。前段时间，我的朋友就写，汪老曾经写了一本书给编辑，但是很久都没有出版的消息。他托人去问，得到回信说书可以出，但是最好拿掉一些东西，换一些新的。编辑说话的这种腔调，就好像现在银行柜台的员工一样，交代你拿掉一些什么，补充一些什么。现在想想都是不可思议的，编辑怎么能这样和汪老说话呢？但实际上这就是历史。

我觉得我在阅读的时候没有功利心，才可以发现很多这种细节性的东西。

回到《南京传》，这本书原本不在我的计划中，我从来没有想过，要写这样一本书。写《南京传》的原因非常简单，我是一个习惯于不停写作的人，但是在今天这个社会，一个作家不停地写作，当然一方面会得到正面的表扬，说这个人很勤奋；但是另外一方面，会出现很多怪诞的逻辑，认为一个作家应该十年磨一剑，那样写出来的书才是一本好书。我觉得是因为今天很多人不阅读，也没有认真用心判断一本书。就像巴尔扎克，他一直不停在写作，作品源源不断出版。很多世界一流作家都是这样的，但我们有时候还会有种庸俗的想法，认为要有一本书征服全世界，拿诺贝尔文学奖就是最大的成功，这样的想法功利性太大了。

另外，我一旦不写作，就会像一个失恋的人的空窗期一样，感觉特别难受，不知道该干什么，甚至还会失眠。就像今年，我在“空窗期”里去了法国、瑞士、肯尼亚和土耳其，不写作以后我不知道自己该干什么，就变得吃饭也不香了，睡眠也不好了。而我一旦进入写作以后，就觉得吃饭也香睡觉也好，生活变得非常有规律甚至死板，每天定时游泳、写作和睡觉。

我写《南京传》，只是因为当时刚完成一部长篇小说，进入这样一个很难受的空窗期。恰好我的研究生同学顾爱彬，当时他是译林出版社的老总，和我说有本《伦敦传》特别火，说你可以写一本《南京传》，他觉得也只有我可以写这本书。

其实《伦敦传》我之前就翻过，但是印象不深了，后来让女儿重新买了一本。大概看了一眼之后，我就和老同学开玩笑，说如果我来写《南京传》，肯定要比《伦敦传》好，之后我们就签了合同。主要还是当时自己闲着不知道该干什么，然后就有了写《南京传》的想法。

最关键的一点是，我写《南京传》不是想为这座城市立传，很多人都热衷于干这件事，但我不喜欢。在我看来，《南京传》带来一个非常不好的后果，就是在这之后，全国各地出了无数的城市传记。但如果认真读这本书，会发现我写的是以南京为窗口的中国史，书里所有的故事都和中国大历史有关系。对南京自身的历史，我反而没太大兴趣，真正感兴趣的是南京在中国的地位。在这一点上，南京这个地方和其他城市是完全不一样的。

我举个最简单的例子，我们都说客家人有客家文化，所谓客家人就是说北方人往南方走，全国各地像江西、广东、湖南和福建都有客家人。其实最早的客家人出现在南京，但现在南京却没有客家人，这就是一个非常有趣的历史视角。这是因为客人到了南京他是可以留下的，可以忘掉自己的客家人身份，南京人就是标准的客家人。像王羲之，王家、谢家都是标准的客家人，但他们很快“反客为主”了。可是如果你在别的地方，你意识不到自己是客人，不保护自己，那就会出现问题，客人始终与当地人存在对立。南京从成为大城市以来，就是一个非常宽容，或者说得不好听点，是一个特别容易被别人“入侵”，被别人反客为主的地方，客家人这个概念在南京是不存在的。

这就是我写《南京传》很重要的一个视角，通过南京的故事，来说这个城市和中国的关系，通过这个城市来描述中国的历史。如果只是谈南京这个地方原来叫什么，有什么土特产，我是一点兴趣都没有的。我不认同什么“越是地方的越是世界的”，相反我特别相信“越是世界的越是地方的”，全世界的好东西一定是地方的，这就是一个视角问题。

另外一点，《南京传》讲出来的中国历史，是一部承认失败，也承认成功的历史。从历史上来看，南京兴盛之时是大中国分裂之时，而南京衰败之时则是大中国独立之时。在中国的历史上，很长一段时间是一半统一、一半分裂的，这是很重要的历史观点。那么我写《南京传》，最想讲述的是一种平民观点，想说明作为普通人，我们在时代中很多时候是不由自主的。当然，我们今天处在这样一个统一的时代，可能很难理解，分裂时代里淮河那边的徐州、连云港是金国，而在淮河这边是南宋的臣民。其实作为老百姓，处在这样特定的历史时期中，他无法做出选择，也没有选择。但战乱带给普通人的影响是最直接的，人们说“上有天堂下有苏杭”，最初不是说这些地方富裕，而是指历史上黄河、淮河流域经常打仗，百姓苦不堪言。人们逃到苏杭后发现不打仗，所以觉得这里好，而不是指有多么富庶。共产党为什么能得天下？很多知识分子看到的是国民党的腐败，但老百姓的想法非常朴素，那就是共产党结束了战争，不打仗了。对南京人来说更是如此。中国历史上历次战争，对于城市平民来说都是极大的灾难。这也是我最想表达的平民视角。

这就是我写作《南京传》的本意，通过这座城市描述历史。如果只是写南京在历朝历代是什么样子的，这样的书写没什么意义，这些内容很容易在网上查到，我希望能讲一些在网络上暂时还看不到的故事。《南京传》就是一个窗口，通过南京这个窗口去看中国和世界，他们之间是紧密联系的。

总的来说，我写作《南京传》的动机就是这样的，基本功是在研究生期间的阅读中养成的。我不可能为了写作临时去找资料，也违背了我写作的初衷。另外一点就是当时刚好处于一个“空窗期”，我就觉得写这本书有点像研究生写论文一样，突然发现自己重新回到大学里面去了。写这本书还是给我带来了很多快乐。

许金晶：您在城市文化、市民文化这些方面的写作具有开创性的贡献，《南京传》出版以后，城市传记在全国各地都出现了热潮。我读的您的第一本书是《南京人》，南京大学出版社的城市人系列，到现在已经出版了十几本了，但我觉得还是《南京人》影响最大、传播最广。您能不能再谈谈《南京人》以及您对南京市民文化的理解？

叶兆言：这套书的最初谋划者是浙江人民出版社，他们在20世纪90年代约了几位作家写城市人，后来就找到我。这一系列当时已经有4本书了，其中有一本阿成的《哈尔滨人》，我跟阿成比较熟悉，他说自己花了两个月时间写完了那本书。当时我觉得这很容易，我写完《1937年的爱情》正好闲着，就想我也花两个月，而且正好还有报纸约我开一个专栏。

写《南京人》就完全是放开的，是另外一种写法，我谈的就不是历史了，而是谈这个城市的人物性格，是要写成一本杂书。

这本书已经有30年了，现在想想竟然觉得很可怕，自己怎么就从一个用BP机（寻呼机）的时代，到了现在呢？我觉得那时候写的好多东西，今天看来都不太理解，是一本早就应该淘汰的书了。

许金晶：这本书的影响确实很大，您的《南京人》《江苏读本》，我这些年做阅读推广的时候还经常提到。

叶兆言：说到《江苏读本》，我觉得我真的蛮勤奋，还花了一段时间把这本书重新修订，在原稿10万多字的基础上，又加7万字，基本上等于重写了。明年可能会出版新的《江苏读本》。

这是我比较有兴趣的书，我确实是个很杂的人。我小时候特别喜欢房龙，像他的《宽容》《房龙地理》。我一直想在书里说一说故事，《南京传》中间也有这样的内容。《江苏读本》写得比较早，写的时候我就有一种想法，就是模仿《房龙地理》。我觉得自己的世界地理知识，就是从房龙那儿得到的，想着是不是能写这样一本书，向房龙致敬。大家读了以后，就可以在江苏境内玩了，这就是《江苏读本》写作的初衷。

许金晶：我在工作中经常要和江苏各个市县打交道，工作之外茶余饭后交流的时候总要谈一些文化内容，我觉得您这本书很有帮助。现在我每到一个地方主持读书会或者讲课，都会把这本书推荐给大家，对新的《江苏读本》我很期待。

叶兆言：确实是的，新版本我增加了7万多字，中间有很多干货，我比较得意的是讲“江山”和“河山”这两个概念的部分。

在我们的概念中，“河山”中的“河”总是代表黄河，单独使用“河”这个字时，它特指的一定是黄河。在汉唐时期，“山”并不是简单意义上的山丘，而是更多地指向华山和崤山，就是挡在秦前面的那座山。汉唐时期所说的“山东”就是华山的东面，也就是“秦”的东面，在秦国人眼里东面的地方都叫“山东”，“君不闻，汉家山东二百州”。

“坑灰未冷山东乱，刘项原来不读书”，这里的“山东”就是指华山的整个东面。我们谈到中国的版图的时候，“河山”就代表着中国的范围。中国的版图在统治者的眼中，基本上是一条鱼的形态，陕西就是鱼头，长安在中央，山河是基本的骨架。以黄河为界，划分出河南、河北。当然这个“河南”也不是今天的河南，“河北”也不是今天的河北，而是指黄河南北两岸。实际上江淮地区的地位非常低，处在边缘，就像多出来的一块鱼肚皮。

中国文化为什么有“逐鹿中原”的说法，是古代人只承认“鱼”的位置，那就是除了鱼头之外，还有大河南、大河北。比如徐州在地图上看，是标准的“河南”，现在的江苏概念是后来才有的。最早的中国古代统治者都是以山、河为界。黄河两边就是河南、河北，淮河两边是淮南、淮北，长江两边是江南、江北。

过了长江之后，地域划分就更加错乱了，差不多是以南京为界，分为江南西路和江南东路。在北方统治者眼里，“河山”是一个领土概念，但是后来出现了“江山”，意思就变了。“江山”意味着引入了长江，说明长江在中国开始有位置了。但“江”不只是一个版图概念，在北方统治者眼里，“江表”(也就是长江以南)地区最初是不太重要的，重要的是江山。“江山”更多的是打江山、坐江山，和版图几乎没有关系。

在古代小说以及李煜的诗里，江山就代表王座，比如“四十年来家国，三千里地山河”，这里的“家国”就是“江山”。“无限江山，别时容易见时难”。在新的《江苏读本》里我就写到了，不要觉得“江苏”的“江”进入了古诗词里，我们的地位就提高了，这里的江山和我们关系不大，它跟“河山”是完全不一样的。

许金晶：作为一位作家，您平时阅读的文学艺术类作品，以及文学之外的历史社科等学科的作品，互相之间是什么样的关系？

叶兆言：我读的书比较杂。年轻的时候，可能阅读中的80%是小说，这中间又有90%是外国小说，到了现在可能非虚构类作品占到阅读的80%，这里面再细分，可能一半是中国作品，一半是国外作品。而且现在网络很便利，有好多过去看不到的书，在网上很轻易可以看到，现在世界上各种好书、好文章我都能读到。比如最近我看到的胡文辉谈“历史的垃圾时间”，我觉得这个话题就非常好。

许金晶：对您的人生和写作影响比较大的书是哪些？

叶兆言：我觉得这个问题很难说，我不是一个职业阅读者，究竟读了多少本书，自己都记不得了。人生和写作的不同时期，每本书的意义都不一样，很难说究竟哪几本影响最大。

我举个比较简单的例子，从识字的角度来说，《千字文》对我来说有很大影响，我现在还能背下来。读《千字文》就能发现，很多字虽然认识，但不是我们现在常说的那个含义。比如“厌”现在一般是“讨厌”的意思，《千字文》里说“饥厌糟糠”，怎么肚子吃不饱的时候还讨厌糟糠呢？学了古文之后发现，原来“厌”在古汉语中间是“满足”的意思，比如“贪得无厌”，“饥厌糟糠”的意思应该是“一个饥饿的人有糟糠都能满足”。

《千字文》肯定算是对我有影响的书，读的时候能发现好多原来不知道的事情。你可能觉得很奇怪，《千字文》是蒙学，小孩读的东西。我当时对里面的好多内容并不理解，就稀里糊涂地背下来，很多时候背比理解容易，比如“俊乂密勿”我最开始就不知道是什么意思。而在阅读小说的时候，就不会有读《千字文》这样的感受。

人生有不同的阅读阶段。我刚开始读金庸的时候，觉得热血沸腾特别好看，还有大仲马的《基督山伯爵》我也很喜欢。有人就说我的阅读档次太低，怎么喜欢这些通俗文学。但我觉得喜欢就是喜欢，阅读就是这样。可是金庸再多读，就不会有第一本那么好看，他的套路差不多。怎么能说一本书决定你的人生呢？这是不可能的。所以说我没有办法回答这样一个问题。

或者我可以反过来回答。很多人说《约翰·克利斯朵夫》这本书影响很大，但我始终没读，后来上大学的时候再看，发现自己读不下去，不喜欢这本书。书里面的英雄逻辑，中学生读一定会很喜欢，可是等大学看的时候，我已经很成熟了，已经过了青春期荷尔蒙萌动的年龄。即使让作家来说对自己影响最大的一本书，也是很难回答的。今天我也可以随便讲一个故事，比如就说《千字文》的影响最大，等到明天我就说另一本，这个回答不重要。

许金晶：您出生在一个书香世家，您祖父和父亲的作品里面，有没有一些您读过以后感触比较深的？

叶兆言：这一点上，确实不太多。首先我觉得“书香”要打问号，我们“50后”这一代是“文革”期间成长起来的，我童年时“书香”是个贬义词。

另外我觉得，相比于我的祖父和父亲来说，只有我才能算得上一个职业作家。这种职业性表现在，我祖父可能拿出了5%的精力对付文学，我父亲可能拿出了20%，我拿出了95%的精力，我们的体量完全不一样。可以说我一年的写作量，是我父亲一生可以留下的文字的量。父亲走了以后，我给他编了一本书，一共才30万字，大概是我精力旺盛时代一年的写作量。祖父更是这样，他的文集有几十本，可是小说，或者说虚构作品，一共只写了有五六本书。坦白来讲，对于我来说时代和社会的影响更重要，不是家庭，就像我前面提到的，家庭是反对我成为作家的。

许金晶：那我们再追问一个问题，现在您身后书柜中的书里，有哪些书是您读过不止一两遍的？

叶兆言：那太多了，比如巴尔扎克的《欧也妮·葛朗台》和《高老头》，还有法国的梅里美，我曾经很喜欢梅里美。

许金晶：您已经提过好几次巴尔扎克了，巴尔扎克对您有什么样的影响？

叶兆言：确实是的，巴尔扎克对我影响最大的地方，在于他的工作方式，而不是他写作的表达方式，我们这代作家跟巴尔扎克的写作已经完全不一样了。

巴尔扎克那种不停写作的疯狂状态，是我特别向往的工作状态。另外一点，巴尔扎克一些特别基本的描述，给我奠定了一种古典文学的审美基调，我不把巴尔扎克放在浪漫主义或者现实主义中来看。《欧也妮·葛朗台》里欧也妮和堂弟夏尔之间的关系，以及高老头和他女儿的关系，是让我们写小说的人着迷的两种关系。《欧也妮·葛朗台》讨论的不是爱值得不值得的问题，也不是男人背叛的问题。女主人公是一个付出者，就像一团火一样，甚至把自己的爱全部寄托到了“渣男”身上。可巴尔扎克并不评价这种爱值得或不值得，他想写的是这种爱有了着落，读起来就让人很感动。欧也妮的爱就像阳光一样，不求回报地投射出来，让人明白爱一个人本身就是一种幸福。爱一个人不是施舍，而是你的爱有处可以安放，这是一件让人感到幸福的事。我们经常讲，这个世界上究竟是爱更幸福，还是被爱更幸福？我们人人都喜欢被爱，但是有时候你要知道，能去爱别人是非常幸福的，这就是巴尔扎克教给我的。

《高老头》当中也是，他的两个女儿无耻到那样的地步，不认自己的父亲，高老头自己也吝啬到如此地步，但是他对两个女儿的那种父爱，还是很让人感动。我觉得作家要想把父爱写好，就要去看《高老头》。巴尔扎克小说写的大多是金钱，但我从里面读到的更多的是感情。比如高老头那样一个吝啬的放高利贷的老头，赚钱的时候是那样邪恶，但是当两个女儿哭着来找他要钱的时候，高老头还是把她们当自己的心肝宝贝，什么都给她们。我觉得好的小说就应该这样，不是去谈值得不值得，而是写他的爱如何给别人。

为什么我这么热爱写作，写起来津津有味，就是因为我写作的时候，各种情绪有地方可以安放。有时候我都不知道到底该感谢什么人，芸芸众生，大家要做各种各样的工作，而我却可以坐下来写作，做我喜欢的事，还能够出版，这太幸运了。我的父辈我的祖辈，他们就没有这样的幸运了，他们喜欢写作，但同时他们也要干别的事儿。

而且我最大的自由在于，没有人让我写什么。从我的回答里你可以发现，我的思想是很自由的，没有人跟我说你应该写什么，只有人跟我说要注意身体，少写一点。从家庭到社会都这么讲，大家觉得我是个“劳模”。可是我喜欢写东西嘛，之前说起有人让我写《南京传》，但这也不是让我觉得不自由的写作，我有充分的想写什么的自由。

回到巴尔扎克，他对我的另一个影响不是源于作家本身，而是傅雷的翻译。傅雷的文字特别美，他和我的祖父关系很好，他每重新翻译一次，都要给祖父寄一本。傅雷翻译的巴尔扎克对我影响很大，他的叙述特别准确。我们现在经常说，有人的文字是翻译体，我最早的写作也有点“翻译体”，但我学的是傅雷的翻译体。你们可以仔细比较一下，傅雷的翻译特别汉语化，很流畅，他特别讲究这一点。马尔克斯的书翻译过来有很多长句子，我们现在好多作家也是这样写作的，那样的文字对我没有影响，但傅雷的译文对我是有很大影响的，我很早就谈到过这个问题。

如果说巴尔扎克，我起码可以讲出上面三个方面的影响。但是其他对我产生过影响的作家也有很多，不存在“最”有影响这一说。20世纪90年代末我就和上海的评论家吴亮说过，在我心目中没有“最”，没有什么最好的电影、最好的朋友、最好的书，我是个很平庸的人。而且我自己的书写完就忘掉了，就像一个父亲有一堆孩子，别人说你自己的孩子不好，你当然不高兴，但要是说你真的有多关心，也不是这么一回事，有时候你根本不记得。

许金晶：那您理想中的全民阅读是怎样的一个状态？或者您是怎样看大众的阅读的？

叶兆言：我觉得阅读虽然有不同的品位和标准，但实际包含的内容很广，看手机、看短视频也是一种阅读。比如鲁迅的母亲就不读鲁迅的小说，那我们当然不能说鲁迅的小说写得不好，也不能批评鲁迅母亲的阅读品位。阅读者有权利读自己爱读的东西，即使是我儿子写的，我也有权不看，我们不能破坏这种最基本的认识。不能因为强调鲁迅作品的大众化，而让大家都必须要读鲁迅。我觉得阅读是自由的，作家也应该写自己想写的内容，这是个基本原则。而且阅读没有高低之分，当中的“雅”“俗”也很难界定。《红楼梦》也是这样，有人看到的是淫，有人看到的是雅，有人看到的是阶级斗争，每个人看到的都不同，一千个人眼里有一千个哈姆雷特。阅读自由，在我心里是不可触碰的原则。

另外以我个人的经验来看，我看到很多搞读书活动的人，他们自己是不阅读的。我之前看到过一个国外的街头采访视频，随机采访路人问他们最近读什么书，我看到很多年轻人很可爱，他们都在笑，但是说不出来读什么书。我觉得这很正常，最后问到一个人，说自己真的想不起来最近读了什么，结果一问职业，原来是个图书管理员。我觉得这个回答就很正常，图书管理员只需要把自己的工作干好就可以了。

但有一点我还是要说，阅读本身确实是非常美好的，能够阅读是很幸福的一件事情，尤其是能读到好东西。之前有人问我，对手机阅读有什么看法？我说没什么看法，用手机也可以读唐诗宋词。现在经常有人说手机阅读不好，都是碎片化阅读。这样说是不对的，不仅历史上每个朝代的人阅读是碎片化的，就连现在我们自己的阅读也是这样，我们什么时候拿一本书，是从头到尾一个字不漏地看完了呢？我觉得手机给阅读提供了非常好的机会，让人有了更多的自由的选择。

有的人经常说其他人的阅读品位有多么低，但我觉得只要阅读不侵犯别人，就没有任何关系，他有这个自由。

许金晶：现在的技术也在变化，您的阅读还是以纸质为主吗？

叶兆言：我的眼睛不大好，现在电脑上阅读比较多，而且很多外文内容，网页可以自动翻译，很多过去根本不可能知道的事情，现在很容易获得，真的是有种世界就在你面前的感觉，这点太棒了，世界变化真的是太大了。

许金晶：最后想问您的是，您这么多年一直坚持南京历史文化、市民文化的写作，其实背后书本阅读积累是一个方面，我想您和各种各样的人交流，在这个城市里面行走，这样的生命体验或许也是一个方面。您如何看待“行万里路”式的，更广义上的阅读？

叶兆言：坦白地说，我主要还是靠阅读来了解这个世界，其他方面比较少。或者我现在关注外面的世界，是通过各种群，比如以前的工厂群，甚至是小区群，来“偷偷”观察世界。我们想要了解这个世界，并不容易。

当然有时候也只能通过阅读，这可能也和我的文学观念有关系，我不太相信“体验”，从小时候就特别反感。我父亲他们这一辈作家，当时特别讲究一件事情，叫“体验生活”，我对这个词是不太赞成的，我觉得这是一种不太好的文学思想。它给人一种感觉，仿佛我是一个高高在上的人，要深入下去。就好比我本来是河里的一条鱼，为了表现什么，为了写作，我要去大海里体验一下，这本身是很荒诞的。“体验生活”最大的问题在于，如果作家以一个局外人的身份，像个记者一样去农村写作，很可能了解到的事情不是真实的。另外姿态也有问题，如果记者来关注平民，我是认可的，但这不是作家该干的事情，我们关注的视角是不一样的。非虚构文章应该把关注到的真实情况如实写出来，而小说所写的更多是虚构。在某种意义上，虚构作品看到的，是更内部和更背后的故事，这时体验就不重要。如果我是一条淡水鱼，我写的就是淡水生活，海水和我没有关系，不需要强行去体验。

我父亲过去为了写海岛的女民兵，到连云港待了一年；为了写县委书记，又在当地领导身边跟了半年，做了很多笔记，我觉得这些都没有意义。这种记者式的体验，说白了，还是蜻蜓点水，并不符合文学的规律。文学的规律是，写作中一定要找到那样一个“点”，是我迫切要写的，比如我写《南京传》就找到了一个点，那就是我要以南京为平台写写中国的历史。再比如巴尔扎克的《高老头》，他最重要的点不只是告诉你如何吝爱金钱，更不是讲一个老头怎么放高利贷，而是落实在了高老头对两个女儿疯狂的爱上。两个女儿是魔鬼，是吸血鬼，但是高老头却依然很享受这种爱的投射。如果一个作家找到了这样的“点”，那就不需要体验了之后才能开始写小说。文学的观点和体验生活是不一致的，体验生活本身是对生活的不尊重，你本质上还是觉得自己和别人不一样，高人一等。

叶兆言：南京作家，南京市作家协会主席。

程章灿：阅读，要从娃娃抓起

跟程章灿老师结缘于中华书局俞国林兄多年前邀请主持的《郑天挺西南联大日记》南京先锋书店沙龙，程老师是对谈嘉宾。在先锋的第一印象，就对程老师的过人才华和北大气质的名士风范印象深刻。

几年下来，阅读了程老师的“南京三书”，也在多个读书沙龙上跟老师有进一步交流，才越发了解他以阅读为生活方式的读书人本色，于是就有了本书的访谈邀约。

在整整两个小时的访谈中，“博雅”“通识”与非专业化、非功利化的阅读，是程老师反复提及的关键词。而学长特意穿着的北大纪念T恤，也让我心有戚戚、会心一笑。从世界史到古典文献，从学术研究到普及写作，从图书馆工作到阅读推广，程章灿学长60年的人生历程，当得起“读书人”的本色称号，也当得起“学术乃天下之公器”的学人初心，实在让后学如我等，佩服、敬畏与欣赏。

从南大回家的地铁公交上，又想起恩师周晓虹老师对我工作之余口述访谈书写的评价：金晶借助于口述访谈，进入了各界优秀人士的生命世界，并以对他（她）们生命体验的整理、书写与体悟，丰富自己平凡生命的向度。

2023年7月9日下午访谈于南京大学仙林校区文学院

访谈整理：王茵　吴欣欣

许金晶：您是福建人，先后在北京大学和南京大学的文史专业求学，毕业后长期在南大工作。我很好奇，是什么样的机缘，让您成为一位酷爱读书的人？先后在北大、南大的求学和工作经历，对您的阅读与文化书写，产生了哪些影响？

程章灿：如果要给自己的身份做一个界定，我想应该是“读书人”。我喜欢读书，这点大概是毋庸置疑的，很是喜欢，由来已久，有瘾了，还比较深。原因我想有两个方面，一是和我所生长的时代有关，一是和我所从事的职业有关。

所谓生长的时代，我中小学教育有一大半是在“文革”十年中完成的。对于读书人来讲，那是一个“饥荒时代”，我在乡村长大，无书可读，也找不到书，更觉得无聊。到了三年级，认字到了一定程度，一个偶然的机会，碰到一本小说——《破晓记》，写的是大别山地区的革命历史，属于红色文学。没有其他书读，我把这本书翻来覆去看了很多遍，可以把它的回目背下来，可谓滚瓜烂熟，至今还能背得前两回回目。现在看，这回目不是很工整的对句，这也不是一本写得特别好的书。我怎么会迷上这样的书呢？我想，还是因为没书读，所以到手边的书都尽可能反复地读。

为了读书，我曾经到新华书店去看书。那时候的新华书店可不像现在这样对顾客开放，隔着柜子，只能看见书名。要请店员把书取下来，挺麻烦，实际上也看不成什么书，除非买回去。意外的是，我居然对一本书感兴趣，那是一本叫《子弹的基本原理》的小册子，很薄，只卖几分钱。我买回去了，看得似懂非懂。这是当时我能买得起的，但不一定看得懂的书。

当时也能接触到父辈们的学习材料，像马列著作——《国家与革命》，我基本上看不懂。后来接触到一些旧书，如《水浒传》，我叔叔在看，也被我拿了过来，半懂不懂地看下去。这就是我最早读书的机缘，可以说是“饥荒时代”培养了我读书的兴趣爱好，在没有什么“食物”的时代，只能“饥不择食”。我不能说自己有很好的读书起点，也没有很好的读书基础，更谈不上什么读书方法，只能说无聊与“饥饿”让我对读书有了兴趣。

另外一个原因就是我的职业。后来我上了大学，先是在历史系世界史专业学习，后来又考研回到自己喜欢的中国古代文学专业，其后一直从事文史专业。文史专业，当然要读大量的书，尤其是古籍。这些年，我也曾经想过，大学专业很多，为什么自己就喜欢文科？喜欢了文史？照我的学习能力来说，学理科是没问题的。我想，这可能和我上高中时喜欢阅读有关，也与教我高中语文的李同燊老师有关系。他借给我一套《古文观止》，这套书对我影响很大。当时，我视若珍宝，不仅抄了好多篇，还在家里、在上学的路上背。那时刚刚恢复高考，文理分班时，我自然而然地遵从自己的兴趣，选择了文科，这就影响了后来一生的道路。

《古文观止》里的很多名篇，比如《归去来兮辞》《前赤壁赋》《后赤壁赋》《吊古战场文》《春夜宴桃李园序》等等，都是我自己从老师那儿借来抄录、阅读、背诵的。这对我后来的阅读兴趣、专业选择和人生道路都有影响。我之所以能成为现在的我，跟早年这个经历有关系。

现在，经常有学生问我："程老师，天天这样读书，您觉得苦不苦、累不累啊？"读书怎么会累呢？读书怎么会苦呢？读书是多么好玩的一件事，有书读是多么幸福的一件事，也许他们体会不了。1977年以前，最多看得到一些革命文学作品，图书馆也不对学生开放；1977年恢复高考以后，我才有机会借阅图书。中学图书馆的书很少，我有一个要好的同学，母亲在县文化馆（即现在的图书馆）工作，我就向他借一些书看。那时候，没有电影看，没有游戏打，什么都没有，能有书读，真的很幸福。等我1979年考进了北大，报到之后的第一件事就是冲到北大图书馆去，那个时候心里别提多痛快了，太幸福了，我再也不用发愁没有书读了。

许金晶：著名学者葛兆光先生在回忆北大古典文献专业学习生活时曾说过，当时的北大老师有一种训练方法——每读完一本古籍，不论长短，都要写几百字的概述笔记。他认为这种训练对他日后的阅读、写作和研究的帮助非常大。您能不能介绍一下您在北大、南大求学期间的读书训练，对您日后的阅读、研究和写作都产生了怎样的影响？

程章灿：葛兆光先生讲的读书方法其实就是我们传统的读书方法。按照我们传统的读书方法讲，传统文史之学要怎么样入门呢？要先从《四库全书总目》开始读起。中国古书有多少，你要先有个大致的概念。当你把《四库全书总目》3000多种书的提要读了一遍，对每一个门类各个时代有些什么书也就大致有数了。《四库全书总目》对每一本书都有几百字的一篇提要，或是讲书的形成，或是讲书的优劣得失等等。你自己读了一本书，尤其是读了一本古籍，也按照《四库全书总目》写提要的方法，给所读的书写一篇提要，文言文写个大几百到一千字，白话文写两三千字，相当于一篇读书笔记。那么，你就对这本书有一些真正的消化理解，留下一个精要甚或深刻的读书印象。传统文史之学，很多老辈先生就是这样指导学生读书的，先读文献，从文献学入手。我考上南大后，程千帆先生给我们上校雠学的课，首要任务就是读《四库全书总目》，了解四部书的分类、构成、成书概况之外，程先生还要求我们自己找几本有兴趣的书，细读之后，根据理解，用文言文或白话文为这些书各写一篇提要。

假如现在要重印某本书，那么，这本书是谁写的？什么时候初版？现在为什么要重印？它的价值在哪里？它的不足在哪里？想要抓住这本书的优劣得失点，光读这本书是不够的，还要读别的书，要读这个领域的、这个类别的、这位作者写的其他书，只有了解更多的面，你才能对这本书的特点和重点把握得更清晰、更全面、更准确。

许金晶：作为在南京生活了近40年的南京人，能否以您个人的亲身经历，介绍一下南京改革开放以来阅读氛围和环境的变化？您所亲历的南京数十年来的读书文化生活中，有哪些让您印象特别深刻的事情？能否为我们一一介绍？

程章灿：我在南京生活，到今年正好是40年。1983年9月份之前，我也来过两次南京。研究生面试结束后，我在南京待了个把礼拜，实地游玩，对这座城市有了一个初步了解。

我是个读书人，我的工作就是读书。博士毕业后我留校教书，我知道我从此选择了这样一条人生道路：读书、教书、写书，可以说是围绕“书”的人生，离不开“书”的生活。

20世纪80年代，那时候的社会氛围是不那么鼓励读书的，那是个被称作“脑体倒挂”的时代，“脑力劳动”和“体力劳动”收入严重倒挂。有一次，我送冯端先生的一个学生出国，路上我们就很感慨，冯端先生是中国著名的物理学家，中科院院士，可是当时他的收入还不及出租车司机。这样一个时代，怎么能够吸引人去读书、去做学问呢？很多人受不住商业浪潮的冲击和诱惑，就离开学校了。我自己很清楚，我是个书呆子，我只想留在学校教书、读书，一读就是40年。书是怎么读出来的呢？就是这么一年一年地读出来的，我也经常跟学生这么讲。

在南京生活了40年，我感觉南京是一个比较有读书氛围、有文化氛围的城市，比较适合读书人生活。南京有比较好的图书馆，像南京图书馆、南京大学图书馆，这都很不错。同时，也有一批热爱读书的人留在这里。

那么，南京有没有形成“读书史”或者“读书学”上的一个主题事件呢？我说不上来。记得大概是20世纪90年代，有一本书很火，火到或许可以称之为“南京读书史”上的一个事件，那就是《学习的革命》这本书的风靡。

这是当时被媒体火热报道的一本书，火热到什么程度呢？铺天盖地席卷而来，让人觉得作为读书人，假如不读这本书，就是不入流的了。我向来对于这类“红红火火”的书抱有警惕，即使“热”成这样，我还是不为所动。后来偶然翻了几页，我就发现这本书火起来的“秘密”，是传授“快速学习法”。比如教你在几十天内学会一门外语，或者在几十分钟内看完一本书。说白了，就是指导那些平常很焦虑，很忙碌，没有时间读书，尤其不想苦读的人，怎样快速成功。多么急功近利的一本书！这本书给我一个教训——不能光听别人讲，别人可以把某一本书吹得天花乱坠，但它可能只是商业运作，真正想了解的话，还得自己拿来看一看、读一读再讲。对年轻人，我也这样说：对于所有人（包括我在内）所推荐的书，你们可以姑妄听之。我推荐的书基于我的立场，我觉得好，也许不一定都适合你；我读了有收获，你读了就不一定。一本书哪怕有不止一个人推荐，对于你来说是不是好书，最后能够做判断的还是你，也只能是你。凡事一定要有自己的主见。怎么样才能在读书上有主见呢？还是要靠读书，自己读书。读书就像吃饭一样，你偏好什么菜系，那是你几十年生活经验一路积累的，甚至跟家庭生活习惯密切相关。多吃一些不同的菜品之后，你再挑选你喜欢的菜系。读书也是一样。日积月累，在一本本书阅读的累积之上，你就会形成对于某些书、某些类型、某些主题的特殊爱好，你就能形成自己的一个判断，这就是读书的正道。

许金晶：您作为一位古典文献与古典文学学者，阅读在您平日的研究与写作生活里，扮演着怎样的角色？就您数十年来的研究生涯而言，您最为推荐的适合大众读者阅读的古典文献与古典文学书籍有哪些？为什么要推荐这些书？这些书的阅读之于大众读者的意义和价值有哪些？

程章灿：专业的阅读跟大众的阅读是不一样的。专业的阅读有时有点枯燥。对南大的硕士生、博士生，院系导师们开列了必读书目。几十本书，你不喜欢的也要往下啃。必须得读，不仅要读，而且要精读，不是简单翻一翻。比如，作为古代文学、古典文献学专业的硕士生、博士生，你不能简单地翻翻《四库全书总目》，经、史、子、集四部下面，还有二级类目、三级类目，怎么分呀？这个书目与其他书目的分类体系有什么不同？这都是必备的知识。既然是“必备的知识”，就是说有一些可能不是你喜欢吃的“菜”，你还得“吃”。

但对于大众阅读而言，你可以躲开这方面的“枯燥”了。比如，想知道经、史、子、集的大类目，不想细究，就可以到此为止。想读一些《诗经》中的经典篇目，那就可以选一些面向大众的《诗经》的普及版本。现在出了很多《诗经》选本，有的比较简要，篇幅不大，如《诗经选注》或《诗经选译》；有的比较全，面面俱到。对于不同的读者，必须要有不同的书目。

现在中国出版行业很繁荣，出版社很多，每年新书不少，好书也有一些。每家出版社都在想方设法出一些能够吸引不同读者的书，专业方面的，普及方面的，力图满足不同层级、不同兴趣、不同学术背景和生活背景的读者喜好。图书分门别类，阅读也分类，有所谓“分众阅读”。“分众”不是大众，大众阅读里面其实还可以细分，这就是“分众”。比如大众里面的初、高中学生，他们的兴趣点和吸收力自有特点，自是一类。对于高中以上想阅读中国古代文学经典的人，根据我个人的阅读经历，我推荐王力主编的四册《古代汉语》，一边可以欣赏古代文学精华，一边还能提高文言文水平。

我在北京大学求学四年，由于分在历史系世界史专业，课程设置中没有“古代汉语”，而我又喜欢古代汉语，怎么办呢？我把王力主编的四册《古代汉语》自学完了，背诵了若干篇章。后来我能考上南京大学中文系唐宋文学方向的研究生，全靠这点积累。王力先生主编的这套《古代汉语》教材真好，是良心之作。当然，读它需要有一定的基础，以现在的高中生所具有的文言文基础常识来看，是没有问题的。学习了王力的《古代汉语》，你基本上就具有文言文阅读的能力，可以说是掌握了一门语言。有时候，学古代汉语可能比学一门外语还有用，比如想了解中国的历史文化，对这方面眼界的开阔，古代汉语就很重要。

王力先生主编的《古代汉语》里有丰富的中国文化史常识，是文言文爱好者的必备之书。但同时，这一套书也有一定难度和厚度，它要求读者要有相当的耐心，下相当的功夫，不是一天两天就能学完的。书里有好多文言文的经典名篇，完全可以把它当作一个古代文学的选本。如果把这四册书中的文选全背下来，文言文一定会跃上一个台阶。读完这一套书，学会一门祖国的语言，掌握我们祖先使用的承载历史文化内涵的文字，对于提高自身传统文化的学识修养以及研读经典的能力，极有帮助。

像这样的好书，还有很多。比如北京出版社曾出了一套丛书，名为“大家小书”，把很多过去的大家名作都选进去了，包括沈祖棻先生的《宋词赏析》《唐人七绝浅释》等书，那都是极好的书，全在里面。

上海古籍出版社早年出版过古典文学系列小丛书。我曾经读过其中的一本，叫《读诗常识》，作者是吴丈蜀，四川的一位老先生。我上大学时，没有听过古诗词格律方面的课，我对于诗词格律的知识，就是在吴丈蜀先生这本小书中学到的。这是一本很薄的小册子，但他把平仄、四声、诗词格律基本上都讲清楚了，非常值得一读。现在，这类书已经越来越多了，很多是面向普通读者，从命名中就能看出来。比如莫砺锋老师有《唐诗课》《宋诗课》，都非常好，值得向年轻人推荐。

许金晶：是的。我个人也一直在关注国内的新书动态，对其中的优质图书印象深刻。最近两年有两本书很有意思。

一本是美国古典学学者丹尼尔·门德尔松写的《与父亲的奥德赛》。这是一部以西方文学经典《奥德赛》为主题的非虚构作品，讲述的是他跟已进暮年的父亲两人共同完成了一次希腊遗迹游学之旅，在共读中体会经典《奥德赛》的含义。另外一本是上海文艺出版社出版的《同窗》。这是一本妈妈与女儿共同完成的书。女儿是毕业于牛津大学古典学系的本科生，母亲也是一位受过良好教育的文字工作者。这本书是母女共读中外古典名著的对话实录，在文本对话中实现文化传承与亲情维系的现代家庭样本传递。我觉得这两本书不仅能反映现在市场的出版动态，也能反映实时的阅读动态。

程章灿：可以明显感受到，现代社会，不仅读者的水准提高了，读者的欣赏品位也有所不同了。

你刚才讲的这两本书，特别是《与父亲的奥德赛》，在我看来，与司马迁所说的“读万卷书，行万里路”异曲同工。司马迁游历了很多地方，与我们现在乘坐高铁动辄千里的“旅行”大不相同，他的行走是一步一步地走出来的，行走途中看到真切的山川自然，对道路、古迹、民风的体会比我们更深。

我很佩服这类长途旅行的作者。我也行走过几个地方，有的是跟人一起走，有的是自己走，印象比较深刻的是今年春天的襄阳之行。在去襄阳之前，我做了一些功课，储备与襄阳有关的历史地理知识，在当地游走一番之后，感触很深。襄阳位置重要，三国时，曾是刘表治下荆州的所在地。六朝时期，建康（今南京）接受的外来文化的影响，很多是经过襄阳这样一个中转站进来的，可以说，襄阳是沟通南北、联结东西、交流中外的重要桥梁。我对六朝建康和西域文明的关系这个题目很感兴趣，而襄阳是当时粟特人的重要聚居地之一。这里有粟特人的商队，其首领是梁武帝的重要支持者，梁武帝在军事、政治、经济等方面都得到他强有力的支持。他还跟随梁武帝进了建康，在首都做官。想象一下这样的情景：在六朝建康城的街上，往来行走着不少粟特人，不仅如此，他们竟然在当时的朝廷上还有相当的话语权。建康的这样一段历史，就与襄阳城的历史密切相关。襄阳至今留存很多重要的石刻，对今天的我们来说，石刻就是历史记忆，具有极高的历史研究价值。不置身实地，就没法共情、体会这座城市。最近，我在网上预订了北大罗新教授的《月亮照在阿姆河上》，阿姆河上的旧时月色究竟是什么样子的呢，我希望早日读到这本书。

近些年，我明显地感觉到，越来越多国人，特别是分众阅读中有一批读者，对敦煌、西域、内亚历史地理很感兴趣。一些作者，甚至一些读者，还亲自跑到那些地方，实地考察，做了很多报道，也推出了一些作品。荣新江教授“满世界寻找敦煌”系列讲座以及系列文章，也是围绕经典文献的行走与阅读，和《与父亲的奥德赛》颇有相似之处。我们需要更多像罗新、荣新江这样的研究者和行走者，他们不仅有专业的知识储备，更有亲身行走的经历。读者哪怕没有行走经验，只是跟着他们留下的“文字的足迹”，也会有很多发现和收获。我有一个直觉，这种作品以后会越来越受欢迎。

许金晶：现在出版界确实有这样的趋势和潮流。中生代的写作者，像罗新老师、田丰老师；新生代的，像杨潇、郭建龙，这样一批媒体出身，一直在文化系统中工作的受过良好文科教育的名校学子，无论是远赴中亚，还是重走西南联大之路，不知不觉慢慢地形成一个写作出版的风潮。

程章灿：我的同学和同事、南大文学院的余斌教授，是很早就开始“行走”的文化人。读大学时，他就独自一人骑行，从南京到汕头，真是壮游啊，我非常佩服。唯一的遗憾是，他没有出版旅行日志。如果把在漫漫途中所见之景、所遇之人，乃至所历之险、所引发的感受，一一写出来，再跟所读的书结合起来，那一定是很好看的。

许金晶：行者无疆，正是这些行走中的书写与阅读照亮了现代人的精神生活。除了高深的古典文献与古典文学研究外，您多年来一直致力于南京历史文化的大众普及书写与传播。像这几年南京大学出版社为您系统再版的“南京三书”，我也都仔细读过，是您的忠实读者。您为什么在学术研究之外，要从事这样的普及与传播工作？您能谈一谈，这些普及与传播，之于相关读者、之于南京这座城市以及之于您个人的意义各自是什么吗？

程章灿：我很认同国外一位科学家的话，大概意思是说，科学家特别是自然科学家，创造力的巅峰大多在40岁之前，40岁以后很难再有突破创新。那么，40岁以前，他们主要从事高精尖的发明创造；40岁以后，主要的工作则是告诉世界，40岁以前做了什么。这就是专业与普及的分别。我不是科学家，只是一名人文学科的教授，学科不同，情况有异。人文学科重积累，人文学者过了六七十岁仍有创造力的，比比皆是。不过，人文学科也面临着专业与普及的问题。

有时候，我觉得作为一个现代人，靠读书就能够在这个社会上生活，衣食无忧，真要感恩这个伟大的时代。不需要下地干活，受“锄禾日当午，汗滴禾下土”这样的苦，就只是焚膏继晷地读书而已。读书人应当有以奉献社会。我所谓“奉献社会”的意思，一方面是说要尽到教书育人的责任，指导学生，培养年轻人，为文化传承、文脉传承做一点贡献，这是我们的工作，也是我们工作的意义；另一方面是说，读了几十年书，你可以在象牙塔中做高精尖的研究，写那种只有少数一些人有兴趣、能读懂的文章，这当然可以，但也可以换个角度，跟专业圈以外的人说说，你这些年读过哪些有意思、有价值的书，你从中学到了什么，悟到了什么。如果从上大学算起，到现在，我已经读了45年的书。有些机会让我面向社会讲一讲：我到底读了什么书？读了这些书以后，我有些什么样的想法？这就是要做一些普及推广的工作。这几年，随着马齿徒增，我对普及工作的意义的认识，比以前更深了，愿意把自己所读、所学的东西经过消化之后，尽可能平易畅达地讲给社会大众来听。

面向不同的听众，就应该有不同的讲法。具体来说，面向博士生、硕士生的上课，就跟面向本科生的讲法不一样，面向社会大众的讲法又不一样。怎么样才能让不同的受众都爱听呢？对于普通大众，就是要放低身段，对内容重新梳理消化，深入浅出，目的是让大众有兴趣，愿意听。写书或写文章是一种文化传播，讲述也是一种文化传播，你的所学、所读，通过讲述传播，能够发挥更大的影响。

我以南京为主题写了三本书，一个原因是我居住在南京，生活在南京，40年了。我的专业方向是做六朝文学，那就难免要跟六朝古都南京打交道。每到一个地方，就会不由自主地联想此地的前世今生：六朝时候的鸡鸣寺是什么样子的，六朝时候的玄武湖和栖霞山是什么样子的，在其他时代又是什么样子的，这就难免会有一些感触。

平时我看很多历史文献，有一些材料与南京的历史、人物、掌故相关。最早，我在新浪上开了一个博客，写一些关于南京的小文章，日积月累，居然有了100多篇。2018年以后，就陆续把它们整理出版了。

“南京三书”有两个基础。一个是在1998年前后，我在南京大学中文系开设过一门选修课，叫作“文学南京”。到了2002年、2003年，我慢慢开始整理这个课的讲稿，在《古典文学知识》上面连载，到2005年连载完了，次年就结集出版，这就是《旧时燕》的初版，2021年又出了新版。这是第一个基础。

第二个基础就是博客上的100多篇小文章。我在2012年“长江学者”聘任期满的述职报告会上，曾经“夸下海口”，要写100篇关于南京的文化札记。后来写了放在我的新浪博客上，很快就累积了100多篇。从2016年开始，我开了个人微信公号（“金陵帝王洲”），又把博客上面的文章改了一改，配上图，放到这个微信公众号上。“南京三书”中的《山围故国》《潮打石城》，就是从这个基础来的。

这两个基础源自我在学术上的一个判断：在读书过程中，可能会接触到一些我称之为“边角料”的东西，准确地说，是一些零散的材料和故事。有一些故事还挺好玩，我有时会在跟学生漫谈或讲座时，当成一个小段子、小花絮把它讲出来，讲之有味，不写可惜。现在，通过这样一种形式把它们写下来，讲出来，对材料来说，对我来说，都可以算双赢了吧。

南京这座城市很有历史，很有文化，原来有很多人讲南京本地掌故，不过，陈陈相因的比较多。老掌故也可以讲出新内涵，比如，大家都讲“豁蒙楼七老连句”（注：南京大学的7位教授在鸡鸣寺豁蒙楼连句）的故事，我也讲，我还有一个新的发现。七老联句作诗有一个仪式性的安排：第一是日子的选择，那天是元旦；第二是七老出场的顺序，是按岁数大小排的，岁数大的排在前面。序齿是南京大学的传统，由来已久。这就是我从“豁蒙楼七老连句”中发掘出来的新的意义。读书带来思考，南京值得重读，很多故事值得重新思考、阐发。学者最好要有两支笔。第一支笔，用来写学术论文，写学术专著，面对学术界发言；第二支笔面向大众，要通俗一点。讲课也是有两种讲法的。

许金晶：借助了书写和出版的整体运作，最早的时候可能是通过书信，后来博客可以留言、邮件，现在又兴起了微信公众号以及微博等各类传播平台和媒介渠道，包括我们现在线下还会做一些现场沙龙、现场演讲和即兴分享。在这种公众传播的平台上，在这么多年的阅读与写作生涯中，您印象当中有哪些比较深刻的读者故事？您又跟哪些作者（作家、学者、艺术家）有过交往和交流？能否谈谈跟他们的交往中的故事以及对他们的印象？

程章灿：今年2月，我到北京参加新书发布会，这还要从浙江古籍出版社出版我的一本小书《海外读书记》说起。

我在海外访学的时候，基本上不太写文章，就是拼命读书，像牛一样抓紧吃草，放到肚子里，将来再慢慢反刍，这是我海外访学时的读书之法。从第一次出国到哈佛开始就是如此，后来到牛津、到宾州等，我都是拼命地看书，如饥似渴。这本《海外读书记》就专门讲我的这些经历，里面大都是些很简短的读书笔记。浙江古籍出版社借今年北京书展之机，策划了一场发布会。那天的发布会很隆重，出版社请了北京学界的刘跃进、荣新江、王素等大家，傅杰、刘进宝和我则是从外地赶去的。在新书发布会的会场，有几位南开大学的学生，他们是大清早从天津赶过来的，手上都拿了一些我的书，请我签名。这让我很感动。虽然天津和北京之间离得挺近，又有高铁，但毕竟是两座城市，我觉得是相当难得的。他们也没有别的要求，只是想签个名、合个影。直到现在想起来，我心里还颇为感念。我自己也是一个读者，我从来没有跑到哪个外地的城市去参加哪位我喜欢的作者的新书签售会。一般喜欢哪本书，我就自己买来看就罢了。昨天，一个朋友在某个群里发了一本关于撒马尔罕地区粟特人的书《撒马尔罕的荣光》，我就立马下单去买。我更多的是对书感兴趣，对作者也有点兴趣，但见不见面，主要随机缘。

许金晶：您就任南京大学图书馆馆长期间，曾经以出色的阅读推广工作，引发南京内外的广大读者关注，甚至还出版了《书房记》这样口碑与影响力俱佳的书籍。能否介绍一下这本书的策划、书写和出版过程？能否再介绍一下您对于图书馆工作和阅读推广工作的理解？图书馆之于社会公众意味着什么？一所大学的图书馆之于这所大学的教育、人才培养和文化建设，又意味着什么？您是如何把您的这些理解贯穿到图书馆的工作实践之中的，又取得了哪些成绩？能否为我们一一介绍？

程章灿：我从2017年7月上任，2021年12月卸任，当了差不多4年半的馆长。2010年年底，我作为首席专家，申请到国家社科重大项目“中国古代文献文化史”。众所周知，文献中最大宗的是书，文献文化史当然要关注书籍的历史，包括书的形态、书的传播，书的收藏、书的利用，也包括书籍各种各样的衍生状态，这就跟图书馆有很多关系。项目还在进行过程中，正好学校请我出来当馆长，我就走马上任了。

图书馆的常规工作就那么几项，本来很稳定，2020年突如其来的疫情，把这个稳定的局面给打破了。按本来的工作节奏，南大图书馆每年集中举办两场读书推广活动，上半年和下半年各一场。上半年是在“4 · 23世界读书日”，下半年，一般在9月底或者10月份。2020年年初，出人意料，图书馆关了一阵，好不容易开了，可是没有学生，没有读者。那年寒假学生们回了家，4月的时候还没回来。一开始，图书馆是空荡荡的，这种情况下，“4 · 23世界读书日”怎么办呢？我提议在线上组织一些活动，通过网络跟我们的学生、跟我们的读者接上头，恢复联系。

我自己曾经开过一个微信公众号，所以，对于公众号的运营有一定的经验。在我看来，公众号以及各类“融媒体”的传播效力还是蛮大的。到了图书馆后，我重新调整了图书馆行政结构，专门建立一个团队负责图书馆公众号的运营，强化信息沟通的效率，重点是优化图书馆形象的塑造。图书馆的读者们被封在家里，甚至只能待在屋里，这并不妨碍他们阅读公众号上的文章，反而更有时间、更有兴趣读这些文章了。我建议以“我的书房”为主题，约请老师们写文章，组成一个系列，题目就叫“上书房行走”。

为什么要做书房这个主题呢？我的想法是，图书馆本身就是一个大书房，通俗一点说，南京大学图书馆就是南大人共享的大书房。南大老师们大多数都有书房，老师们在书房里读书、研究、接待学生，围绕书房，可以展开很多话题。筹划“上书房行走”这组系列推文时，我们做了整体设计，厘定了几条基本原则：第一，通过图书馆微信公众号来推广，全面宣推；第二，约请南京大学各个院系的藏书、读书名家，适当扩展到某些爱好读书藏书的南大校友，请他们来展示他们的书房，同时谈谈他们买书、读书、写书的故事。实际上，后来一些校外的名人、文化出版行业名家也有主动积极向我们供稿的，这样就使“上书房行走”出了圈，跨了界，受到各界关注；第三，文字要尽量好看，不要太长。同时找一些有意义的图片，精心排版，图文配合，增强视觉审美效果。负责公众号推送的小编，光是开篇字体的选择，就花了不少心思；第四，每篇文章前，我都题写七绝诗一首，起到类似定场诗的作用；第五，每一期微信推送，在文章后面都附一个书房主人的阅读推荐书目。这样就包含了阅读推广的各个方面，既有个人的读书经历、个人书房的营造，也有个性化的推荐书单。

一开始，史梅副馆长建议我在每篇文章前面写几句话，我考虑如果写成提示，不好下笔；写成摘要，又容易重复，总之不能出彩。后来索性发挥特长，给每位书房主人题写七言四句，也就是七绝一首。这种形式是模仿清代藏书家叶昌炽的《藏书纪事诗》。诗中可以讲些掌故，可以提炼文章的精华，言简意赅，总比散文有滋味，也好看一些。这一点也吸引了很多读者关注。

之所以命名为“上书房行走”，是因为这个名称一语双关。“上书房”本来是指清朝皇子皇孙上学读书的地方，“上书房行走”则是官名，其职责是辅助师傅们，陪同皇子皇孙们读书。我们借用这个字面，邀请读者们到南京大学各位老师、校友的书房里走一走，看一看。虽然不能返校，师生之间不能见面，但同学们可以通过线上阅读，就这样“走进”老师们的书房，看看沈树忠院士、王颖院士的书房是什么样子的，看看莫砺锋教授、丁帆教授的书房是什么样子的。对这样的文章，学生很有兴趣，对这些文章中展示的各家书房，兴趣更大。

这个栏目做得不错，最关键的是这些老师们、校友们给予我们大力支持，他们真的是用心写。有的一开始写得不够满意，他们不辞辛苦，改过两三遍的都有。要知道，他们都是很忙的，能够抽出时间给我们写文章，找图片，还一遍一遍改，真不容易啊。我内心很感动。有一位理科教授的文章写得很认真，很精彩，我知道他喜欢读《老子》，就自己花钱，买了最好版本的《老子》送给他。我说，无以为谢，就用这本书略表寸心吧。真的满心都是感谢。

这个系列出来后，影响相当不错，我特别高兴的是它的影响超出了图书馆界。好多媒体包括传统媒体和新媒体纷纷转载，好多高校的图书馆也模仿来做，但好像都没有我们做得用心。我们的每一篇文章都是书房主人自己认真写的，特别是人文学科专业的老师，每一位老师对文字都有自己的要求，一出手就是好文章。当然，我们也要感谢各家媒体、各种群和朋友圈的转载传播，这是对我们的大力支持，影响越来越大起来了。特别要感谢出版此书的上海古籍出版社，他们非但没有要一分钱的出版费用，而且慷慨地向图书馆赠送了几百本书。书出版之后，销量很好，很快入选当月的“世纪好书”，后续又加印，市场反应良好。图书馆曾向校领导建议，南京大学新生入学时，应该送这本书作为入学礼物。清华大学给他们的新生送世界名著当然也不错，但在我看来，《书房记》这本书最能彰显南大的文脉与南大人的文心，也有助于培养学生对母校的精神文化认同。这些文章中的辞章文采，文字中涌动的真情，我真觉得，每一个南京大学的新生都应该看一看。这一建议虽然未被采纳，还是有相当多的人帮我们推介这本书。很多爱读书的人都注意到它，包括在今年的苏州书展上，我也深深感受到来自社会各界人士对这本书的关心和喜爱。

许金晶：根据您在南大图书馆工作期间出色的阅读推广实践，您现在如何理解图书馆阅读推广工作？图书馆之于社会公众意味着什么？一所大学的图书馆之于这所大学的教育、人才培养和文化建设，又意味着什么？您是如何把您的这些理解贯穿到图书馆工作实践之中的？除了“上书房行走系列”，除了《书房记》这本书之外，您觉得您在南大图书馆工作期间还做了哪些方面的工作？又取得了哪些成绩？能否为我们一一介绍？

程章灿：我1995年第一次去美国，在哈佛大学做访问学者，住在离学校不远的地方。当时带着小孩去，就跟当地的公共图书馆（不是哈佛燕京图书馆）以及当地的公立小学有一些接触。美国的公共图书馆给我留下了深刻的印象。改革开放以来，中国的公共图书馆建设突飞猛进，但跟美国比还有很大的差距。我到图书馆工作以后，对这点体会更深。

这些年，经济飞速发展、国家崛起之后，中国人的博物馆意识明显增强，国人通过博物馆来汲取知识，增进对历史文化的了解，博物馆事业有很大进步。相比起来，中国的图书馆建设，图书馆在中国文化教育功能中发挥的功能，我觉得还有所不及。据统计，我们国家平均几十万人才能分摊到一个图书馆；西方一些发达国家，平均几千人就有一个图书馆。哈佛周边的那些小镇，公共图书馆都做得很好，大家到那里借书，非常方便，而且藏书量可观。除此之外，它还有很多的阅读推广活动。我为孩子办理了图书馆证，手续极为简单，只要出示一个信封或账单，上面有我的名字与住址，证明我住在这个镇上，就可以了。可以免费借书，还可以免费借阅录像带、磁带等音像作品。录像带很重要，孩子要看动画片，经典片子如《猫和老鼠》，都可以在录像带里看到。美国的小学放学很早，图书馆会组织一些活动，比如给孩子讲故事。孩子在图书馆里看书、听故事、看电影录像，跟着志愿者做手工，或者就是孩子们一起玩。

在我看来，这样的图书馆就是一个文化的据点，一个文化站，对于一些没有耐心或没有水平与文化照看孩子的父母来说，它是个很好的帮手。每周有一天，图书馆会免费为孩子发放午餐。这个时候，家长之间可以简单交流，小孩可以在游乐场自由玩耍。图书馆还出借博物馆的参观卡，可以免费参观这些博物馆。我在美国西雅图也住过一年，西雅图图书馆硬件设施齐全，使用也方便。相比之下，我们的公共图书馆还有待提高。

南京图书馆、鼓楼区图书馆都有不少公益活动，近年来，这类活动越办越多。南京图书馆是南京人的福地，这么大的图书馆，办证、借阅都比以前方便多了。在仙林大学城，在萧宏石刻公园门口，最近建了一个城市书房，方便市民借书读书。但是整体看，中国的公共图书馆还是少了，公共图书馆以及城市书房多多益善。

公共图书馆对于促进市民的日常阅读和文化交流，对一般意义上阅读兴趣的培养以及文化水平的提升，都很重要。在这一方面，高校图书馆也负有责任。客观地讲，这些年，高校图书馆发展得比以前好多了，阅读推广工作的进步也很明显。没有出任南大图书馆馆长以前，我对高校图书馆的阅读推广活动认识不足。很多人也会这么想：大学就是读书的地方，大学为什么还要做阅读推广啊？大学，不管是专科大学，还是像南京大学这样的多学科综合性大学，学生入校之后，很容易“各人自扫门前雪”，只读本专业的那些书。阅读推广与通识教育或者博雅教育，名异实同，殊途同归，都是为了把大学生培养成一个博雅的人，一个“全人”。当代大学生，要对当今社会有一个整体的认识，除了科学知识、技术技能之外，怎么能对中国历史文化、世界历史文化不了解呢？如果不想成为只有知识而没有文化的“工具人”，就一定要超越自己的专业，培养博雅的阅读兴趣，形成自觉的终生学习的追求。回想一下，我们的前辈学人，像数学家华罗庚先生、地理学家竺可桢先生，提笔能赋诗，书法修养极高，谈起文史来也颇有见地。现在的时代当然与华罗庚、竺可桢的时代不同了，但我觉得，新时代的大学生，也应该具有博雅的人文素养，而阅读将为此奠定基础。高校图书馆要发挥、也能够发挥这一方面的功能。以南京大学图书馆为例，我们每年至少推出两个系列的阅读推广活动，为学生精心组织各类名家讲座。年轻人喜欢DIY（自己动手），为了让他们了解中国古籍装帧，我们组织各种趣味活动，让他们学习如何拓印、装帧；也会组织读书比赛，看谁读书最多，找书最快，提供奖品以资鼓励。我们也征集学生爱读的书目，图书馆会提前采购，满足学生的阅读需要。总而言之，就是费尽心思让学生爱上读书。只要学生爱读书，我们图书馆人就高兴。现在，各个高校图书馆都在这么做。

这些年来，南大图书馆除了做阅读推广，还做了一些展览。有的是碑帖展，有的是书画展，有的是书札展，这些展览后来都出书了，比如《南京大学古籍善本图录》。这是2021年年底策划的展览，展品多，内容丰富，很多人都想一睹真迹，领略风采，无奈当时正处紧张时期，很多人想看却没看到。2022年，我们借120周年校庆之机，把展览做成这本书印出来了。我在序言中向当年因为疫情影响而没有看到这个展览的朋友们致歉，同时，我也说，现在只要买这本书，就可以弥补遗憾。现场观展固然好，毕竟仍是匆匆一瞥，一书在手，你可以反复阅读、随时赏玩。

现在有很多非文史系的学生，有社科背景的，也有理工背景的，也许不一定对古典文献学有兴趣，但对古籍却很有兴趣，对宋本书、对印得很漂亮的古书，都很好奇。除了感叹珍本古籍价值不菲，他们也想看看古籍是什么样子的、是怎么制作出来的，每页多少行，如何装订。参观了古籍展，了解古籍的相关文化知识，对于他们而言，也是一种潜移默化的博雅教育。

所以说，图书馆是一个切切实实的文化据点，是进行通识教育的重镇。专业院系主要致力于专业教育，图书馆的阅读推广是博雅教育的重要组成部分。有一年，我到美国宾州州立大学图书馆交流。正当毕业季，我看到他们图书馆在给毕业生赠送手提袋，上面印的是宾州州立大学图书馆的Logo。我很好奇：为什么这个活动这么策划？他们的负责人是这么说的：图书馆不像院系，它没有自己的学生，但是，每一个学生都来图书馆借书用书看书，所有学生又都是我们图书馆的学生。怎样让学生在毕业之后依然还是“图书馆的学生”？怎么保持图书馆与校友之间的联系？他们就在毕业季为毕业生发放手袋，手袋里面有一些材料，有图书馆的网址及其他信息等。在这一方面，南京大学图书馆也在努力探索，逐步提高为校友提供服务的水平。

总的来说，这些年来，图书馆作为校园的文化中心，这个定位或角色正在慢慢地被越来越多人认同，其中既包括我们的学生、老师，也包括学校各部门领导。在我4年半的任期里，南大图书馆的活动十分丰富，每次活动、展览，我都参与策划，写序言，亲自做了很多场导览。每一场展览都是一次阅读推广，也是一次文化传承的活动。

许金晶：如您所言，在南大图书馆的工作非常丰富。就您在南大图书馆工作期间出色的阅读推广工作而言，您如何看待阅读推广工作在当今中国的位置与影响？就如何做好阅读推广工作，结合您多年来的运作经验，您有哪些心得和建议可以分享？

程章灿：高校的图书馆首先要做好面对大学师生的阅读推广，也就是校园内的阅读推广，其次是面向社会的阅读推广。大学中有很多学者，学者们有渊博的知识，有博雅的读书兴趣，图书馆可以成为他们与阅读推广之间的纽带。

关于社会大众的阅读情况，我听说，这些年的统计数字不乐观，越来越多的人表示忧心。数据显示人均每年阅读的书本量在减少，与此同时，手机屏幕阅读的时间却越来越长。我对手机屏幕阅读占时越来越多这一点有深切体会。这些年，我明显感觉到连我自己看手机的时间都越来越多了。但说真心话，读屏的确不如读书。我还是希望大家能够尽可能地留出更多的时间读书。零碎的时间也需要抓紧，读书总比不读书好。

当然你要精挑细选，选最好的书当然好，一般的书看看，也没错。基本上我还是相信开卷有益的。想想这个世界上有那么多的好书，与其花时间刷各种各样的视频，真不如去读一些书。现在社会上有各种各样的读书会，网络上也有很多主题的读书群、分享活动，我觉得都是好事。对于开展全民阅读和大众阅读而言，我觉得，首先，也是最重要的，是要从娃娃抓起。小朋友们的阅读习惯，要靠父母，靠幼儿园、小学老师来培养，这一点，家长们绝对不可掉以轻心，要重视阅读习惯的培养。我经常说，语文不是教出来的，语文就是从阅读中读出来的，很多作家都是这样子，小时候培养起阅读的习惯，爱读爱写，然后就成为作家了。有阅读习惯就会有写作的习惯，自然而然写作的能力就有了，阅读到位了，就打下一个坚实的写作基础。

其次，老师要带头读书。在学校里教书的人肯定是要读书的。如果老师不读书，我觉得那是不可想象也不可允许的。我不只是说大学老师，大学老师要发表文章、要申请项目，那肯定要读书，而且不光读本专业的书，还要博闻广涉，读其他方面的书。我要说的是，我们中小学的教师、幼儿园老师也要读书。束书不观，一天天下去，极有可能语言无味，虽然不一定面目可憎，但语言大多会出现问题。在讲话中能巧妙地引用书中读到的一段文字，一句名人名言，或者讲述一则有趣的故事，不要小看这些细节，有时候，这对你的学生、对你的朋友影响就很大。有一年，我给一个中学语文老师培训班讲课，我跟他们讲："你们对中学生、对我们而言都很重要。你们教的水平高了，那我们的学生的水平也就高上去了。"设想一下，如果中学语文教师的功底不够好，课上得不好，可能就没有学生愿意考大学中文系了。有好的中学语文老师，大学中文系就有好苗子，哪怕不上中文系，也一辈子喜欢中文，一辈子喜欢阅读。老师的阅读，能产生榜样的力量。

第三，单位领导重视读书，带头读书，也会产生榜样的力量，至少在一定范围内形成良好的阅读风气。一般人都会关心物质食粮，颇有人标榜自己是“吃货”，而关心精神食粮的太少了，在精神食粮方面多一些“吃货”，那更是好事了。

许金晶：您能否谈谈对您人生影响最大的几本书？这些书的影响具体何在？

程章灿：读书塑造了我的人生，对我产生过影响的书很多，很难具体指出哪几本书影响最大。时过境迁，我的认识也会变动。我前面讲过的，对我现在从事的职业来说，帮我打下最初基础的两本书是《古文观止》和《古代汉语》，这两本书使我有了基本的文言文阅读能力。

生活在当代世界，尤其是21世纪，不能没有一定的阅读能力，也不能没有一定的阅读视野。阅读中，能够全面掌握一种语言很重要。这首先是母语，我们的母语不只是现代汉语，还包括古代汉语，就是文言文。此外，最好能够再掌握一门外语。这样就能有较宽广的阅读视野。不要以为白话文简单，多读，才能体会白话文也有优劣高下之别。我觉得，作为一个大学生，尤其是人文学科毕业的大学生，应该有基本的文言文阅读能力，有基本的一门外语的阅读能力。白话文、文言文与外语，三者兼备。我开始读研究生时，入师门第一次见面，我的老师程千帆先生就要求我们写三篇自传，一篇用白话文，一篇用文言文，一篇用所学的外语。我理解，老师布置这个作业的目的，是要求我们对这三种语言都要掌握好，这是基本的要求。没有阅读基础，怎么可能有写作能力呢？是不是不读研究生就可以不这样要求呢？我个人以为，取法于上，这至少应该成为我们努力的目标吧。

讲到这里，我想说说另一本对我有影响的书——斯塔夫里阿诺斯的《全球通史》。这本书我有好几种版本，最早那本是英文版，在北京大学一食堂前买的，大概是1983年年初吧。那时，我已经确定将来不继续读世界史专业了，但是，我觉得，世界史还是应该了解的。那个版本字印得特别小，看起来很吃力，后来我又买了一套正常字号的。这本书写得真好。后来有了中译本，我又买了一套。我本科读的是世界史专业，可惜没有学好，毕业后时常翻翻这本书，给自己补课。就一部世界通史来说，这本书的体量不算很大，当然，两厚册也不算薄了。在这样的篇幅里，能把全球通史写下来，相当不容易，最值得注意的是它有一个宏观视野和全球眼光。生活在21世纪的人，但凡读过一点书，都应该有一个世界胸怀，一个全球眼光，光知道本国的历史，是不够的。中国要走向世界，要了解世界，阅读也要走向世界，了解世界。

许金晶：您如何看待政府当下倡导和推行的全民阅读？又认为如何才能实现全民阅读的良性发展？

程章灿：我国政府倡导和推行全民阅读，绝对是正确而英明的决策。旧时代的俗语说："万般皆下品，唯有读书高。"那隐含的是很功利的考量，为个人而读书，是应试教育的思维模式。那时候强调的读书，包括宋真宗赵恒讲"书中自有黄金屋，书中自有颜如玉，书中自有千钟粟"，依然是功利主义的。政府当下倡导的全民阅读，是着眼于全民文化素质提升，着眼于中华民族整体素质的提升，意义重大。往大了讲，这攸关全民文化形象、攸关国家文化软实力。读不读书，谈吐和言行举止都不一样。古语说："腹有诗书气自华。"怎么样叫"气自华"？其实也很难说的。有时候，从言谈举止中就可以看得出来。比如，你跟一个法国人聊天，和一个英国人吃饭，在彼此都通晓的社交礼仪之外，你还能跟他们聊聊英国历史上的某一部名著，谈谈法国历史上某一位经典作家，对方就会对你刮目相看，甚至肃然起敬，对方就会由此形成对今天的中国人的看法。这样的交往中没有产生任何产值，当下也没有签订任何一笔生意，但它的意义，比起具体的产值和生意，是更大的、更长远的。

这看似小事，是细节，实则与每一个人都有关系。当今时代，外交部负责国家之外交，这是宏观意义上的大外交。而对每一个人而言，哪怕不出国，只要你接触到外国人，你都在做"国民外交"，都在建构"国民形象"。每一个人的形象都代表着中国的形象，中国形象等于十几亿中国人的形象的总和，腹有诗书的人是可能为国家形象加分的。听起来，好像我讲得有点大，但实事求是地看，现实就是这样的。

据我所知，现在很多单位也做阅读推广，或自己组织，或从外面找专业的读书团体来精心组织这样的活动。阅读推广这件事，不仅是政府的事儿，也是各级组织的事儿。各个单位都应该制造培养这种爱读书、好读书、读好书的读书氛围。

许金晶：如何评价南京的阅读与文化氛围？在您看来，南京应该如何建设“世界文学之都”、最大限度上发挥其品牌效应？您之于南京历史文化的书写与传播，在这当中扮演着怎样的角色？阅读推广工作在南京“世界文学之都”建设当中，又应该扮演什么样的角色？

程章灿：南京被联合国教科文组织认定为“世界文学之都”，这是南京的荣耀，也是中国的荣耀，还是南京发展的一个机遇。南京市政府现在也非常重视这个荣誉称号。

南京多了这样一个品牌，对于南京的读书人、爱书人来说，肯定是一件大好事。至于“文学之都”怎么建设，我见闻太有限，一时也说不上来。我所知道的是，“文学之都”是一种广义的内涵，它意味着南京要有文化的创意，要有文化的创造力，南京这个城市才有创造力，那么，在经济上、文化上、科技上都会有很好的发展前景。“创造力”这个东西，从源头上说，与其说跟文学想象相关，不如说跟阅读相关。对于“文学之都”的建设，阅读这方面还是大有可为的。我们不要狭隘地看待“文学之都”，好像什么事都要跟文学相关。这个“文学”应该是“大文学”，“大文学”就是“大阅读”的概念，全民阅读做好了，南京市才会形成一种热爱阅读的读书氛围。真正的阅读是开动脑子的，是伴随着创造性思考的，这才是最重要的。

听说深圳这些年在“全民阅读”方面做得不错。深圳的读书会非常多，大概是因为深圳这个城市比较年轻，阅读使城市跟上年轻人的步伐，也使年轻人跟上城市快速向前发展的节奏。在南京“世界文学之都”的建设中，最好能形成政府、民间组织和个人合力推进的局面。我个人写了“南京三书”，后续可能还会写一些作品，能起到的作用微乎其微，不足挂齿。我希望未来可以有更多精力去做一些文化普及方面的写作，除了写一些跟南京相关的主题，也会写一些其他主题的普及读物，希望这些普及本能够吸引更多读者，这也算间接地为全民阅读做一点贡献。

许金晶：您最喜欢的读书生活状态是怎么样的？能不能描绘一下？

程章灿：理想的阅读状态当然是不受任何约束、无任何功利目标驱使的阅读，也就是自由的阅读。我可以慢慢开始进入这样一种状态了。现在，我到了快要退休的年龄，但手头还有一些写作计划，还有一些承担的项目在进行，这些当然会占据我很多时间。我尽可能在这些工作之外，挤出更多时间来读一些跟我专业没太多关系的“闲书”。不瞒你说，我家里攒了一些书，有些是研究要用的，有些是我觉得我一定要看的，还有些是我可能要看的。在大学教书，平时要上课，培养学生，批改学生的文章；作为学界学术共同体成员，也要参加论文评审、答辩，评审项目，这些工作都免不了，很占时间。除了这些，我会尽可能地挤出更多的时间去看我喜欢的一些“闲书”。暑假我一般都会看一些“闲书”。

许金晶：您自己平时最喜欢或最舒服的读书状态是在哪儿呢？您还可以透露更多私人阅读的细节吗？

程章灿：我在书房正襟危坐的阅读多半是专业阅读，那种情况下，我的笔记本电脑都要提前准备好，而且时常要动笔，基本上要圈圈画画，那是很专业的阅读。我比较舒服的阅读是夜读，比较放松。床头放很多书，有时一本书还没看完，又翻看另一本，最近我看的闲书可能在别人看来是很专业的，《酉阳杂俎》。我是看里面的故事，好玩。有些故事读起来很有趣，看起来完全是一种享受，看得困了，书一放就睡觉，非常自然。有时候也会走神，一边翻看一边就想，有没有可能从这里面找点题目深入研究。那就功利了。

此外，就是家里的椅子、沙发，和大部分人一样，怎么舒服怎么躺，想怎么看就怎么看。前两年在图书馆的时候，我还看过《图书馆的故事》，看完后向图书馆同仁们推荐。这是完全没有功利目的、不为发表不为项目的阅读，对我来说就是很自由的一种阅读状态。

比较奇妙的地方在于，有时候你读的闲书，说不定某个时候就用上了；某个故事，说不定你讲课的时候，或者跟别人闲聊的时候，忽然就浮现了。它会增添很多生活的乐趣，但这种情形是不期而遇的。在我看来，这或许就是读书的乐趣吧。

程章灿：中国古代文史的阅读者与中华优秀传统文化的传播者。

黄梵：阅读与写作相辅相生

在黄梵老师的视野中，阅读与写作，是一种自然而然、相辅相生的生活方式。他借助于阅读，不断拓展写作的边界；他又以写作的方式，不断输出阅读与生活带来的滋养。

在资深读书人、知名写作者的身份之外，黄老师还拥有阅读与写作推广人这样一个重要的身份维度。之于阅读推广，他是南京各大书店文艺沙龙的常设嘉宾；之于写作推广，他用延续数年的文学写作课，引领众多零基础的文学爱好者，或走上写作之路，或发现人生的多元意义。

当晚在万象书坊进行的这场访谈，也是我深入了解这位相识多年的重要师友的一次大好机会，感恩而回味。

2023 年 4 月 6 日晚访谈于南京万象书坊

访谈整理：刘泽宇

许金晶：因为很多人说过，尤其是读书人，一个读书人的阅读史就是一个读书人的生命史，所以开始的时候还是想先请您简单聊聊您的主要的人生经历，在人生的各个阶段，阅读各自扮演着怎么样的一个作用和角色。您的阅读史是怎样跟您个人生命史形成一个映照的？

黄梵：我6岁之前在兰州，6岁到7岁跟着父母下放到甘肃镇原。7岁回到湖北黄州跟着爷爷奶奶生活时，一口兰州话。最有意思的一件事是，我父母每隔三年就会回来看我，第一次回来就发现我说一口黄州话，我自己居然觉得还在说兰州话。我现在一句兰州话也不会说了。7岁到16岁，我待在黄州读中小学。等到15岁时父母调回黄冈，我第二年就考上大学来南京了，1979年到现在我一直待在南京。

其实在每个阶段，阅读对我个人来讲，作用是不太一样的。

7岁之前，我印象中基本上在看小人书。我比一般孩子更早去读小人书绘画下面的文字。那时候的小孩只看文字上面的图，因为下面的很多文字还没学。那是在“文革”期间，有的是一些人家里的旧藏，比如《水浒传》等，还有一些是待销毁的。回湖北黄州以后，我们那边有一个“宝藏”，黄冈造纸厂有大量待销毁的书，很多就流到我们这些小学生、中学生手上。记得那时候，我们班上有一件很隆重的、每个星期都要做的事情：一周的某天，每个孩子带着自己弄到的待销毁的书，来班上以书换书。我在这个以书换书的期间，读了凡尔纳的《机器岛》等一系列旧版汉译，读了传统武侠小说（鲁智深十回，武松十回等），读了苏联侦探小说，一下打开了我当时的视野。从原来的比较讲究理性计算、自然常识的课堂，突然发现有一个虚构的世界存在。这些书特别夸张，着眼虚构，具有幻想性。有段时间我真考虑过一件事，这些书培养起来的想象力、成天的胡思乱想，对我的未来到底有什么用？我当时还有点迷惑。

到了高年级，我的叔叔给我寄了一套《十万个为什么》，这套书基本上确立了我的志向。里面有一篇文章谈到紫金山天文台，文章很短，只几页纸，还配了一幅紫金山天文台的白描插画。我就根据这幅插画，成天想象自己在天文台。因为那时跟父母隔着千山万水，特别孤独，所以我对未来的设想也跟孤独有关。我想一个人待在天文台，每天研究星球，就这么过一辈子，觉得也挺好。这套《十万个为什么》里的这篇文章，我那时会反复看，它好像在时时提醒我，不要忘了这个理想。

到了中学，图书对我来说最重要的是，帮我打开了禁忌。我初中开始读《牛虻》《十日谈》等，甚至还有手抄本《少女之心》等。我关注《牛虻》里的爱情，《十日谈》里的性，汝龙旧译的契诃夫的《带小狗的女人》则是婚外恋。那个时候我们小孩居然能看到这个，是不得了的事情。再比方说，汝龙译的《白额头》，是一种跨物种的写法，写狼的心理活动，这在课文里是看不到的。我父亲给我留了一本书，我到现在还保留着，叫《白鲸》。我小学三年级就开始看长篇小说，看的第一部长篇特别简单，是《高玉宝》，接着又读《五彩路》。现在回头想一想，它们的主题非常像余华的《十八岁出门远行》，可以把这两部书看成那个年代的“十八岁出门远行”，都是孩子独自出门走向未来的故事，只不过环境和结局不一样。这些从某种程度上刺激了我对外部世界的向往。

然后是大学。1979年我刚入学，就读到了《世界文学》上的两篇小说，卡夫卡的《变形记》和博尔赫斯的《交叉小径的花园》。大学期间，我读的书很神奇，虽然我学的是理工，但读的文学书非常现代，像海明威的《永别了，武器》、萨特的《墙》等。我非常早就迷恋上了博尔赫斯、海明威的作品。那时候，我们学校的图书馆分两个借书处，一个是理工科书籍借书处，一个是文科书籍借书处。我花4年把文科的书，哲学的文学的历史的，基本借光了。我的借书证贴了很多纸，在上面续写借书书目。借书处的那个老师特别好，学生一般每次只能借2本，她允许我借6本。这6本里，我会挑2本精读，其他4本快读。那时我还没有写作，把写作看作别人的事业，跟我没一毛钱关系。正是在此过程中，我实际上自己完成了现代文学的通识教育。

许金晶：您何时开始写作？跟文学结缘，起源于怎样的契机与渊源？

黄梵：写作的渊源，可能跟我家族有一定关系，我们家是三代写诗。我爷爷写旧体诗，这是他保持了一生的习惯，20世纪70年代他还帮忙编过《赤壁诗词》。我爷爷每天在家里读旧诗词，每天写一点，状态有点像秘密写作，也不给我们看。只有当他的一个挚友从武汉来看他的时候，他的写作才是公开的。他们两人会谈上三天三夜，话题不是回忆就是关于文学和历史。

偶尔他的那个朋友也会给他写信，后面都会附一首诗，两人就在信里和来和去，这对我可能产生了潜移默化的影响。我父亲也写诗，后来因为碰到“反右”，他就放弃了，所以他的写作半途而废。

说到契机，大学期间只有一次我最接近写作。当时我得了结核病，同病房有个病人叫刘喜成，现在大连工作，当时他的床上堆了一床的书，他每天都写诗。有一天我看了他一首诗，说我觉得我可以帮你改下。他不相信，问我有没有写过诗。我说没有，他更不相信了。我让他给我一个晚上的时间，第二天我改完给他时，他非常吃惊，觉得确实比原来的好。这大概是我跟写作的第一次照面。

我第一首诗写于1983年暑期，写的是五言古体。因为失恋，诗的题目叫《会友》。中小学时我爷爷希望给我旧诗词的教育，但我拒绝了。我突然写了这么一首，就拿去给爷爷看，看完他说“你能写诗”。因为以前他对我是完全失望的，所以从他嘴里说出“你能写诗”这句话，对我来说意义重大，对我的激励非常大，我一下子有了一股冲劲。那时候我遇到的情感问题，写诗之前我曾想用数学或物理的研究来排解、扭转负面情绪，都没成功。没想到，写诗才半个月，就成功地扭转了情绪。

我以前觉得真正有用的是科学，文学是无病呻吟、无用知识，当时很多人也这么看。我自己写诗以后，就发现不是那么回事。

我休学回家乡待了整整一年。黄州的图书馆只有5000册书，但我居然找到一些能读的书。比如《顾城诗选》《舒婷诗选》，歌德的《浮士德》、海涅的抒情诗，这些都成了我那个阶段写作的依据。我记得那时候还把《孔雀东南飞》改写成了小说，做了很多类似的尝试。后来发生了一件有趣的事。我的父母见我疯狂写作，很忧心，给我做了一次文学鉴定。他们把我支到武汉的叔叔家，背着我从四川请来一个写作20多年的老同学，来黄冈鉴定我满屋子的手稿，包括诗歌、小说、戏剧。等我回来时，那个人已经走了，留下了一份鉴定书。我觉得这件事太有意思了，完全重现了当年巴尔扎克的父母对巴尔扎克干的事，几乎一模一样，简直像是翻版。鉴定书上写道：黄梵完全没有文学才华，建议他从事文学之外的任何职业。因为那时我才写了几个月，那人已经写了20多年，我就觉得还是应该听他的，我立刻就停止写作了。

许金晶：作为热爱文学和文艺的人，为什么会选择工科作为自己的大学求学专业？工科的就读专业跟文艺的热爱之间，存在着怎样的张力？

黄梵：我读工科其实是阴差阳错。我一直想读物理系，后来因为军工大学提前优录，跳过了前面的志愿，我就来到了南理工。来了以后，因为不太喜欢所学的专业，精神非常困顿。当时我有一个比较极端的想法。从中小学起，我就有很强的想象力，以至于我经常做一件事情，就是把我的人生预想一遍，想完觉得没意思。好像我已经把一生的事看透了，每天不就是吃饭、工作、下班、吃饭、睡觉，第二天再重复一遍，周而复始，最终的结果就是死亡。你说这样的一生有什么意思？就是说，我那时产生了彻底的虚无感，一时陷在困境里无法出来。入学后我在枕头下放了一把刀子，准备某天夜里割腕自杀，整整三个月都一直有这个念头。所以，我跟其他进大学的学生很不一样，他们都是欢天喜地的，而我却陷入精神危机。后来有一本书救了我，是马赫的《感觉的分析》。这本书强调所有的感觉都是我们经验的基础，而经验是科学的基础，所以人的一生依靠的不是所谓的客观环境，而是主观的感觉。这个哲学思想对我帮助很大：既然人生的感觉主要靠主观感觉构成，那么我完全可以通过主观努力来改变不好的感觉，人生就会有一些所谓的精彩。因为这一改变是可以通过努力产生的，对我来讲，就开始对人生的过程重新产生了兴趣。过去之所以精神有危机，是因为把眼光都盯在人生的结果上，每天都重复地过，最后的结果都一样是死亡，当然会非常困顿。但是一旦有了对过程的期待，就有可能产生精彩，这就是西西弗在推石头过程中的发现。我在那个阶段，因为与文科的亲密接触，突然觉得我在南理工还可以有另一种生活，一种文学的、文化的生活，与我的工科生活可以并行不悖。所以后来我的精神就特别振奋、特别积极，几乎成天泡在图书馆里，特别愿意跟别人讨论问题，也参加了学校一个由教授组织的研究小组。教授从全校挑10个尖子生，所谓尖子中的尖子，我也是其中之一，跟着他们一起，讨论各种科学思想、哲学思想、力学问题等。慢慢地，我的人生开始发生转变，开始把属于每个人的人生问题，作为我精神探索的主要问题。以前我想象自己是物理学家，是向外探索，那时起我开始向内转。此前的我精神危机跟向内有关联，比如，人活着有什么意义？智力朝哪个方向发展是有价值的？我们黄冈中学的老师很多都是大学下放来的，他们已经在教学中潜移默化地使我们有了一种精神理想，我们的智力应该投注在有价值有意义的方向上，总体来说应该对人类文明有帮助。我当时自认学的专业，跟我的理想很难协调，但那时我不知道该往哪个方向转，所以就像无头苍蝇一样到处乱碰乱撞，读各种书，想解决面向未来的精神出路问题。我当时想，自己的智力也算发达，思考也算不错，究竟该干什么呢？精神应该投注在哪里？这个问题当时很困扰我。实际上，我在大学期间不自觉地完成了现代文学和现代文化的教育，为后来的写作打下了很好的基础，但当时我不知道，对方向是茫然的。

许金晶： 工科的学习和训练，对您后来的阅读和写作有没有一些潜移默化的影响？

黄梵： 当然有。因为在大学期间我受到的理工科训练非常良好，有良好的逻辑推理能力，后来从事写作，发现有点不能忍受部分文科生的思维逻辑混乱，以及表述上不停地兜圈子。理工科特别关注事物彼此的逻辑关系，这对我帮助很大。譬如在设想一些长篇结构的时候，其实是需要逻辑的，固然因果律是虚构的，但对小说结构来说必不可少。甚至在一首诗里，如果要把一个意象写得准确，既需要通过逻辑思维找到相似性，也需要感性来产生足够陌生化的想象力。两者的结合其实就是理工科跟文科的结合，我慢慢发现理工科和文科并不矛盾，好像老天爷老早就为我后面的写作预先悄悄打下了基础。大学毕业以后我有两年在实验室工作，我们的主任每天做了很多实验以后，要求我从数据里找找规律，其实就是训练归纳能力。我后来从事的写作教学，其实也是用归纳法，从大量文本里归纳出一些规律来。我写作以后意识到，理工科的滋养，对我来讲是求之不得的，先于我的意志，帮我完成了文学需要的训练。

许金晶：这么多年下来，您个人的阅读与写作之间，是怎样相互映照与滋养的？能否举一些具体的事例来说明？

黄梵：阅读对写作的影响，这个话题特别大。我在大学四年间读了无数的书，黑塞早期的《彼得·卡门青》《在轮下》对我影响很大。《彼得·卡门青》写的是一个山里孩子出来受高等教育，在城市里像流浪一样，跟各种各样的人接触。他的多次恋爱都失败了，最后又回到山村。我在这里面能找到自己的影子。因为我从小跟父母分开，个人的孤独感比一般的孩子要强烈。这种孤独是很难融入某个共同体的，不是别人不让我进去，而是我自己觉得跟别人不一样。别人都有父母，放学的时候父母去接孩子，我永远是一个人。如果老师要求见家长，我不愿意让老师见我的奶奶。当时还是孩子，觉得奶奶穿着土气，年纪又大，又不识字，让我觉得她一下子就被同学的父母比下去了。这本书让我感同身受。后来我就特别想写自己的成长史，开了无数个开头，最长的接近1万字，但一直塞在抽屉里。黑塞给了我一个参照，让我开始对自然、哲学沉思、个人史的写作感兴趣，我后来的随笔散文其实可以看出这种倾向。我现在无论写什么东西，始终都有沉思嵌在里面。

再比方，我早年在大学的时候，特别迷恋罗素的《西方哲学史》。还曾经到邓演达的墓地，和一些志同道合的朋友相互讲，这一章我讲，那一章你讲，并且一起讨论。所以，罗素对我的影响非常大。他的祖母给了他一个很重要的思想影响，就是不要害怕当少数派。虽然你思想的特立独行，可能会使你成为一个少数派，但是你不要怕。很多现代文学都涉及这个主题，比方卡夫卡的《城堡》，K害怕当少数派，非要融到城堡的共同体里，最后也没有成功。罗素在某种程度上形塑了我的人生。我后来在写作时，思考中，我真的不怕当少数派。甚至觉得，可能就像弗洛伊德讲的，当你是一个少数派的时候，可能也意味你的另一种精神胜利，你可能是窥见了某种未来，才让其他人不舒服。这一点对我影响非常大。

还有一个故事。我1989年第一次读《洛丽塔》，当年我们的环境把这本书当成一本色情小说出版，我记得是湖南文艺出版社出的，封面极其俗气，就是暗示色情的封面，不像2000年以后，上海译文出版社出的非常雅致的封面。那年学校拍一部电视片，我是编剧，师生一起去连云港拍片，我就带着这本书。午休的时候，学生都涌进我的宿舍跟我聊天，见到我床头摆着这本书，他们惊叫起来，说："黄老师你居然看这种书呀！"我说："你们不知道这是一本世界经典，你们现在还理解不了。"纳博科夫被理解是20年以后的事，到了新世纪中国人才意识到它是正儿八经的小说，真正意义上的当代经典，因为它触及了现代社会里很重要的东西，就是灰色人物。书里的男主人公是一个猎艳者，最后居然成了爱情的俘虏，成了爱情的牺牲品；那个看上去像猎艳牺牲品的洛丽塔，居然是一个老于事故者。这样的混合人物，对我的启发非常大，因为在以前的小说里没有这样的人物，人物都是黑白分明的。我那么早就意识到现代人物应该是一个什么样子，由此而反观我们自身，其实我们每个人都带着灰度，不是一个白的或黑的人物，不是一个正的或反的人物。我对灰度的容忍，应该说是从《洛丽塔》开始的。今年再版的长篇《第十一诫》，可以视为2002年我对灰色人物的全面实践。

许金晶：作为长期在南京生活的新南京人，能否以您个人的亲身经历，介绍一下南京改革开放以来阅读氛围和环境的变化？您所亲历的南京数十年来的读书文化生活中，有哪些让您印象特别深刻的事情？能否为我们一一介绍？

黄梵：民营书店崛起之前，南京主要的文化活动都在大学。那时候没有读书会，我们要么就去图书馆，要么去新华书店。新街口的新华书店，我曾从南理工步行去过好几次，有时候买完一本书就拎着书往回走。从夫子庙走到我们学校一般要40多分钟，从新街口也差不多。我特别喜欢南京法国梧桐的林荫道，那是让我走的动力之一。

民营书店出现以后，形势发生了巨变。大概是20世纪90年代，刚开始是新知书店，在成贤街，偶尔会搞活动。还有一个地方是半坡咖啡馆，也有很多活动。我们在那儿办过一次海子纪念活动，还办过诗歌与舞蹈结合的活动。先锋书店出现以后，开始慢慢把大学的一些活动挪到书店来。先锋书店后来搬到南大边上的二楼。2003年，我帮先锋举办了先锋历史上的第一场诗歌活动，是中美诗歌朗诵会，后来也办过系列讲座。刚开始，先锋书店的大部分活动其实跟图书分享没有关系，那时候先锋书店好像希望通过这些活动让大家把注意力集中在书店身上，当时民营书店很多，先锋书店面临跟其他民营书店的竞争。我们这些人给先锋提过很多建议，钱小华几乎都采纳了，包括要放桌椅板凳，能喝茶、喝咖啡，能办活动等等。先锋成型以后就有一个转向，活动慢慢地主要跟书有关了，跟书无关的活动减少了。新世纪以后，南京慢慢出现了一些读书会，甚至出现了一些专门办活动的民间机构。

从20世纪80年代、90年代到新世纪的过程中间，我印象比较深的南京的文化沙龙活动，是1986年在鸡鸣寺出现的诗歌角。各路诗人都到那里聚会，读诗、交流，甚至江苏省其他地方的很多诗人也会来。就像晾衣服一样，他们在树与树之间拉一根绳子，上面挂的都是抄写的诗歌，像大字报一样。每天光写诗的就有一两百人在那里晃悠，还有一些市民也来看，轰轰烈烈办了几年，你现在去问南京一些五六十岁的写诗的人，几乎没有没去过诗歌角的。我们还成立了文学社，卖自己的油印诗集。我还干过一件事儿，在新街口新华书店的对面卖油印的诗歌民刊。我总共就带了八九十本，两个小时居然能卖掉七八十本。

在这个过程中间，尤其是21世纪以来，读书文化活动有一个转向，从大学慢慢搬到了外面的书店。原来可能受到现代主义思潮的影响，活动是精英化的，都不肯妥协。顾城、“他们”、北岛、舒婷等人奠定了那样的诗人形象，那时诗人以跟读者交流为耻，现代主义作家、诗人都是这样的，在象牙塔里觉得自己高高在上，要靠作品来训导、训诫读者，不屑于跟读者交流。但后来，战后的一些思想慢慢传播进来，情况就变了。后现代的去中心化、碎片化的好处是什么呢？是把目光转到个人身上。不再把整个文化看成一个象牙塔式的堡垒，而是看成由每个人创造的、一种具有人性的、具有魅惑力的碎片文化，每个作家都是一个个性化的中心，他和读者之间就会有互动交流，他会通过他的方式去启蒙读者。到了新世纪以后，这种交流越来越频繁，读者也开始习惯跟作家的这种密切交流。20世纪90年代，有一阵子作家们的诗歌朗诵会都是自娱自乐，只有诗人自己，没有观众，是封闭的。但是到了新世纪就完全打开了，面向公众了。我们诗人一开始跑到书店跟读者交流的时候，很多读者也觉得不可思议。这是一个巨大的转变，是战后文化开始向人性回归的一种表现，在世界范围已是常态。

许金晶：作为一位写作者，您一般通过哪些渠道获知读者的反馈，并跟读者做交流？您印象当中有哪些比较深刻的读者故事？您又跟哪些作者（作家、学者、艺术家）有过交往和交流？能否谈谈跟他们的交往故事以及对他们的印象？

黄梵：多年前我曾收到大连一个读者的来信，他说："我最近搬家，原来收齐了你的所有书，但搬家途中遗失了，你能不能寄我一套你的所有书？"这封信还在我家里，我跟太太讲："我自己都还没收齐呢。"我非常感谢这个读者，但我没有能力做到。我还收到过江苏一位中学老师的来信，她说在《小说选刊》上看到了我的小说《友谊万岁》，特别喜欢我的小说语言，说"你的语言太迷人了，我看百遍都不厌，哪里能找到你的书"等等。

等有了微博、微信等，就经常有人在微博等上面给我留言。最近在我微博上留言最多的内容，就是问《小说写作课》什么时候能面世，不少读者买了《意象的帝国》后有些等不及了。还有一些读者通过朋友加完微信，就来催更，催我写新书。也有通过朋友介绍，直接来和我见面的。前几天有个同事就带着他的大学同学来见面，那人喜欢我的诗，就跑来南京跟我见一面。

我也有朋友或学生，以前是我的读者。有个人叫董长青，我们第一次见面是在可一书店，我当时分享新书《意象的帝国》。他买到这本书后，就去听这个分享会。第一次我们没怎么联系，后来我继续在万象书坊做分享，他又来了，我们就加了微信。后来他去上了我在先锋书店的暑期写作班，现在成了非常要好的朋友。还有一个叫张无梦，情况也类似。我在书店做新书分享会的时候，他从北京过来，那时候我不认识他，他坐在第一排，当时他有好多问题要问。

读者的阅读反馈也可以在微信读书、豆瓣等地方看到，包括提意见的，甚至骂我的。我现在心态特好，骂我的，我也感谢他，因为至少他提供了我视野之外的另一种声音，这种声音也会提醒我。既然骂我，自有骂的理由，我也可以想想他骂得对不对，所以，我一点都不生气。有时候我老婆受不了，想留言骂对方，我就说你不要这样，就把它当百家争鸣。我如果对这些问题深思熟虑了，别人提一点反对意见，可能还会帮到我。过几年《意象的帝国》再版时，我可能会做一些修订，说不定还会听取别人的意见。我觉得，现在的我和十几年前的我，对读者反馈意见的包容度，已有天壤之别。以前听到一些不实之词，我的反应会很强烈，甚至会上去跟人家互怼，现在我不会做这种事了。

早年间苏州的车前子、周亚平，他们经常到南京来。那时候周亚平跟马铃薯兄弟在同一个学校，在江苏警官学校当老师。我进入文坛，其实与这些成熟诗人的接触，尤其是跟周亚平的接触有关。他当时跟车前子的妹妹是恋人，通过他，我就认识了车前子。20世纪90年代中后期交往比较多的是韩东、顾前，有五年时间，关系非常密切。21世纪后，与马铃薯兄弟、高兴、育邦、瘦叟、张桃洲、杨弋枢、何同彬、夏夜清、傅元峰、何言宏、茅小浪、余启平、张继军等交往密切。我大概有20年，从1995年到2015年这段时间，比较愿意通过和同行交流，来获得对写作问题及困境的突破。我有过几个瓶颈，比方说，20世纪90年代中期之前的10年，我是一个技术主义者，那时候我主要跟车前子交往比较多，把技术和形式本身看成内容，常写一些晦涩难懂的诗歌。后面我有了一个很重要的突破，可能是受到了战后作品的影响，开始向人性回归，开始警惕现代主义的孤芳自赏，比较注重作品与生活的关系，于是考虑该怎样让作品回到生活，怎么回成了关键。跟我当时交往的人也有关系，比方说跟韩东的交往。韩东比较强调作品的心灵化，有时候完全鄙视技术。现在我回到了一个比较折中的位置上，我不会抛弃前面的技术主义，也不会只单纯强调心灵。因为纯心灵的表达，跟作者能否做到出神入化太有关系，没有技术的得心应手，心灵化得到的可能只是一些心灵的材料，而非心灵本身。因为个人的很多表达，其实不自觉带有公共色彩，包括诗人共同体的公共色彩。如何在个人表达中真正抓住属于自己的心灵，其实不是一件简单的事，需要诗人对语言出神入化的使用。这一前一后拉扯导致的折中，对我21世纪写作的影响非常大。

后来跟马铃薯兄弟、育邦等朋友的交流，基本上是同道者之间的交流。我们一起办了《南京评论》诗歌民刊，开始重视表达的多样化。当我们每个人都去写作的时候，怎样的表达才能真正传递出心灵的多样化呢？就是找到真正属于你的、他的、我的心灵。这个问题是让文学回到生活之后，如何葆有语言尊严的问题。因为一回到日常生活，我们就很容易使用实用性的、交流性的语言，或同行的语言，而失去个人文学语言的尊严。多义性、言尽意无穷的意味，很容易在强调语言实用性的时候丢失。

再后来我回到大学教文学和美术，对我的写作也起到梳理作用。教书的过程中，会去思考写作的底层逻辑：人为什么要写诗，怎样的表达写出来是诗，并非所有心灵的表达写出来都是诗等等。这对慢慢萌生出自己的诗学理论非常有帮助，且不只能帮到我，后来发现也能帮到很多人。可以说，我把现代诗的底层问题想通了。比方说，叙事诗和抒情诗的差别究竟在哪里？如果从底层逻辑去看的话，叙事诗更多地使用客观意象，正因为更多地使用客观意象，造成叙事诗要想拥有诗意，就比抒情诗要难，抒情诗更多地依靠主观印象。如何能够在叙事的过程中，保持足够的诗意呢？一些诗人采用了一种策略，我也采用了类似的策略，就是将叙事跟抒情结合，本质是用主观意象弥补客观意象的诗意缺失，这种结合非常有效。

许金晶：对于一位写作者而言，阅读意味着什么？作为文艺类作品的写作者，文艺类阅读和文艺之外的历史社科等多元学科的阅读，对您而言，其滋养、作用与意义又各自何在？

黄梵：这两类的阅读，说白了就是“功夫在诗外”。我们每个人都有自己的局限，从事某个行业的时候，还会拥有行业的局限。所有的同道者可能会不自觉地采用共识去思考问题。比方说，当有人稍微采用流行或时髦的方法时，众人就会鄙视说这不是小众文学或严肃文学。我们常有先入为主的偏见，似乎博尔赫斯用了侦探手法后，我们才敢用。文学之外的历史、哲学、文化的阅读，真的能让人跳出来，可以拥有一个上帝视角，来重新看待从事的行业。比如，在文坛，需要通过作家思考才能获得的新颖经验和认识，可能在历史领域是一个常识。举个例子，在文学界谈现代性是个挺棘手的问题，讲文学中的现代性要花很多时间，但是在历史或哲学领域，它就是一个基本常识，就是现代性能不能实现的问题，没有文学表达得那么曲折。这些思考对文学的滋养非常大，常有惊喜。再比方，我对于美术史的教学和研究，给了我很多启发。尤其是我对中西古典美术的研究，让我对文学中意象的认识更及物了。后来我把意象作为现代诗的基础时，某种程度上也跟我教了20多年的美术史有关。美术让我意识到，视觉形象对于内心的激发作用。如果不是教美术，可能我会更多地把激发放在文字层面，智性层面；但由于有了美术的启发，我意识到文字中有一种视觉存在，通过意象来传递文字中的诗意。

许金晶：除了写作者的身份之外，您也是南京一位重要的阅读与写作推广人。您如何看待阅读推广工作在当今中国的位置与影响？就如何做好阅读推广工作，结合您多年来的运作经验，您有哪些心得和建议可以分享？您的文学写作领读与推广，基于怎样的出发点与渊源？多年的写作推广实践下来，您的收获有哪些？这样的工作，意义何在？在这一推广过程中，有哪些让您感动或印象深刻的人和事？能否为我们一一分享？

黄梵：我并没有自诩为阅读推广人，我之所以在社会上做一些现代诗的推广工作，也是阴差阳错所致。一些人去大学蹭了我的写作课后，觉得这种课应该在社会上推广。后来在李子俊的劝说和推动下，就开启了这样一个征程。李子俊说我只需要负责讲，其他所有事情他包了。他找到悦的读书会和咖啡馆，2017年就在总统府旁边开课了，没想到这件事在社会上反响居然特别好，也让我后来做这件事的时候，更有主动性了。

我发现班上除了想成为诗人、小说家的人之外，还有一部分人并不想成名成家，他们有普通人的精神需求。普通人的生活怎样才能有意义呢？普通人很容易陷入一种我称为的“视觉物质主义”。什么是视觉的物质主义呢？就是你待在一个房子里，很快视觉就把房子穷尽了，然后就觉得没意思，需要一个新的房子去满足视觉上的新鲜感。很快这个房子也穷尽了，你需要一个城市，接着需要另一个新的城市，需要远方，需要刷视频，这个视频马上厌倦了，需要刷下一个视频。你会发现视觉的物质主义，会逼着你不停做这种重复的事，因为它没有止境。你去看《海上钢琴师》，1900准备下船找他的那个女朋友，沿舷梯下到一半就停下不动了。他看到对面纽约无边无际的摩天大楼，都是重复，他在视觉上感到了恐惧。他为了终止这个所谓的“视觉物质主义”，回到船舱，不再下船。现代人停止不了这样一个进程，但从某个角度来讲，文学可以终止这个进程。当你去读文学的时候，意象、隐喻、象征等，它们产生的画面感是无穷无尽的。我用文字描述一个意象，描述一个具有象征意味的场景，你不同时刻去读它，脑子里面的画面是不同的，这里面的画面你是不可穷尽的。文学能够终止那个逼着我们一直往前跑，不停刷屏的“视觉物质主义”，这点很厉害。班上的这些人，通过文学来找到意义。原来世界上有一个东西，能包容下不停要去刷屏、寻求新鲜感的好奇心，这就是文学，且能做到言尽意无穷。人们由此确立他们人生中不同时刻的不同意义，通过不断地进行文字探索，开始觉得自己的精神是充实的，精神可以停在某处，停在一段文字里，停在某个思考里，不需要像过去那样疲于奔命。这也让我发现，我在做一件有价值的事。很多人过去很空虚，旅游也不行，打牌也不行，吃喝也不行，但弄诗歌就行了，写作就行了。真的有点神奇！

我可以讲一件事，我为什么招生不忌讳招零基础的人？很多大学的写作班，招生时是要筛选的，一遍两遍三遍地筛选，要把精英选出来。有个文学院想跟我合作，我问他们怎么招生？他们说要筛选三遍，把写作精英留下来。我说我招生一遍也不筛选，我不忌讳招零基础的。为什么我一定要像孔子那样有教无类？谁一开始能看出人的天赋呢？一个人连钢琴都不会弹，你怎么知道他有无钢琴天赋呢？钢琴弹到职业水平的时候，才能慢慢显现出他有无钢琴天赋。一个物理学家，一定是当他职业的物理学认识、技能都具备了，他才能表现出他能否成为顶级物理学家。一开始就筛选，很可能会把有天赋的人都筛选掉。我不忌讳招零基础的人，一是要保护那些真正有天赋的人，二是要保护那些不想成为作家的人，他们通过写作能获得人生的精神支撑。后来的六期写作班实践，也证实我这个想法是对的。刚开始，一些零基础的学员，他们写的东西极差，你看不出他们有什么天赋，比如说汗青等，一开始他们就不会写诗，你能看出他们有什么天赋呢？可汗青等最后就是表现出了天赋，他们写到一定程度后，还能够继续往上提高。这些经验让我后来愿意主动去推广现代诗写作，我把它视为当代的诗教。我们不要再用旧诗词去恢复诗教，而应该用现代诗去恢复诗教。因为现代诗包含了所有的现代审美、现代文化趣味，以及我们在现代社会拥有的现代意识，我们该怎么去面对和处理我们的困境等等。这些是旧诗词难以拥有的。

许金晶：能否谈谈对您人生影响最大的几本书？

黄梵：一本是歌德的《浮士德》。我早年喜欢《少年维特之烦恼》，后来读到《浮士德》，十分震撼。倒不在于翻成汉语的诗歌，而在于歌德对人和生活的认识，远超绝大多数作家。他对人性的通透认识，比方说人际交往中人的各种表现，人在拥有某种虚荣时的各种表现，人在情感和理智有矛盾时的困境表现等等，这些使我觉得歌德超出太多作家。再后来我去读《歌德谈话录》，想知道是怎样一个神人能写出这样的作品，一定是他的思考达到了一般作家难以企及的高度。歌德并没有写过系统的理论书，真正能够反映他思想的就是他的谈话录。以前我也找来他很多随笔散文看，但里面都是片段性的。《浮士德》对我一生的影响非常大，它让我意识到歌德为什么要这样写，他的一生是走了一条怎样的路。他认为文学能够成全一个人的人格完善，能够让一个人的文明达到极致。哪怕整个社会文明的状况让人感到尴尬时，也不影响个人文明达到巅峰，不影响个人文明远超所处的社会文明。这样的话，作家其实走的是一条修行之路。歌德为什么在晚年说他年轻时的浪漫主义、“狂飙突进”的激情是一种病态，因为激情在被激发的时候，虽然有强大的力量，有蛊惑人心的快感，但又会让人变得特别野蛮。而歌德特别注重文学跟文明的关系，他认为文学，尤其是诗歌，是文明的一种体现，不能打着文明之名，成为一个野蛮人。

还有一本是刚才已经谈到的《洛丽塔》。

还有就是顾城的诗歌，他的诗有一种迷离的色彩。我刚开始写作的时候，有个时期特别迷恋浪漫主义，迷信那种激情，但是很快就有了对激情的倦怠感，觉得太矫情、太夸饰。是顾城的诗歌终止了我的浪漫主义时期。顾城的诗歌有一种纯净感，我当时感到很惊讶：这么纯净的诗歌居然难以穷尽。我们以前拥有激情的时候，特别愿意把很多东西表达得比较复杂曲折，但是一个很纯净的东西居然也不可穷尽，可以表达得非常迷离。包括顾城后来写过一本叫《英儿》的长篇小说，那时候感觉他的文字很明亮、很透明，又不可穷尽，这让我意识到语言有一种特别的力量，能够把我们带到生活中单靠心灵不一定能够抵达的地方。我不是一个单纯的心灵主义者，我不认为单纯的心灵能把你带到一个特别难以穷尽的天地；但是单纯的语言也会有它的问题，单纯的技术化可能会让我们丢掉灵魂、人性的气息等。所以，我始终会在两极之间走平衡木。

许金晶：能否谈谈您最喜欢的读书生活状态？

黄梵：就是每天能够写作，写作中会产生一些困惑，就会去寻找相关的书。举个例子，我有时参加诗歌活动会写点地理诗，刚开始写的时候有兴奋感，写南京、苏州等地方，但写多了就会产生一个问题：写了这么多的地理诗，如何做到在思维的层面不重样，如何在审美的层面没有疲惫感。这个疲惫感不光来自读者，还来自自己。这个时候我就会去找一些跟地理和跟诗歌有关系的书来看，找一些学术书，或者一些地理跟诗歌处理得比较好的诗作来看，目的不是去模仿，而是从已有的思维局限中跳脱出来。人一旦从局限的天井里跳出来，就会产生很多新的思维、想法，这个很重要。到后面，尤其是现在的写作，我主要是被问题引导。早年我可能是被人自身的人生问题引导，但是后面我是被写作问题所引导。我现在这样的状态很松弛，每天写作会产生一些问题，这些问题会引导我去读一些特定的书，阅读与写作彼此在互动中。

许金晶：阅读之于您、之于南京人、之于当代社会里的每一个人，又各自意味着什么？

黄梵：我觉得阅读是一种生活方式。我也很喜欢去买菜、走路，也很热爱去旅游，但即便如此，依然会觉得现实世界还不够，依然希望有一个文字的世界，而不仅仅是一个电影的、视觉上的世界。文字的世界更辽阔，它不仅仅是一个小说的世界、诗歌的世界、哲学的世界、科学的世界，还是一个超出所有限定的想象世界，而这个世界可以被看成一个平行人生。有时候在思考的过程中会产生很多奇思妙想。当盯着某一片山看，其实就觉得有点像古人，因为时代变了，可山没有变，就有回到古代的感觉。比方说我去海南的黎族区，当地人就有一个神话传说，说五指山的5个峰，是5个女儿或5个儿子，这就让我一下子从现实视觉中跳出来，进入那个神灵的世界。文字世界始终是让人偏离现实世界的，即便它去描述现实世界，依然是让人的眼光偏离现实中的视角，重新看待现实的。这件事我觉得特别重要，某种程度上，它定义了我们未来的现实，未来的现实其实就在这些文字世界中间。

对普通人来讲，还有一个重要的原因，就像黄庭坚讲过的，“一日不读书面目可憎”。我们虽然表面上是一个文明的人，但因为有几百万年的野蛮史，整个文明史只有5000年，所以人其实很容易秒变成野蛮人。这种事在现实中随时可能发生，比方说一吵架，双方就立刻变成了野蛮人，文明的一切规矩都会被抛到脑后，双方撕扯对方的时候，你会觉得他们就是野蛮人。但在正常交往的时候，人又是一个文明人。我想，在大部分情况下，我们可能是披着文明外衣的野蛮人。怎样把野性驯化成一种文明，读书是必不可少的。读书在很大程度上能帮助我们控制情绪，能使我们对自己有反省能力，读书也是一种自我教育。我们会比较依赖学校的教育，但学校的教育有很多缺陷，学校教育是不能代替自我教育的，自我教育的范本就是书。从这个角度来讲，我们不要去抱怨别人的行为，我们也需要看看自己的行为，看是不是能够通过读书拥有一份清醒。

许金晶：对于政府当下倡导和推行的全民阅读，您如何看待，又认为如何才能实现全民阅读的良性发展？

黄梵：推行全民阅读可能是因为觉得阅读是很急迫的事，因为很多人不读书，很多人的文明水平令人尴尬，所以，想通过集体方式去推广阅读。但这里有个小小的悖论，“装睡的人你是叫不醒的”，一个不想读书的人，你硬要他读书，也是特别困难的事。

这就显出阅读推广人的重要。现在对阅读推广人能力的设想有点简单，觉得只要是一个读书人，就可以做阅读推广人。其实阅读推广人不只要有读的品位，还要有说的魅力。同时拥有两者其实挺难的，好多人会读，但是不会说；还有人会说，但是不会读。阅读推广人应该成为航标，能保证因为他自身的魅力引导一些人开始读书。如何在比较短的时间迅速获得读书的趣味，这个趣味就很重要，就是阅读推广人选择哪些书。可能很多人会向社会推荐书目，我倒不特别主张这样做。阅读推广人应该成为吸引大家靠拢的灯塔，进而通过自己的阅读趣味影响一大批人。因为趣味的纯正，自然会影响一大批人。而单独列一个书目，是无法让不读书的人去读书的。如果书目有这么大的作用，我们只需天天在报纸上登书目就行了。阅读推广人应该起到像作家一样的作用，作家会有他的粉丝，阅读推广人也应该有自己的粉丝，让大家愿意靠拢他。这样一来，对能力的要求就比较高了。

许金晶：如何评价南京的阅读与文化氛围？

黄梵：南京受过高等教育的人口比较多，300多万，所以南京的阅读氛围还是不错的。我觉得，就像民营企业解决了90%的就业一样，阅读人口也要靠民间文化机构来解决。公家机构去做这些事情的时候，有它们的一些难处，比如它们的推广不容易产生个性。南京有很多读书会，比方说悦的读书会，就是专门做博物馆文化读书游学的，通过参观博物馆珍藏，使得很多人去读美术书籍，去看跟艺术相关的研究书籍，这个读书会就很有个性。以前像嘤鸣读书会也非常有个性。再比方说，李子俊也做过很多这类推广，做各种哲学讲座，无形中推广了很多哲学方面的书。赵健目前也在做视频号，介绍某些特别的人和书，自然也起到这样的作用。个性化是非常重要的，因为它能满足读者不同层次的需要。最怕的就是非常统一化的推广，缺少个性和多样性，那样的话读者就不会买账。

许金晶：在您看来，南京应该如何建设“世界文学之都”、最大限度上发挥其品牌效应？阅读推广工作在这当中，又应该扮演什么样的角色？

黄梵：这个需要有共识，需要很多人参与阅读和写作活动，换句话说，文学应该成为社区性的活动之一，我觉得南京还有很大的提升空间。现在南京的文学活动集中在读书会、书店、大学，而在社区如何推广，如何把文学写作、欣赏与社区需求结合起来，好像还比较难，普通百姓不会觉得文学跟自己有关。我也做了一点工作，数量上比较少，但具有示范性。比如，我的写作班会招一些零基础的人，他们都是普通人，这些人数量不多，但他们毕业以后，可能会成为所在社区的一个小文学中心，会产生蝴蝶效应，他周围会围起一群人，谈文弄诗。我有些学生现在就在起这个作用，像孙宽、刘奇、包书海、汗青、杨连双、韩静、董长青、陈琪等，已经在做各种各样的文学推广活动了，可谓方兴未艾。

社区化是“文学之都”将来可以努力的方向。市民参与度很高的文学活动还不多，现在的活动比较精英化，而“文学之都”的初衷应该是让更多的人参与进来。这涉及观念问题，我们一谈到文学就是严肃文学、精英文学、小众文学，对文学、写作这些事情还是有泾渭分明的界限感。是不是让普通人也意识到时尚性、流行性可以和文学结合呢？举个例子，诗歌能不能用流行音乐来唱？民谣是一种形式，流行音乐是一种形式，甚至别的形式，比如跳舞呢？表演呢？刘奇策划的一些活动就很好，他实际上把小众文学套上亚文化的元素，在向公众推广。

南京和其他“文学之都”的互动交流，目前还不够多。交流除了在作家之间，也可以在社区之间、文学机构之间、书店之间。总之，文学平权时代的交流，已不同于文学精英时代。

黄梵：诗人、小说家，著有《月亮已失眠》《第十一诫》等10余本著作。

出版人

卢海鸣：读万卷书，行万里路

徐海：儒道相适、中西合璧

陆晨希：君子不器，水到渠成

卢海鸣：读万卷书，行万里路

访谈卢海鸣老师的过程中，有三个细节让我印象深刻——一是卢老师身后1927年的南京地图与《金陵全书》中的几部重要著作；二是卢老师对于“读万卷书，行万里路”这句古训的深切体悟；三是阅读与写作给卢老师带来的持续一生的丰厚滋养。从刚工作时初读《首都计划》，到后来的南京近代建筑研究与系列出版；从初试写作时关注项英与新四军历史，到现如今的主题出版贯穿于“六位一体”的出版体系全领域；从研究生涯之初、撰写台湾历史上的几次回归的文章，到近些年关于南京历代名号的研究里，始终探究名号背后统一与分裂的大历史脉络——也正是卢老师这场干货十足的访谈，才让《领读南京》一书的主题线索与问题意识完全明晰。

或许访谈的最大乐趣，就在于能不断以最直观的方式，汲取前辈们的人生阅历与智慧精华。

2021 年 12 月 16 日晚访谈于南京出版传媒集团卢海鸣办公室

访谈整理：孙海彦

许金晶： 您既是一位出版人，又是一位学者，也是写作者，是南京改革开放以来读书文化生态发展的资深见证人。想请您先聊聊从事出版工作之前的人生经历，包括求学经历，这些经历对您后来从事出版工作与阅读、研究、写作都产生了哪些影响？

卢海鸣： 这个问题问得非常好。在从事出版工作之前，我的经历相对来说比较简单，就是从学校到单位。

我是1983年从芜湖考到南京来读书的，上的是南京大学的考古专业。当年考古专业非常热门，南京大学的考古专业在全国仅次于北大。1987年我本科毕业，继续在南大读研究生。本科毕业后我有个机会去武汉大学教考古，但我没去。当时报研究生的人特别多，南大就统一标准，分数高的首先选老师。我很幸运，在考古专业考得最高，我就选了蒋赞初老师，跟他学六朝考古与南京历史研究。

四年本科学习，我收获很多，对我的人生也有很大影响。考古专业讲究田野调查，到实地去看、去了解，而不是仅看书本上的东西。我觉得这对我后来从事南京城市文化研究，尤其是从事南京近代建筑研究，有很大的指导意义。

在四年大学学习期间，我们发掘了两个重要的地点，一个是中堡岛，就是后来建三峡大坝的那个岛，在湖北宜昌。我们每天坐船去岛上发掘，那是个新石器时代的遗址，岛上全是橙子树和柚子树。当时指导我们的有北京大学教授俞伟超先生，很有名的一位老师，1983年到1984年在那边指导我们；还有南京大学副教授张之恒先生。

另一个是徐州的北洞山汉墓，靠近运河北岸，出土了很多金带钩和玉衣片，我本人发现的玉衣片就有七八十片。此外，还出土了大量铜钱与汉代彩绘陶俑。这些陶俑都放在墓道两侧一个个小小的墓室里，刚打开石门时里面一股白气冒出来，陶俑非常鲜艳，但一遇到空气，颜色马上就变掉了。这也提出了一个问题，考古发现的很多文物，怎样才能完好无损地保存。

硕士研究生期间，我跟蒋赞初先生读南京六朝考古与历史研究，继续学考古，也学历史，我的硕士毕业论文就是关于六朝建康城的若干问题研究。

蒋先生是研究南京历史的专家，也是当时南京大学考古教研室的负责人，在国内考古界属于重量级的人物。我跟蒋先生读研究生的三年，学到了很多：一个是学到为人要低调，二是做事要认真，三是做学问要一丝不苟，这是跟老师学到的。蒋先生更善于做微观的研究和考证，为我后来研究南京历史打下了基础，培养了兴趣。

蒋赞初先生写的《南京史话》，是最早全面系统介绍南京城市历史的一本书，我读后受益匪浅。他用深入浅出的语言展现了南京这座城市的历史，是一部非常重要的作品，也为我后来撰写普及读物提供了样本。

研究生毕业后，因我是从安徽芜湖考上南大的，所以安徽大学派人来要我，但我没去，我留在了南京。通过四年本科和三年研究生的学习，在这个城市有感觉，再加上我的祖籍就是南京六合，因为父母在芜湖工作，我在芜湖出生、长大，到南京来了，天生有一种血缘的亲和力，这里毕竟是我的祖籍。更重要的是，在南大读书的过程中，也培养了对这座城市的感情，增加了我了解这座城市的渴望。

1990年我研究生毕业，进入市政府地方志办公室工作。地方志办公室本身是一个政府部门，同时也是一个半学术的机关，藏书还是比较丰富的。在地方志办公室工作的9年时间，从1990年到1999年，我主要担任《南京史志》杂志编辑，这期间工作相对比较清闲。杂志是双月刊，有两到三个人编，一期也就20篇文章，我只要组稿六七篇到十来篇就行了，所以我有大量时间来读书，上班基本上就是读书。

在编杂志的过程中，我接触了大量专家学者。我跑得比较勤快，大家也愿意把稿件给我，我能组到一流的稿件。我组了很多稿件，被人大复印资料转载。我还写了许多文章，比如王辅一将军，他是研究项英的，后来我采访他写了一篇《为项英正名》，立即就被人大复印资料转载了。我写了《台湾历史上的三次回归》，在《南京史志》上发的，也很快被人大复印资料转载，诸如此类的有很多。

在地方志办公室9年，我认为最大的收获，一个是把那里收藏的南京地方历史文献进行了系统阅读，可以说基本上读了一遍。印象深刻的，比如

《首都志》《首都计划》，乍一看到这些书名，我以为首都是北京，与南京无关。当我打开《首都志》后发现是关于南京的地方志，民国王焕镳编写；《首都计划》不是北京计划，“首都”就是南京，“计划”就是城市规划，是南京城市规划，民国时期在南京请美国建筑师墨菲制定的城市规划。

我越读书就越觉得自己不足，越觉得自己知识不够。工作对我来讲太轻松了，没有任何挑战性，我决定离开方志办。

方志办这个单位，确实给了我很好的机会，有大量的时间读书。我利用《南京史志》这个平台，结识了大量作者，比如叶兆言、薛冰等南京以及江苏一批泰斗级的大家，包括一些现在已经去世的，我都认识，建立了很深的友谊。总的来说，我在这几年读了很多书，结交了一批朋友，建立了一支作者队伍，为我后来到出版社工作奠定了非常好的基础。

因为在方志办比较闲，我在1998年考了南京大学历史系的博士。在读博士的过程中，于1999年调到了南京市新闻出版局（南京出版社）。这两个单位工作都很轻松，那时没有考勤制度，我是在职，但实际上相当于全日制的课程。我2001年就拿到了博士学位，博士论文是《六朝都城研究》。

我是跟魏良弢先生读的博士，他是做西域史的，属于古代史的范围。他的思路很开阔，擅长宏观研究。我跟他学习的三年期间，他教的研究方法是，看任何问题都要宏观研究，要放在全球视野，放在全国范围内来考察。

硕士研究生阶段跟蒋先生学的是微观，细腻入微；博士研究生期间跟魏先生学的是宏观，大视野大范围。微观和宏观对我后来做任何事情都有影响。我想一件事情，研究一个学术问题，都会尽可能地放在全国范围内、全球视野上来考量。这也是我今天能在南京城市史方面做出一点成就的很重要的原因。

我们谈到南京，大家知道南京在中国的东南部，长江下游，但我一定会想到南京在全世界的位置，处于北纬30°线。这是什么概念呢？埃及、巴比伦、印度和中国是四大文明古国，都在北纬30°线附近。这样放在世界上来看，南京这座城市为什么成为六朝古都、十朝都会，为什么能有50万年的人类活动史、2500年的建城史，就一目了然了。世界文明无一例外都诞生于大江大河之畔，埃及的尼罗河，巴比伦的两河——幼发拉底河和底格里斯河，古印度文明的恒河，包括中国的长江，都在北纬30°上下。

回到我们原来的话题，博士期间我调到出版社。在地方志工作时，我不仅看书，也喜欢写文章，除了在自己的杂志上发表文章外，在全国各种杂志发表了大量文章。那时候写文章，可以说是喷薄而出，基本上每月都有文章发表，有种不吐不快的感觉。

调到出版社的过程很有趣。当时南京出版社的社长是李涛先生，他同时担任南京市新闻出版局局长，那时两家合一。李涛先生刚到出版社，想要进人。当时我不认识他，认识三个副社长，肖泽民、刘卫平和庄小军，他们都想要我过去，他们悄悄告诉我出版社要人的信息。

我得到消息后，写了一份个人简介，把自己发表的作品列了个目录，好几张纸，某日一大早9点左右，到了当时新闻出版局局长、南京出版社社长李涛的办公室。他看到我很惊讶，说你是谁啊？我讲我是卢海鸣，听说您这边需要人，我很想到这边来。我站在那里，他打量着我这个不速之客，不苟言笑，叫我把材料放下。我简单地介绍了我个人的情况以及想法，就告辞了。过了一个星期，他让当时的出版局办公室主任给我打电话，让我把个人简历再送一份过去。我很奇怪，为什么让我再送一份呢？过了几天，他说你过来吧，我就调到出版社了。

我是4月份毛遂自荐的，5月份就过去了。在这个过程中，李涛社长也找了一些人了解情况，问我为什么走，甚至问了蒋赞初先生，问我人品怎么样。他们都说这个人很好，非常能干。这个过程其实非常不容易，我想调过去，方志办不愿放，说我是人才，要提拔我，我婉拒了，说谢谢领导的关心。后来方志办看我决意要走，就不再执意挽留，还专门设宴欢送我，这可能是地方志办公室历史上第一次欢送一位普通员工，我很感动。为了我，出版社的几位领导也一起到地方志回访。

我1999年到南京出版社的时候，已经有中级职称了，到出版社第二年我就评上了副高职称。2005年，我41岁时拿到了正高，当时是出版社在职唯一的一个正高，到现在为止还是南京出版社唯一在一线的正高。

我过去是南京出版社的读者和作者，到出版社后转型为出版工作者。我觉得我是两条腿走路，第一个就是手上这支蓝笔。我经常跟我的员工讲，做合格的编辑、合格的出版人，手上要有两支笔，一支是蓝笔，要善于妙手做文章；还有一支红笔，是给别人改稿子的。如果不善于写文章，能把稿件改好吗？我认为能够写文章写书，才有可能把稿件改好。

我还要求员工，做一个出版人，知识结构应该是“T”字形的，要深挖一个专业，有一个学术方向，术业有专攻，同时要有广博的知识面。比如问你什么是《三体》啊？刘慈欣写的科幻小说。《推拿》是谁写的？毕飞宇。不能一问三不知。“十朝都会”——孙吴、东晋、宋、齐、梁、陈、南唐、明、太平天国、中华民国，要倒背如流才行。这是我对编辑的要求，也是我的成长经历，我就是这样做的。

一个人，要干一行，爱一行，精一行。既然我做出版人，我一定把出版这个事业做好。我印象很深的，当时买了一本营销学的书，阅读后恍然大悟。书像人一样，竟然也有自己的生命周期！有成长期，有鼎盛期，有衰落期，普通作品都是这样的。只有经典作品能够经得起时间的考验，可以长盛不衰。除了经典，都逃不掉这个宿命。尤其是教辅，最初是孵化培育，这是成长期；然后是成熟期，能够产生社会效益和经济效益；衰落期，不适应需要了，就无人问津了。

有些人对出版社不是很了解，认为就是编编书而已。非也。编书是最低的境界，也是一个基本功。不仅要编书，还要有一批作者队伍，各个层次的，我们需要编写什么书的时候，马上就想到哪个作者可以胜任这个工作。在方志办担任《南京史志》编辑的9年里，我联系了大量作者，在作者队伍方面，我能够如鱼得水。

一个合格的编辑，不仅能编辑东西，能写文章，还要善于策划选题，能够抓住热点，抓住重点，切合单位的实际，来策划一批书。我记得我最早策划的是《魏特琳传》，南京大屠杀题材的。这位国际友人明妮·魏特琳，金陵女子大学的，救助了中国很多妇女儿童，跟约翰·拉贝齐名。我策划了4本，《拉贝传》《魏特琳传》《东史郎传》，还有一本记不清了，最后只有《魏特琳传》（《金陵永生：魏特琳》）出版了，请张连红教授写的，他现在是南京师范大学副校长，当时是个年富力强的小伙子。这本书我报了选题，社里选题论证会通过了，虽然卖得不好，但我策划这本书得到大家的认可，对我是非常大的鼓励。我也找到了不足，单本书立得住脚难度比较大。后来我又策划其他书，如叶兆言的《南京人》，因为我人微言轻，大家开会的时候毙掉了，认为这本书怎么能挣钱呢。后来在南大社出版卖得很好。当时他的条件是首印1万册，10%版税。

后来我策划了《南京稀见文献丛刊》第一辑，里面有《明孝陵志》《秦淮志》《首都计划》《陷京三月记》等7册，一直做到现在，已经出了115种。策划这套书时，我是出版社一个部门的副职，选题会又给毙掉了，大家认为卖不掉，没有市场。南京出版社过去是教辅书一统天下，在我到出版社之前，除了一套《可爱的南京》丛书比较有名外，常版书数量很少。大家对常版书有一种天生的不适应，以前做得少，比较难取得效益。教辅书是南京出版社的强项，“AB卷”“课课通”在全省乃至全国都是有名气的，曾经赚得盆满钵满。

《南京稀见文献丛刊》第一辑7册第一次没通过，我很不服气，就开始“化缘”了，现在叫“众筹”。我找到了市规划局局长，后来是省建设厅厅长的周岚，我说《首都计划》就是南京城市规划，周岚说我知道，我正在研究这本书呢，我给你们写个导读吧，她买了好多书，发给规划局员工。我找到秦淮区地方志办公室主任杨献文，说《秦淮志》是夏仁虎写的，收藏在秦淮区图书馆，其他地方没有，请他点校，他买了一两万块钱的书。至于《明孝陵志》，我是找到明孝陵博物馆的馆长周钰雯，她很高兴，说卢博士你的书太好了，她买了几万块钱的书。《陷京三月记》是讲南京大屠杀的，蒋公穀写的，我去找朱成山馆长，他说他们正准备出这本书，我说放到我们这个系列里吧，他慷慨地资助了5万块钱。还有几本书没资助，我找了市志办的副主任赵建中博士，他资助了一些。这样一共拿到了17万块钱。在第二次选题会上，大家看我“化缘”这么多钱，一致通过。现在《南京稀见文献丛刊》已经成为南京出版社的一个品牌产品，在全国都有影响力。从2006年到现在，16年了，长流水不断线，是点校本，深入浅出，广受欢迎。

我策划这三种书以后，后来还策划了很多，对出版有了更深的了解。编辑这一块，因为我当过多年的杂志编辑，再编书，驾轻就熟。有一本重要的书，《中国南京云锦》，不是我策划的，是我们老社长肖泽民策划的。他策划后，找到了南京云锦研究所的所长王宝林和张玉英，他们全力支持；又找了清华大学美术系的黄能馥教授，他是研究云锦的专家，表示支持。这本书策划出来了，但怎么编，图片在哪儿，文字谁写？最后全部交给我了。当时南京云锦还没列入世界非物质文化遗产，但南京云锦的织造工艺——大花楼木机妆花手工织造工艺，是南京市非物质文化遗产。作为非物质文化遗产，有三大价值——历史价值、科技价值和文化艺术价值，我就按照这个构架来做。历史价值，就是南京云锦的历史演变，从东晋末年南京云锦诞生一直到当代；科技价值，就是大花楼木机妆花织造技艺，织造的过程、用什么材料、材料从哪里来；文化艺术价值主要讲的图案设计，牡丹、龙、凤、麒麟等寓意什么。

构思好以后，我找了美编杨晓岗和摄影师卢峰到云锦研究所去拍照片。云锦研究所毫无保留，把平时秘不示人的云锦都拿了出来，包括设计图案，一起给我们拍。拍好后，按照这个架构拼装进去，加上文章内容，就成了这么一部皇皇巨著。这本书后来拿到了中国图书奖，国家级的奖项。我付出这么多努力，最后得到的报答是什么呢？当时评正高职称必须要有国家奖，这本书2003年拿到国家奖，我2005年评职称就评上正高了。所以人一定要付出，付出了终究有回报，不能还没干活就要索取，一定要学会奉献。这是一个非常成功的作品，我自己作为责任编辑，在某种意义上也是一个作者。

2010年出版社转企改制，我担任副总经理、副社长。那时我们单位只有四十几人，规模小，底子薄，书号也少，很多书都不能出。作为城市出版社，没多少拳头产品，在全国的影响力很小。通过与总经理、社长朱同芳两人的共同努力，我们把出版社做得有声有色，很快实现了产值“亿元社”的目标。现在我们产值是好几个亿，“亿元社”已经不是产值概念了，而是利润概念。

2012年，当时南京市已经有了三大文化集团，报业集团、广电集团、文化投资集团，市委市政府以出版社为基础，成立了南京出版传媒集团，2012年12月正式挂牌成立。出版集团以出版社为核心，同时并入了几家单位，首先是把《南京广播电视报》并进来了，改为《社区新报》；其次，把几个杂志并进来了，除了出版社本身的《好家长》，南京市化工集团的《塑料助剂》，市文联的《青春》《明日风尚》也都并到出版集团了；还有南京音像出版社。这样一来，南京出版传媒集团就有了书、报、刊、音像，业态扩大了。后来我们又开了几家书店：文都书店、青春书店、新城书吧，变成了现在这个格局。

许金晶：您在南京大学求学的20世纪80年代，一直到现在，将近40年的时间，就您感受到的整个南京的读书、文化生态氛围发生了怎样的转变？作为出版人和出版社的领导，出版工作包括您的写作研究，又是如何适应读书、文化生态这种转变的？

卢海鸣：我到南京来读书，那时候的书没现在这么多，没有提倡全民阅读，但大家都非常想读书。当时离恢复高考也没几年，大家读书都如饥似渴，遇到好的书都去书店抢购。尽管当时的物质生活并不富裕，但大家都知道，读书能够改变命运，改变这个国家的命运，改变这个民族的命运，改变个人的命运，这是当时我的感受。

到了20世纪90年代，随着经济大潮的来临，我觉得全社会读书的氛围受到很大的冲击。全民经商一度盛况空前，大家都想致富，整个社会风气有些不好的变化，读书氛围淡薄了，这是非常危险的事情。我印象非常深，自己在这个过程中有深切感受。尤其是2000年以后，手机普及了，书也多了，大家似乎更忙了，很少有完整的时间静下心读书，碎片化的阅读更多了，甚至不知道读什么。

现在提倡大家读书的原因是大家读书的时间太少。中国经济发展了，发展速度已经达到国外很多国家的水平了，而全民阅读的水平并没有成相应比例的增长。我们提倡全民阅读的意义也正在于此，就是我们要两条腿走路，我们的经济发展了，我们的文化水平、个人素质、全民素养要有提升。提升的一个重要途径是多读书，善读书，读好书。

全民阅读的意义，刚才说到的是让我们的全民文化素养能够和经济发展的速度并驾齐驱，这是我的一个想法。第二个想法是作为一个出版人的想法。我1999年到出版社，2000年左右，我们策划了一套《六朝文化》丛书，在全国范围内请专家学者来写，他们都感到很荣幸，也非常积极，基本上都能做到准时交稿。2005年我们出版丛书第一辑以后，第二辑再约稿子，尽管稿酬提高了，但是专家学者准时交稿的概率大大降低了。这说明什么呢？说明我们的学术研究氛围跟2000年前后不能相比了，大家不愿下“笨功夫”了，这是很可怕的事情。学术研究是一个民族很重要的部分，它是决定这个民族、这个国家能不能在某个方面拥有话语权的重要基础。学术研究上不去，就不可能在这方面拥有话语权。我们现在的快餐文化越来越多，碎片化阅读占据了主导地位，我们整个学术研究相对来说是比较薄弱的。

许金晶：您分享第一个问题的时候，我听了感受很深，就是您在求学期间和在方志办的时候，为您今天的出版研究打下了很多底子。您写的项英的文章与现在做的主题出版的关系，您写的台湾回归的文章，跟您专著《南京历代名号》里研究统一与分裂的关系，您读《首都计划》跟您现在做的近现代史出版之间的关系。您能不能再多谈谈您这么多年持续性的阅读，对您的学术研究和从事的出版工作都有哪些帮助？

卢海鸣：我想分两个方面，一是从出版层面讲，一是从学术层面讲。从1983年读大学，一直到今天，我读的书比较杂，但是以史学为主。这是因为自己的兴趣爱好，还喜欢写点小文章或者书。这么多年，通过个人的阅读和生活体验，我觉得出版行业是个特别具有挑战性的行业。

首先从出版层面来讲。小时候，一放暑假我就从芜湖回到六合，回六合就喜欢钓鱼，对钓鱼有很深的体验。鱼有浅水鱼和深水鱼，钓鱼的时候，鱼钩刚碰到水面，有些鱼就上钩了，这一定是参条子；稍微下去一点是白鱼（俗称跷嘴白），再下去一点是鳊鱼和鲫鱼，最底下是鳗鱼，甲鱼、鲢鱼、鲶鱼我也钓过，甚至有虾子。钓鱼的体验让我感觉到，鱼是有层次的，其实人的阅读也是分层次的，有深层次的和浅层次的。在阅读的过程中，不同年龄阶段喜欢读的书也不一样，就我而言，以前喜欢实用性的，现在喜欢具有思想性、能够打开思维的一些书。

出版其实是很有意思的。现在全国有585家出版社，竞争非常激烈，江苏省有19家，几乎都是一流的。南京出版社如何在这样强手如林的环境中生存下来，并获得发展，这是一个非常重要的课题。我从2012年当社长，到现在10年了。我是南京出版社第六任社长，也是在任时间最长的社长。

南京社如何发展？现在全国一年出版图书约50万种，存在着低质量出版、重复出版、无序出版，在某种意义上来说确实是一种资源的浪费。我们怎样出好书，怎样让我们的编辑在强手如林的环境中用最少的时间策划出好书，这是我一直在思考的课题。我结合自己的钓鱼体验，建构了一个出版体系，也是一个方法论。

古人云“授人以鱼，不如授人以渔”，出版也一样。我归结为“六位一体+1”，实际上是金字塔形的六度空间，就是我们出版的书，可以分为六个层次。在金字塔的顶端，叫“文献档案”，要有浓度。南京社出版的《金陵全书》就属于文献档案。我们计划出500本，目前已经出了320本。从全世界各地图书馆把关于南京的文献资料集中起来，原汁原味出版，它决定了其他书的发展方向。我们的《南京稀见文献丛刊》《南京市政公报》《南京教育档案》《中山陵档案》，都是属于金字塔顶端的。

第二个层次叫“辞典图录”，这个层次要有厚重度和权威性。我们出版的《南京大屠杀辞典》，是国家出版基金项目，《中国南京云锦》获得中国图书奖，还有《南京地名大全》等，都属于图录和辞典。

第三大类，金字塔由上到下的第三个层次，我们叫“学术研究”，要有深度。学术研究决定一个国家在某个领域的话语权，我们结合南京这座城市，接地气，策划了《六朝文化》丛书、《明朝文化研究》丛书，策划了《侵华日军暴行史研究》丛书，都是国家重点出版物出版规划项目，也是国家出版基金项目。

第四个层次叫“大众普及”，要有广度，如我前面提到的《可爱的南京》丛书、《品读南京》丛书、《南京地标》丛书等。特别是《抵御外侮——中华英豪传奇》丛书，已经发行50万册以上了，在市民和学生中影响广泛，长销不衰。

第五个层次是“文教图书”，要有黏度。我们出版的《南京市中考指导书》，中考考生都要用的；《成长记录手册》，小孩进入学校第一天，一直到小学毕业，整个成长过程需要的。还有古诗词，包括《愉快的暑假》《字说字画》，都属于文教类图书。学生爱读，家长爱看，老师爱用。

第六个层次是“文创产品”，要有温度。我们把《南京成语故事》和安吉白茶结合在一起，把南京的老照片做成明信片系列、挂历、台历，非常受欢迎。我们把南京1898年诞生的第 幅坐标地图 直到1949年的地图，做成卷轴形的文创产品，也非常受欢迎。我们把南京非遗做成经折装图书，把日本降书做成经折装图书，读者看了后带回家，这就叫文创产品。

这就是我归纳的图书出版“六位一体”的六度空间，浓度、厚度、深度、广度、黏度、温度，再加上一个“1”，就是在六度空间里存在一个很活跃的因子，即主题出版。比如金字塔出版体系顶端文献档案中，《雨花英烈日记》《南京大屠杀档案》《人民必胜——渡江战役支前档案选编》等，就是主题出版。文教图书中有《国家公祭读本》（小学版、初中版、高中版），目前已经发行六七百万册，进入全省中小学课堂，是关于南京大屠杀的主题图书。

这“六度空间”，是我自己的发明和创造。我在很多地方讲课，包括全国城市出版社、华东地区出版社和大学社的会议上，发表我的观点后，得到大家的普遍认可。大家认为通过我建构的这个“六位一体+1”出版体系，出版的思路就清晰起来，就会有序出版。当某个单位需要你帮他策划选题时，可以利用这理论，很快就策划出一套很好的书出来。

以雨花台为例，我们从金字塔顶端开始，雨花英烈文献、雨花英烈档案。第二个层次是《雨花英烈大辞典》，我们刚策划的一本书，因为习近平总书记说过，雨花台牺牲的1519位烈士，展示了“两高一大”精神，雨花台的大项目就来了。第三个层次是学术研究，关于雨花英烈精神的研究，包括《雨花台烈士陵园志》《雨花台志》等。第四个层次是大众普及，各种绘本，雨花英烈的故事和人物传记，都是普及的。文教图书有《传承——雨花英烈校本读物》小学版和初中版。第六个层次是雨花英烈的一些文创产品。任何一个单位和部门，根据我们“6+1”的体系都能够策划出非常完美的系列选题。我写了一篇文章，在《中国出版传媒商报》上发表后，中国社科网全文转载。

第二个方面是学术研究。这么多年的读书体验，给我最大的感受是，书读得越多，觉得自己不懂的东西就越多，觉得外面的世界太美好，我们了解的只是沧海一粟。

在阅读过程中，我发现世界各个城市都在搞地方学研究，东京学、柏林学、首尔学等，地方学作为一门学科，20世纪60年代在西方就出现了，20世纪末传入我国，到了21世纪初，北京、西安、洛阳、上海、广州、泉州、武汉、杭州、扬州纷纷开展地方学研究。西安有长安学，洛阳有洛阳学，北京有北京学，上海有上海学，杭州有杭州学，武汉有武汉学，广州有广州学……

我就想到南京作为六朝古都、十朝都会，文化积淀丰厚，人文荟萃，名家辈出，名作迭出。作为一座英雄的城市、胜利的城市，作为中国历史上长江流域唯一的统一王朝的古都，同时也是中国唯一跨越江南江北的古都，地位如此重要。尤其是在近百年的历史上，南京首当其冲，南京的历史就是中国历史的一个缩影，但这个城市却还没形成以城市命名的学问。2015年左右我就开始思考这方面的问题，想能不能成立南京学？经过几年的思考，得到各方面的支持，我就写了篇文章，在《中华读书报》上发了《“南京学”研究的三个维度》，影响很大。很多人来找我探讨“南京学”的问题。后来我在《南京学研究》上发了一篇完整的文章《试论“南京学”》，详细地探讨了南京学研究的若干问题。

建构一个学科不容易，以城市命名作为一个学科，作为学问来研究，要有根据，什么是南京学？南京学内涵是什么？外延是什么？创立南京学的基础是什么？我提出南京学研究有三个维度：一是地理维度。我们从地理上解读南京这座城市，它在长江流域，是海派文化与内陆文化、北方文化与南方文化、运河文化与长江文化的交汇点。二是政治维度。南京作为六朝古都、十朝都会，作为一个政治中心，一定要从政治维度考察这座城市，这样才能了解南京在中国历史上的地位。第三是文化维度。南京是一个文化的城市，它跟中国其他城市很不一样。北京是政治中心，元明清是其鼎盛时期，尤其明清，元代以前的北京文化，并不突出。西安、洛阳呢，汉唐时期是鼎盛时期，唐代以后再谈西安、洛阳的文化，也不是很突出。与它们相比，南京与众不同。六朝文化创造了一个又一个高峰，从刘勰的《文心雕龙》到萧统的《昭明文选》，作品辈出，名家辈出。从六朝到南唐到明代，再到民国，到当代，南京一直有作家群，这个文化是绵延不绝的。

如何开展南京学研究？我提出了几个建议和举措，比如设立南京学研究院，成立中国地方学联盟，设立南京学专家智库，举办南京学学术研讨会，出版南京学研究的书刊，建立南京学数据库，培养南京学人才，设立南京学基金等。“南京学”提出后，得到各方面的呼应和学界的一致认可。首先，我们和南京城市文化研究会、南京市社科联合作，每年举办好几次研讨会，围绕长江文化、一带一路、大运河、江南文化等，经常设立一些专题，开展研究。第二，每年出版两本《南京学研究》专著，整合社会各界资源。开展南京学研究是为了了解过去，更好地展示现在，也是为了建设美好的未来。

这也是我们这么多年努力读书的一个心得体会。

许金晶： 出版方面，建立了“六位一体+1”的体系，学术研究方面是创建了南京学。这是您这么多年南京历史文化研究的水到渠成的积淀。再请您谈一下您这么多年撰写的书。

卢海鸣： 这么多年自己学习不断，也笔耕不辍。学习的过程也是丰富自己精神世界和认识自己不足的过程。在学习中时有所得，喜欢写一些东西，这么多年写了一些作品，在写作的过程中又读了大量的书。

我出版的第一本书是《世界文化悬案揭秘》，贵州人民出版社出版的，独立出版。我是学考古出身的，对世界七大奇迹八大奇观非常感兴趣，阅读了一些书，写了一本通俗读物，就是这本《世界文化悬案揭秘》，其中写到了罗马大斗兽场、英国巨石阵等。这本书跟南京这座城市无关，主要跟我过去学的考古专业有关。工作以后发表的作品，很多都离不开领导和朋友的关心与帮助。我独立编写的有关南京的第一本书是《雨花风物》，当时南京出版社副社长庄小军邀请我写的，第二本是《栖霞风物》。后来南京博物院院长梁白泉受陈安吉部长委托，写《可爱的南京》丛书中的一本《南京的六朝石刻》。梁院长跟我导师蒋赞初先生是大学同班同学，很提携我，带着我一起写。写作过程中，我得到了很大的锻炼和教育。老先生亲自指导我，记得那个夏天天气特别热，我们穿着短裤在他家里写，随便吃点方便面。20世纪90年代末，南京六朝石刻很多没有尺寸，我们实地测量。那本书一直很受欢迎，至今仍有不少人买。

再下面一本书是我的博士论文《六朝都城研究》，出版时取名《六朝都城》，主要讲六朝时期的建康城。这本书主要对建康城的建立过程，为什么选址南京，城市的规模和布局，城市的园林、水道、绿化以及人口、文化地位，还有宫殿及都城的形状等，都进行了系统研究。这本书写好后，我刚好调到出版社工作，当时市人大常委会副主任陈安吉先生策划了一套《六朝文化》丛书，是国家重点出版规划项目，就把我这本书放在丛书里了。当时我作为刚出道不久的小伙子，跟邱敏、许辉这些大家的书放在一起出版，对我来说是莫大的荣幸。这本书出版后很受欢迎，不久就修订再版。

工作后，编《南京史志》杂志的时候，我们有个专栏是专门讲民国建筑的，编辑部主任陈济民，他对民国建筑很感兴趣，在他的引领下，我们共同编写了《民国官府》，在香港出版了。这本书比较简单，但培养了我对民国建筑的兴趣，后来我就有意收集民国建筑的资料。我研究民国建筑，不是研究它的造型和材料，以及如何设计的，那是建筑学家的事情，我主要研究这个民国建筑曾经有什么人住过，发生过什么事件。资料搜集像大海捞针，要阅读大量的书。人物和活动一旦充实到某个建筑中，这个建筑马上就活起来了。2001年，我出版了《南京民国建筑》，16开的，在南京大学出版社出版。这本书出版比较早，一版再版。南京对全市的民国建筑进行定级时，一级、二级、三级，是以这本书为参考的。这本书出来后，两岸关系有段时间是“破冰期”，很多人来南京，南京市政府把这本书作为礼品。后来我又在江苏凤凰美术出版社出了小开本的《南京民国建筑》，中英文版，传播到了国外。这个版本比较通俗易懂，告诉大家怎样欣赏民国建筑，民国建筑有什么特点，分为多少期，主要是用讲故事的形式对民国建筑进行介绍。现在，我手上有个大项目，中宣部给了50万的基金资助，研究南京近代建筑，预计2024年出版。

许金晶： 正好是您60大寿。

卢海鸣： 是的！正好是花甲之年。南京近代建筑把时间范围向前延伸了，过去是民国建筑，近代建筑是从1840年到1949年。这一百年是南京城市历史的重大转折期，也是中国历史的重大转折期，我就选了这个课题，得到了中宣部的支持。

这么多年，作为南京城市文化研究会的会长，我组织了一系列活动，还写了《南京历代名号》，关于南京城市名称和称谓。我个人搜集的南京的名称有70多个，在中国所有城市中，我还没看到任何一个城市有关于名号的书，将来即使有的话，也很难超过南京的70多个。南京城市历史起伏太大，改朝换代后名字就换了，春秋战国时期叫金陵，秦始皇统一中国后改为秣陵，六朝建都了，叫建业，建功立业。变化特别频繁。

现在手头有本即将出版的书是《南京文化概论》。这本书是南京市社科联资助项目，对我来讲很有挑战性，因为南京作为“文学之都”，文化是南京这座城市的灵魂。当代中国城市，政治中心是北京，金融中心是上海，创新中心是深圳，文化中心毫无疑问应该是南京，从古至今延续下来的一个文化中心。这本书也得到了几位朋友的鼓励，有南京社科院前任院长叶南客和现任院长曹劲松。我花了两年时间，酝酿构思撰写，才写出一本小册子。过去没人专门写南京城市文化，所以难度很大。既要面面俱到，又要重点突出，更不能有重大事件和人物的遗漏，同时对文化要有一个清醒的认识。此书写作过程，经历了王国维先生所说的三个境界，目前是“蓦然回首，那人却在，灯火阑珊处”，如释重负，已经写好了，配了精美的图片，明年1月份就可以出版了。

许金晶：不管是出版人还是作者，都离不开读者。您刚才讲到早在方志办的时候，已经积累了很多作者资源。能不能讲讲这么多年您印象比较深刻的读者和作者之间交往的故事，可以是读者，也可以是作者的故事。

卢海鸣：印象比较深的，比如叶兆言。他是著名作家，当时我作为南京出版社的编辑登门拜访他，他非常谦和，也非常热情，毫不吝啬地把正在写的《南京人》给我。但比较遗憾，没在我们这边出版。我们现在的文都书店是叶先生给我们题的名。这么多年，我们都是很好的朋友，他后来出版《南京传》，我是第一个读者，应他邀请从头到尾先拜读了一遍，他在后记里专门感谢我。叶兆言作为大作家，我作为寂寂无闻的编辑，他能这样平易近人地对待我，给了我很大的信心。所以我后来在组稿过程中，对任何作者和读者都没有畏惧心理。

第二是跟中国史学会会长、中国社科院学部委员张海鹏先生的交往。现在他不当会长了，仍是中国社科院学部委员。通过南京大学历史学院张生院长的介绍，我自报家门，跟他在电话里联系上了。我策划的《抵御外侮——中华英豪传奇》丛书，专门讲历史上的英雄人物，如戚继光、林则徐、赵一曼、张自忠等。我当时在电话里讲，我们要编一套大家说历史的小书，可以和吴晗主编的《中国历史小丛书》相媲美，恳请他担任我们的丛书主编。他表示支持。后来我到北京拜访他，我们一见如故，他认为我们这套书特别有意义，是为了缅怀先烈，更是为了激励后人。20世纪五六十年代，吴晗先生主编的《中国历史小丛书》和《世界历史小丛书》对当时的青少年起到了历史教育的作用，他非常期待南京出版社继续努力，把这个崇高的事业承担起来，拓展开来，用丰富的历史知识教育青少年，使他们成长为国家的栋梁。我们这套小丛书用讲故事的形式，讲述中华英豪们在中华民族面临外敌入侵、国家危亡面前舍生取义、视死如归的壮丽人生。这个选题，入选国家重点出版物规划项目、国家出版基金以及教育部向青少年推荐的百种优秀图书。在某种程度上来说，一个单位要有所成就，需要社会各方面的支持，一流的作者尤其重要。这套书出了18本，销量已经超过50万册了，还在不断加印。我们在这个基础上策划了“群体系列”，比如定海三总兵、狼牙山五壮士、刘老庄连、最可爱的人等。我相信这个系列仍然会取得很好的社会效益和经济效益。

许金晶：不管是您的作品，还是南京出版社的作品，有没有一些普通读者在交往过程中让您特别感动或者印象比较深刻的？

卢海鸣：这样的例子太多了。我经常出去讲课，讲的内容有“文学之都南京的前世今生”“龙盘虎踞今胜昔：从南京历史中感悟信仰的力量”“南京历代名号背后的故事”“南京的建筑”“流动的遗产：南京历代运河”等。在讲课过程中，我经常发现有些熟悉的面孔，我讲到哪里他们跟到哪里，买我的书，找我签名。很多这样的读者，他们对南京文化的喜爱，在某种意义上是我研究南京文化一个很重要的动力。

许金晶：我们这个访谈主要围绕图书展开，您能不能谈谈对您人生影响比较大的几本书？

卢海鸣：印象比较深、影响比较大的一本，是我在中学时读的。我们中学时代课外书是非常缺乏的，备考的时候有一天我父亲不知道从哪里寻了一本历史书，我现在也不知道名字，没头没尾。讲清朝初年的故事，我记得有皇太极、袁崇焕、崇祯皇帝等。清军要进山海关，有吴三桂。我躺在长条凳子上看，很累，看了后兴趣非常大，奠定了我对历史的兴趣。

我们小时候能看的书太少了，我记得父亲给我借了一套《水浒传》，108将，对我影响特别大，养成了侠义的习惯。梁山好汉的豪情对我性格的养成有一定的影响。

还有很多书，比如莫泊桑的《羊脂球》《漂亮朋友》，当年我从私人书店借来看的。但影响最大的是上面我提到的那本不知名字的历史书和《水浒传》，一本影响我的专业选择，一本影响我的性格。

许金晶： 您现在喜欢什么样的阅读方式呢？就是平时是怎样的读书状态？

卢海鸣： 我现在喜欢自由自在的阅读方式，想看什么就看什么。从某种意义上来说，阅读是非常私人的事情。比如我现在看《南京党史一百年》，很多人认为是政治读物，我非常喜欢。我跟别人看书关注的重点不一样，别人可能看故事情节，我学历史，后来学考古，又研究南京的建筑，我看这本书就非常注意每个事件在什么地方发生，比如和记洋行工人罢工到了哪里？学生在公共体育场进行游行集会，这个公共体育场与今天的公园路体育场的关系。我觉得读书对我来说就是人生不可或缺的一部分。我每天第一件事是上班，第二件事是读书，第三件事是锻炼。这三件事构成我人生的一个三脚架，一个稳定的结构。因为读书，我们变得心态年轻；因为读书，我们变得明智；因为读书，我们变得豁达；因为读书，我们觉得活着更有意义。

对于工作来说，读书越多，对工作的帮助越大，而不是耽误工作。反过来，工作做得好，也离不开读书多。尤其对于出版人来说，只有读更多的书才能策划更好、更多的书，才能站得更高、看得更远，才能增强自己的判断力和决策力。

许金晶： 您刚才讲到读书和锻炼。您学的考古学专业既强调读书，又强调田野实地调查，所以您对"读万卷书，行万里路"这句古训有什么感悟呢？

卢海鸣：我认为这个古训是一个颠扑不破的真理，读万卷书必然要行万里路。行万里路是不可或缺的，如果一个人只是待在书斋里读书，他得到的信息往往是不全面的，是片面的。行万里路，经过实地调研，再读书，感受是完全不一样的。

我最大的体验是在研究民国建筑的过程中，我发现读的书在介绍建筑时，经常不准确。例如，建筑上有块碑，书中要么没提到，要么收录的碑文内容是错的。所以在读万卷书行万里路的过程中，能够弥补我们的知识缺陷，纠正我们接受的知识的不足甚至错误。二者是互补的，不是替代关系。只要有条件，读万卷书一定要行万里路。

许金晶：南京2019年获评“世界文学之都”，南京也是全国最早就全民阅读进行立法的城市，在这样的环境下，您作为资深的读书人、出版人和作者，您觉得南京要构建更好氛围的书香城市，有哪些建议和感悟呢？

卢海鸣：南京这些年在全民阅读推广方面做得相当棒，在全省甚至全国都处于领先地位。据我所知，去年南京的全民阅读，不管是图书阅读量还是阅读时间，在全省独占鳌头，在全国也名列前茅。

许金晶：南京是全民阅读先进城市吧，如果我没记错的话。这得益于什么呢？

卢海鸣：政府重视是非常重要的一个方面。其次，南京这座城市过去就是“天下文枢”，现在是“世界文学之都”，本身有很浓厚的书香氛围。这个氛围也是南京这座城市的特质，任何城市都无法取代。我觉得南京这座城市的文化气息是与生俱来的。本身有基础，政府的提倡相当于催化剂，南京的读书氛围就更加浓厚了。

我们现在民间阅读组织有五六百个，政府提倡，全社会普遍以读书为荣，以读好书为荣，已经形成了一个良好的氛围。2019年10月31日南京入选“世界文学之都”，到目前为止也是中国唯一的“文学之都”，对南京来说也是无上的荣耀，是对南京这座城市文学成就的肯定，是对过去的肯定，也是对现在的肯定，让全体南京人认识到我们这座城市的特质所在。

我们是“文学之都”，这给我们指明了一个更明确的方向，将来要继续努力，更上一层楼。南京之所以能成为“文学之都”，跟过去的文学传统、大量的文学著作和当代的文学团体都是密不可分的。南京的全民阅读开展得好，也是情理之中的事情，是内外两方面的完美结合。

许金晶：南京建设更好氛围的书香城市，您个人有哪些建议和思考？

卢海鸣：南京的书香氛围已经很好了，如果想建设得更好，从出版的角度来说，我们要出版更多的精品力作，提供更加高质量的阅读服务和阅读体验。“吾生也有涯，而知也无涯”，人生有限，怎样在有限的时间内读到更多有益的书，这对我们所有人来说都是一个非常重要的课题。我们要给广大市民提供真正的精品力作，而不是昙花一现的作品。

卢海鸣，南京出版传媒集团总经理、
南京出版社社长、南京学研究会会长。

徐海：儒道相适、中西合璧

徐海是凤凰出版传媒集团总编辑，也是我的第二本书《领读中国》和第三本书《开山大师兄》的策划编辑。访谈中印象最深的，是对他人生影响最大的几本书——《论语译注》《孟子》《老子》《经济学原理》，恰应了当代中国知识人儒道相适、中西合璧的集体面向。

“你是什么人，就会遇见什么样的人”，能在南京的体制内场域内，跟徐总这样开放、坦率、真诚的师长相识、相知，是值得用一生守护和珍惜的良好关系。

2022年3月8日晚访谈于南京丹凤语林美食坊

访谈整理：孙美玲

许金晶：首先想请您介绍一下您在从事图书出版行业之前主要的人生经历，您的读书生活大致是怎样的路径和样态？这些人生经历和阅读积累，对您后来从事出版工作，以及您日常的阅读、研究与写作，产生了哪些影响？

徐海：要说人生经历，我也没什么特别的人生经历。

我是1966年出生的，1972年开始读小学，1978年小学毕业。当时我在丹徒县大路乡沙墩小学读书，成绩相当不错，与当时班上的张晓燕同学一起分享第一名、第二名，我要么语文第一，算术第二，要么算术第一，语文第二。当时我父亲比较有远见，他认为我在乡下读书没有前途，希望找一个好点的学校让我去读书。丹徒县最好的中学就是大港中学，这个中学历史非常悠久，我父亲找亲戚把我安排到这里去读书。我在我姑妈家度过了1978年到1980年，这期间对大港镇上的风土人情都有了相当的了解。

那个时候初中是两年制，初三要考，我考上了，并且成绩也不错。初三毕业之后我考上了大港中学高中，成绩还是不错。高中三年并不是一帆风顺的，我喜欢踢足球，分了很多心，一度成绩很好，后来成绩下降得很厉害。有一次踢足球把手踢断了，我母亲很伤心，我就痛下决心还是好好读书。

后来高考成绩还不错，学校推荐我到南京大学，就在南京大学法律系读了4年。在南大的岁月也是很有价值的，班上有很多全国各地的优秀人才。虽然我是农村来的，但是我的性格比较好，比较合群，所以跟大家都相处得比较好，大学后两年当了班长。

1988年左右，根据国际趋势和中国自身的发展需求，推动中国版权事业的发展成为时代的要求。全国各个省新闻出版局都成立了版权处，但都缺人，只有一个处长没有兵。国家版权局要求最好从大学法律系招人，于是我就被我的老处长招进来了。江苏省新闻出版局人事处的朱永莲科长和我的老处长汪永标到南京大学去面试后对我很满意，就把我招进来。我成为全国第一批从事版权工作的人，参加全国各类会议，参与讨论和研究。我们是正儿八经学法律的，所以能建构一些新的概念，能理解法律的基本要旨。

我在版权处一直干了很多年，在全国也很突出。所有的学术讨论会、全国的版权案例研究会，包括一些重大问题的分析，他们都很认同我的表现。第一我性格比较好，第二我也比较有钻研的精神。当时新闻出版局的出版人都是文化人，他们没有论资排辈，也可能是那个时候急于用人吧。1996年，我在新闻出版局从副科长破格提拔为副处长，专门报省里批准。当时我30岁，就成为省级机关最年轻的副处长之一，到2001年的时候，我35岁成为全国比较年轻的正处长。

后来我调到电子音像处当处长，当时音像事业非常兴旺。我在电子音像处一直干了10年。2009年省委组织部选拔一批干部到美国马里兰大学培训一年，考外语，我外语还不错。省里把我们派到美国去，在马里兰大学读书一年，我们一个班的同学都处得非常好。

2006年左右，我就想离开机关了，虽然我当时才40岁不到。新闻出版局过去是局社不分家，出版局机关也从事业务工作，我接触了大量的业务工作，对出版很有兴趣。我当时非常喜欢读书，领导也喜欢跟我交流，我自己也喜欢写东西，各方面能力也算比较突出。

我感觉机关挺复杂的，而且机关和事业单位分开之后，机关就纯粹变成党政机关了，这样的作风我不太适应。于是，我就想从事出版业务。当时出版集团已经成立了，2006年左右凤凰集团确实想调我来的，但是过程比较复杂，调动工作前前后后历经6年。一直到2012年，谭跃董事长和陈海燕董事长终于把我调进集团，调到江苏人民出版社去做社长，我就开始从事出版工作。

这是在出版社之前、在机关工作的经历。我到出版社工作之前，其实很恍惚能不能干好。因为据说2006年的时候，有人想把我调到省新华书店去做总经理，有领导说他是机关干部，没有做过经营，所以不懂经营。这对我刺激很大。人不是一生下来做经营才能做好经营的，对吧？但是他们提的也有道理：经营和机关完全是两回事。我爱人也讲："你到出版社去干经营能不能干得成噢，不要干了一两年被人轰走，要难堪的。"

到出版社最初两三年我是非常辛苦的，全身心地耗损了自己的身体，亲力亲为地去干出版、干营销、干编辑、干策划。虽然最初什么都不懂，但是我的精神感动了我的班子成员。尽管我对这个领域不熟悉，但我首先有投入的精神，我对大家也很坦诚，班子成员都跟我处得非常好。等到两三年之后，我才慢慢地摸索出一些规律来。不是一去就干得很好，到2015年左右才开始干好、才有起色的。当时很困难，天天觉都睡不好，人极度消瘦，压力很大。

经过三年的摸索，我感到我基本掌握了出版的规律，我更有准头了。当时江苏人民出版社最苦，很多人说你不要去苏人社，你搞不下去的，太苦了，差单位没有人能搞上去。我也算是挑战自己吧，我咬咬牙，后来我不断摸索，不断学习，也不断努力，取得了一些成果。

许金晶：您高中和大学是在20世纪80年代，经历了理想主义的文化热时代，到20世纪90年代商业大潮的时代，进入2000年以后，您自己也对机关工作产生了困惑并且重新抉择。在这个过程当中，您自己的读书状态有没有随时代的大潮有一些转变？您当时读的一些书或者做的一些思考，对自己后来做出版工作有哪些影响？

徐海：对，这个很重要。因为人生选择一定是思路决定选择，思路不是凭空产生的，而是根据你读的书和体会。

20世纪80年代是比较开放的年代，我小时候受的是传统教育，能接触到的书也很少。我姐姐非常喜欢读书，她经常借很多杂志回来，我就跟着她一起看，在这个过程中读了很多小说，包括《红楼梦》等。

我中学的时候就接触了一些至今都有印象的图书和期刊。那时我常去大港镇的文化站，看报纸，长了很多见识。我的表哥他们都喜欢看书，但是家庭成分不好，他们经常让我在学校里给他们借书，包括《三国演义》等，在这个过程中我也跟着读了很多书。他们自己家的书也比较多，我读了一本一辈子都忘不了的书，作者叫王拾遗，写白居易的，这个名字我一直都有印象。他写了一本白居易的通俗解读，好像还是繁体字，我看了就觉得非常惊讶，原来还有这样的书。当时我是初二，我记得它里面讲“文章合为时而著，歌诗合为事而作”，我觉得很有意思。

我在大港镇邮局无意间看到一本杂志，叫《书林》。这个杂志你们可能都不知道，我初一就开始看。我记得有一篇是写《阿Q正传》的，作者是陈思和还是章培恒我记不得了，但我印象非常深。另外里面还有文学与人学的讨论，很多观点都惊世骇俗，让我开阔了眼界。杂志里面还有讲弗洛伊德的学说，我初一、初二的时候看过一篇文章，专门讲弗洛伊德的“恋母情结”

和“弑父情结”。还有一篇文章讲王西彦的，好像是谈他的《春回地暖》一书。《书林》这个杂志给我打开了人类知识的无限性，促成了我对图书的兴趣和阅读的兴趣。

初中、高中的时候，我的表哥他们有一套范文澜的《中国通史简编》，我觉得写得非常好。高中的时候，我的一位语文老师张继斌（后来扬子晚报驻江苏镇江记者站站长），他喜欢写诗，我后来也写写诗，得到了他的赏识，我就继续保持兴趣。我对文史也感兴趣，一直读书，后来读大学的时候我也还对阅读比较感兴趣。

到了大学，我的思想非常解放。我经常参加南京大学的各种读书活动，大家读的书也很多。书店到校园去摆摊卖书，校园里面也有新华书店的门店。那些书都是我们从未见过的，西方的著作使我大大地增长了见识。我那时候狂热地对存在主义感兴趣，读了一些萨特的存在主义著作和剧本，包括《存在主义是一种人道主义》，上海译文出版社的，那个暗红、淡黄和黑色为主基调组成的封面，一本很薄的册子。在南大的时候我读了很多书，我经常跑到图书馆，很爱存在主义哲学。1986年年初我在鼓楼广场英语角听到有个人讲了一句话，终生难忘。他站在集会人群的中间，说“人人都能成为英雄，关键是选择，你想成为英雄，你就能成为英雄”。这是存在主义的典型，更加深了我对萨特的存在主义的好奇和阅读。我们中学的时候读书太少了，大学就拼命地读书，恶补知识。应该说当时的大学氛围是非常开放、非常自由、非常解放的，读书无禁区。我读了很多书，包括李洪林写的《理论风云》，我也很感兴趣。

许金晶：那您从学生到工作，在机关这些年的阅读是怎样的状态？

徐海：我现在回想起来，在机关读的书非常少，尽管买了很多书，但读的确实不多。我过去非常喜欢读世界文学，有两个地方经常跑。一个是大行宫那边的外文书店，那里有影印版的陈映真主编的台湾出版的一套诺贝尔文学奖的丛书，精装，暗红色的封面，我买了很多，看了很多。第二个就是过去古籍出版社有一个邱禹，他选书比较有品位。他后来在几个地方开书店，他开到哪我就跑到哪儿，特别是他在成贤街开了一家书店，是在东南大学的正东面。我就跑去买了很多书，有《一间自己的房屋》《海明威谈创作》《番石榴飘香》，这些都是我当时在读的书，还有帕斯捷尔纳克的著作，书名好像是《人与事》，我都非常喜欢。

后来到机关的时候，我没事就去山西路长三角俱乐部，在那里淘书看书，读很多自己喜欢的书。在机关的时候我喜欢读书，但是杂而不系统。我认为我人生的荒废是在机关，因为做行政工作不需要读书。但是那个时候我研究自己的工作专业，版权法或者版权书研究得非常深入，我读了很多专业书、法律书，一心钻在自己的工作领域。但是外面的书读得不多，没有为我今后从事出版工作奠定很好的基础，因为读书的面非常窄，只把专业搞得很深。

许金晶：那您后来选择从事出版工作，是不是也跟您对读书的热爱有很大的关系？

徐海：说实话没有关系。我只是想改变自己在机关工作的状态，我喜欢做出版，但怎么做我完全搞不懂。

许金晶：那您感觉将近10年的时间下来，做出版工作，跟在出版局从事行政管理有什么区别？

徐海：在出版社工作跟机关工作有很大的区别，机关的工作都不是你自己的。你干的事情都是别人布置的，你个人没有任何成就感。尽管做了一些事情，但都是各方面布置的工作，包括机关软件正版化、互联网网络出版监管系统、反盗版……这些都是工作，不是事业，对从事出版工作并没有太多明显的好处。

唯一的好处是，我在机关工作，处了很多机关里的朋友，他们后来成为我做出版工作的一个重要的资源。到出版社之后，我才有了对出版的系统思考，那就是出版能够按照自己的意愿，按照自己的价值观去选择符合你价值观的作者，出版符合你价值观的图书。同时你希望这些图书能够在启迪民智、为现代化中国的服务方面做很多事情。

许金晶：那您觉得从事图书出版，跟自己读书、自己写作，有哪些不一样的地方？

徐海：我在出版社工作期间没有写作，我只想把书做好就行了。他们杂志采访我，包括约我稿，我才写。我都是在外面组稿、编稿、宣传图书，所以你看到我在出版社期间写作很少。

后来离开出版社，到出版集团之后，我才对出版工作进行了系统的思考，另外我也有这个想法，把对出版工作的心得总结一下，我就一边思考一边写一些东西。我担心如果荒废了自己思想的敏锐性，人会变得迟钝。同时我觉得到集团工作之后，有外界的刺激，佘江涛老总他喜欢写，也带动我写。我觉得写作也可以从另外一个方面实现自己的价值。如果我没离开出版社，我能很方便地认识很多作者。到了集团之后，我就不需要再组稿，我只有通过写作的方式来以文会友，不像过去在出版社直接可以会友，这是我驱动自己写作的一个重要的思路和动机。我正在写的一本书，想取的书名是《出版的正反面》。

许金晶：您在凤凰工作的这么多年里，有哪些您印象比较深刻的读者和故事？另外您刚才也讲了跟很多作者有过交流，能不能也谈一谈对一些重要作者的印象？

徐海：出版社唯一的好处是会接触很多作者，这是人生非常难得的一个财富。我接触了很多形形色色的作者。我想即使不做领导，我也可以成为很好的编辑。我会组稿，我会把自己的想法跟很多作者去交流，跟作者进行碰撞，然后产生新的选题。跟作者接触是个互相学习的过程，我主要是跟他们学习，很多作者也经过我的启发开始创作作品，所以也是一个互动的过程。

我接触比较多的，比如说刘东教授，我跟他接触时间最长，跟他在一起很受启发。他的思路非常开阔，思考力度非常深，对问题的看法很精到，我总觉得跟他在一起很有收获。他的很多观点，很多见解，很多人脉，他的阅历对我来说都是财富。另外包括钱乘旦教授，每次回南京来我们都见面谈很多事情。

还有一些大牌作者，比如说王振民，他们是非常大牌的作者名家，包括韩大元、倪世雄、刘曙光、郑剑、刘祯、朱冬生等，他们是顶尖的学者，都认同我们的价值观。于是我们在那边组了一部部的稿件。别人提供一部书稿，我们可能组个三部书稿，一直保持非常好的联系。他们有好书稿都会推荐给我，我也非常高兴。

另外还有很多一般的作者，虽然名气不是那么大，但是也有他们的长处。他能够按照出版社的要求去创作，跟出版社有比较良好的互动。大牌作者的局限性在于，他们的任务非常繁重，我们只能接受他们的成果。不是大牌作者，但是水平很高，见解很好的，可以通过互动来创作新作品，我认为这是不错的，包括金晶都是通过互动产生的作者，这是我跟作者交往的经历。

许金晶：这些普通的作者里面，有没有您比较欣赏他们的书，以及能不能讲一讲与这些作者交往的一些故事？

徐海：比如说《老杆子》这本书，虽然王晓华老师是民国史专家，但是我认为他写的这本书比较接地气。他的作品深深地打动了我，书稿被我发现之后，我积极推动这部书的出版，之后我们两个人成为好朋友，那个书也广受欢迎。

另外一个作者陈满意，是厦门晚报的记者，他跟我是在微博上联系的，他说他有一本书稿，写集美大学的先生们。别人可能不会理会你，微博上的一个作者，你怎么跟他联系呢？但我觉得很有意思，因为陈嘉庚是一代顶尖的爱国创业者，我觉得这个题材非常独特，别人没做过，但非常有必要做。我到厦门跟他谈了一次。后来他写了《集美大学的先生们》，其实我还想找他，但是我离开出版社，他就交给别人做，市场销量也不错，这就是我们普通的作者跟我建立的友谊。

许金晶：那有没有一些让您印象比较深的读者的故事？因为我们总是能通过研讨会啊沙龙啊，包括现在各种各样的网络媒体，直接跟读者接触。

徐海：跟我接触的读者最有名的就是张彧。他是北京百万庄书店的营业员。这个人学问太好了，我后来想写一本“我认识的那些高人们”。张彧是个高人，南京文化局施正东是一个高人，还有王晓华也是个高人，南京中国近代史遗址博物馆的刘刚，还有史地编校高手刘仁军，他们都很怪，高人嘛。其实还有文汇报陈志强，他是省政府张叶飞副秘书长介绍给我的，也是个高人，见多识广，在某个领域研究非常深。特别是张彧这个人，他后来跟我形成了非常好的关系，基本上每天都有沟通。

许金晶：他有什么故事能讲讲吗？

徐海：他的故事可多了。他是一个普通营业员，但他的见识非常高，读的书非常多。他对每一本书都有自己的判断，而且判断非常精准，对历史的研究非常深，对国际关系研究也深，他知道比如乾隆五年、雍正三年、顺治四年发生了什么事情。他对我们非常好，每次我们凤凰只要有好书，他都把我们的书摆在书架上最醒目的位置。我们的书在他那里，《英国通史》卖了一套，《德国通史》卖了一套，他都告诉我，海外中国研究系列新书出版后第一时间他就摆在最醒目的位置。这是我认为我见识到的最好的读者之一。他不懂人情世故，也没学历，但就喜欢读书，喜欢读历史书。他对清史和近代国际关系史研究太深了，他能发现那些所谓的名家作品的漏洞所在，是个奇才。

我唯才是崇，哪个有才华我就崇拜哪一个，这是我的个性。所以钱乘旦先生编的《世界现代化历程》这本书，在北京举办大规模的出版座谈会的时候，来的都是顶尖的世界史专家。我专门找了一个读者参会发言，我请张彧参加，他谈了对世界现代化历程的感慨。他跟江苏人民出版社关系太好了。他对北京很多学者研究很深啊，哪本书出、哪本书不出；包括南京大屠杀史的作品，这些史料有什么区别，他都知道。他问我《日本通史》什么时候出来，作者如何，有没有难点，送审有没有困难。他对出版太有研究了，这个人是一个在野的传奇人物。他是我们的忠实读者，每本书都看，读的其他书也很多，我印象非常深刻。

许金晶：在您看来，在当下的语境下，一家出版社或者说一个出版集团要实现良性发展，应该具备哪些要素？您个人作为出版社的领导，又是如何去推动和实现的？

徐海： 第一，整个环境要好。一个出版集团所在地的省委、省政府，所在地的宣传部，对这个出版集团要非常呵护，支持出版，这很重要。他们不是把出版当成一个赚钱的机器，把它当作一个像制造棉花、制造糖果的这样的工厂一样对待，而是以出版为自豪。出版是思想的传播，不是回款的增加。回款增加是思想传播、情感传播、知识传播的一个结果。所以我认为第一要素是上级领导要重视，江苏的环境挺好的，他们尊重出版，尊重出版创造出来的人类的文化财富。

第二要素是出版集团、出版社社长，都要以此为乐事，不只是把它当成一份职业，而是当成一件很欢乐的事情。他们有志于把别人的思想转变成图书，同时被读者认同，他们会感到快乐。这才是出版人，才是优秀的出版人。没有优秀的出版人，出版搞不好，出版社也搞不好。优秀的出版人从哪里来？第一收入要高，第二水平要高，第三境界要高。收入低就没人来，这是很现实的问题。第二水平要高，水平低的不行，要有名牌大学的优秀学生来。第三境界要高，因为出版不是一个速成的行业，它要长期缓慢的功夫的积累：作者的积累、资源的积累和个人经验的积累，这样才能成为一个很好的出版人。

第三个要素就是整个出版社、出版团队要形成比较良好的文化出版传统，代代相传，一代代地传承下去。作者的积累、思想的积累、价值观的积累和机制的积累，使得后人都觉得我是在前人的基础上做事，然后我也把做得更好的事交给后人，这就是传统。

做好出版，第一是大氛围要好，第二是有一批优秀的出版人，第三是有良好的传统。很多优秀出版人到一个没有传统的出版企业去也不能发挥水平，所以名牌出版社吸引人的地方就在这里。但是这个传统会消失，很多过去知名的出版社都没了，某些知名的出版社甚至曾经一度差点丢失了自己的传统。我们凤凰优良的传统未来会不会消失，我不能保证。我们出版社做得好的，都是传统不断地赓续。

许金晶：您做了将近10年的出版社或集团的领导，您是如何去推动或者说发扬光大这些良性发展的三大要素的？

徐海：第一个就是要争取领导的支持。我们要把凤凰出版所有的优良传统跟领导汇报，我们要跟领导经常交流，请领导参加我们的活动。如果你的领导都不读书，那出版搞不好。我们很多领导经常来凤凰要书看。第二方面要宣传。我们所有的好书都要通过各种各样的媒体表达出来。我是通过自媒体宣传书比较多的，让大家都知道。我的朋友圈有很多领导，我要让他们知道凤凰有这么多好书，让他们知道书好在哪里，他们才有兴趣来读，至少让他们知道凤凰在全国的地位如何，凤凰怎么赓续自己的优良传统。所以他们对出版是尊重的、不干预的，知道而不干预。第一个传统，我是这样去赓续的。

第二是保持一批又一批有操守的、有理想的出版人。我从招人开始，就招优秀的人，然后去培训，不断地带他们，我要社长把传统一代代地传递给他们。所有的出版社社长、总编辑要严格审查，首先保证所有的社长、总编辑都是优秀的出版人。选领头人很重要，领头人重视，传统就能传承，领头人是当官迷，是商业第一，目光短视，下面的人也会短视。所以选社长、总编辑很重要，包括副总编辑、副社长。

第三个，出版传统，我们把凤凰的价值观不断地传输给所有的编辑，我们有“凤凰学院”，有“凤凰大讲堂”，我们编委会都在一遍遍地讲述我们的理念，凤凰的理念就得以不断传承，我们是这样做的。

许金晶：您认为省一级的人民社，跟大学类的出版社或者文艺类的出版社相比，有哪些自己的特点？您在做苏人社的领导的时候，是如何发挥苏人社的这些优势和特点，进而推动一个单位的良性健康发展？

徐海：苏人社跟其他出版社有两个重要的区别：第一，它是一个政治理论性的出版社，它必须跟机关、跟理论界保持深入的联系，包括党政机关，包括政治经济领域的学者保持联系。这是人民出版社区别于其他出版社的地方。人民出版社的所有编辑和社长都应该对时事保持非常大的敏感，关注国内国际重大事件，关注全球局势。其他出版社不一样，文艺出版社社长可以两耳不闻窗外事。

第二个它跟大学出版社的区别在于，大学出版社会偏向于选本大学的作者，很少有别的大学的学者到你这个大学出版社出版。南开大学教授的书在南京大学出版社出版，会很奇怪，所以它的作者队伍有局限性。而人民出版社是地方的，它跟大学没关系，所以全国各地的优秀专家、学者供你选择，这是和大学出版社的唯一区别。你说人民出版社的学术水平、编辑技能比大学出版社高吗？也未必，好在它没有大学的限制，所以能够成就所有作者。用老子的话说，是“因其无私，故能成其私”。

许金晶：从苏人社到集团的领导，您个人的角色定位和工作属性发生了哪些变化？另外您作为集团内容方面的领导，您如何发挥集团下面各家出版社的合力？同时我们也知道凤凰旗下的各家出版社都是实力不俗的，在这样的情况下，您是如何理解集团机关的属性与定位的？

徐海：早期我做得并不是很好。我在人民出版社虚名干了9年吧，我对人民出版社的感情非常深厚，很多负责人都是我当时提拔的，都是我的部下。我跟出版社共同奋斗，感情非常非常深，不是一般的深。我对他们非常了解，他们的长处短处我非常清楚，我用人所长，避其所短。

到了集团之后，领导常说你要全集团均衡用力。因为我对人民出版社熟悉，人熟悉、书熟悉，我刚到出版集团的时候宣传的都是人民出版社的书，用的是人民出版社的人，读的是人民出版社的文史哲的书和政治理论的书。我大概花了半年时间去转变。

人民出版社的选题方向和作者队伍跟其他出版社不一样，但原理是一样的。人民出版社过去是弱社，经过六七年之后成为一个比较强大富裕的出版社，影响力非常强。我把我在弱社的工作经历分享给其他弱社的社长和总编，他们照我的模式做，然后我跟他们共同努力，共同出谋划策，同时也从集团层面支持他们。当时我在人民出版社的时候，佘江涛老总他们也支持我们，我做集团领导后也支持其他弱社，把人民出版社当时的一些经验和体会跟他们分享，把弱的出版社提上来。

第二个我的阅读面必须扩大。我过去不读科普书，不读古籍书，不读小说，现在我必须读小说，必须读科普书，必须读古籍书，必须关注美术书。到现在为止我真的是均衡用力，相反，我对人民出版社的要求更加苛刻。每次开会我第一个批评人民出版社，我总要讲他们，编校质量不好啊，选题狭窄啊，营销弱啊，经营不够细致啊。我先批评他们，他们是我的部下，他们不会生气、不会反感。别的出版社过去不是我的部下，我讲他们，他们会难过的。我每次先讲人民社，再讲其他出版社，他们就很认同。

同时人民出版社的队伍建设、人才建设，我觉得能够运用于其他的出版社。我也可以把其他出版社比人民出版社做得好的地方，同样转达给人民出版社。我现在已经无私了，我脑子里根本不是一个人民出版社，而是装着全集团，所有的出版社我都均衡地去关注，特别是注重那些好的出版社的经验的传播。

我们集团重要的是传播好经验，问题也要及时点出来，大家共同发展。我认为凤凰集团这几年各个出版社正在齐头并进地发展。过去往往是各自为政，只见树木不见森林，他们的经验没有传播，没有形成整体的凝聚力。

还有一个就是我把各个出版社综合起来考虑，谁有所长、谁有所短，用社所长补社所短，我是这样做的。

许金晶：您作为一位资深的出版人，如何看待图书出版工作在当今中国的位置和影响？结合多年的出版工作经历，您对如何做好一个出版人有哪些心得和建议？

徐海：我曾经写过一句话“无出版、无思想；无出版、无历史；无出版、无情感”。所有的情感，所有的历史，所有的思想，都是出版出来的思想，出版出来的历史，出版出来的情感。所有的东西都是通过图书反映出来的，所以出版在现代化建设和文明传承方面，有无可比拟的作用。进入现代化之前的农耕社会，有两个传承文明的方式，一个是戏剧，一个是图书。知识分子读书也看戏，文盲只看戏，通过戏来获取价值观念，知识分子通过图书和戏剧两个方面获得价值观念，所以戏是大众化的，书是高端化、精英化的。

中国大众文化雅和俗两个方面，通过书和戏进行不同的传播，未来也是如此。但现在又发展有手机，有数字传媒，通过电视上的电视剧也能传达观念，手机上的读物也可以传达价值观念。但是戏现在没人看了，被电视、电影取代了，书还没有能取代它的东西。书为什么有别于手机或其他的媒介？因为它是系统化的知识，它是理性的知识。图书有知识，当然不排除手机里也有这些，但是总体来看图书是系统的。我们国家要走上现代化之路，就怕缺少系统的思维和系统的知识。不读书就没有系统的知识和系统的价值观，这对中国来说是非常危险的。我认为我们今后要补课，我们过去是知识分子阅读史，西方是大众阅读史，我们缺大众阅读史这个环节，从这个意义上说，我认为出版的价值很大。

许金晶：您对于如何做好一位出版人有哪些心得和建议？

徐海：做好一位出版人，我觉得第一是热爱。今天是国际妇女节，我看到我们微信推出来很多好的女编辑，她们都非常热爱图书。做好新时代的出版人，第一要热爱图书，是书迷，要疯狂地喜欢。一般程度的喜欢都成不了一位优秀的出版人，我认为这是第一点。

第二点，它要有相当的社会地位。出版编辑要有社会地位，才能吸引社会上的人去从事编辑出版工作。有一定价值观、有一定水准的人去做，出版工作才能干得好。一段时间以来，特别是20世纪90年代末到21世纪初，一大批没有文化的人进入了出版系统，这一批人从事出版工作其实是不称职的。他们把出版当作养家糊口的手段，当作一个普通的职业。近10年来进的人都是优秀的，我认为出版经历了一个波谷到波峰的循环，这是第二个，要吸引有知识的人。

第三个，现代对出版人的要求比过去多多了，在供给侧的年代只要提供图书就行，现在变成是还要吆喝，还要会营销，还要会全媒体，要求编辑成为全能型的人才。老夫子样的编书不行了，他要通过新型的营销方式和对新型的读者面的观察和分析，判断怎么做书怎么营销，这比过去难得多。过去的优秀编辑到今天不一定能成为优秀的编辑。今天优秀的编辑可能放在过去就不是一个很好的编辑。过去的编辑不营销，有专门营销的人，现在编辑营销一体化，所以对编辑要求非常高。

许金晶：在纸质书阅读日益减少和电商的严重冲击下，当下的出版工作如何能求得一个良性的运营和发展，您个人有哪些见解？您又如何看待出版事业未来的发展方向？

徐海：我对未来总体是悲观的，我多次表达了自己的看法，因为良好的愿望未必能实现。我认为现在出版的生态还是有问题，图书的市场体系没有建立好，特别是流通体系没建立好。我认为要引进世界上优秀的电商，亚马逊不能走，而我们国内短期的风投引进的那些电商，不把自己卖的图书当成一个崇高的产品，把它当成一个像电饭锅和方便面一样的产品，谁价格低就谁好，我认为对图书没有崇敬感。

目前实体书店倒闭，我觉得很奇怪，这反映了中国人的浮躁。西方国家实体书店固然也受到冲击，但是它不至于到中国这样没人的地步。所以就要思考，我们国家的人想要成为什么样的人。如果要成为未来能够担当中华民族复兴的新一代的人，这些人应该是读书的人，不是无知的人，也不是键盘侠，而是一个深刻的、理性的、有全球视野的人，这一批人怎么才能理性、有全球观念呢？都是读书造就的。

第三个就是出版的环境还要放松。我认为只要有利于人类文明进步的，所有的知识思想都应该引进。你要把中国故事讲到国外去，如果你不理解人家的思想，不理解人家的情感，不理解人家的接受程度，你的故事就是鸡对鸭讲，你要知道鸭你才能去讲鸡的故事，否则鸡没法对鸭讲，我认为这是很重要的。

许金晶：因为我们这本书是“领读南京”嘛，您能不能介绍一下值得您敬佩和学习的南京的一些代表性的出版人以及他们的出版事迹？

徐海：我这个人朋友比较多，特别是出版系统的朋友比较多。我非常敬佩很多优秀的出版人，比如说上海人民出版社的王为松，他出版做得非常好，做了很多主题出版，有学术的主题、有思想的主题。他跟我个人关系也很好，无话不谈。另外浙大出版社社长、总编辑叫袁亚春，也很有思想，做得也非常不错。

原来上海交大出版社总编辑刘佩英，现在东方出版中心副总，我认为他也是非常尽心尽责的人。另外我最佩服大人民出版社的任超，包括黄书元，他们都非常敬业，非常投入，非常重友谊，非常有感召力。特别是任超，我非常敬佩他，他身体不是很好，但非常有能力，非常有思想，非常够哥们，很投入，又有个人魅力，这很难得。

我觉得我们江苏的一些出版人做得也挺好的，卢海鸣也是我觉得不错的一个人，他关于每个选题的六个开发维度的见解是非常独到的。卢海鸣把南京的资源用得这么丰富，所有的资源分门别类地被他利用，这和他对出版的热爱程度与投入程度有关。

许金晶：您跟李景端先生也有接触?

徐海：我对他非常敬佩。我敬佩的出版人过去是老领导高斯、蒋迪分、李景端，这些都是过去江苏出版集团有优良传统的学人、出版人，他们在全国都非常知名。

上海世纪出版社的陈昕也是我欣赏的出版人，他有操守，为上海文化高地和中国文化脊梁打造作出了巨大的贡献，我也非常敬佩他。所有为出版百分之百献身、疯狂地热爱的人，我都非常敬佩。因为我自己也是疯狂的人，我疯狂地喜欢出版。

广东人民出版社社长肖风华也是我非常敬佩的一个人。广东人民出版社处于思想的前沿，他们突破了很多禁区，领风气之先，贯彻思想无禁区、出版为苍生的理念，为中华民族的复兴，为每个人的知识化和理性化作出了巨大的贡献。

四川人民出版社的黄立新，也跟我联系非常紧密，还有刘周远，他们都是专业的出版人。他们对出版疯狂地热爱，而且卓有见识。当然凤凰现在自己的社长也都很好，包括姜小青，都非常专业。出版一定是很专业的，不是一个干部来随时就能干的。姜小青他们人很耿直，看到不平就直接抨击，按照自己的价值观去判断，我非常欣赏，他们的专业水准也很高。佘江涛就不必说了，他对我的支持，以及他的出版价值观和方法论都直接影响了我，我最受益。我们也非常非常谈得来，无话不讲。

许金晶： 作为一位资深出版人，您如何看待阅读对于某一个人的影响？

徐海： 我认为阅读很重要，如果一个人不阅读，这个人的思路必定是浅的。江苏人民出版社的定位是“思考思想者”嘛。“思考思想者”，这是我自己的发明。包括我的那个“东厢房”公众号，我第一篇写的就是思考思想者，江苏人民出版社的微信号上用的也是“相信思想的力量”。因为我们不是思想者，但是我们至少能并且应该思考思想，这很重要。我读冯友兰的《中国哲学简史》，发现他开宗明义就讲思考思想。西方先哲们首先在思考思考本身，思考本身这个事情就值得思考。看到这里我觉得自己非常浅薄，因为我的想法前人早讲过了，但是换句话说我正好跟先人们共鸣了。

你读书读得越多，你会发现自己知道的事情越少，越自卑。当你觉得自己很不自卑的时候，那说明你浅薄得可怕。那换句话你是不是就要不自信呢？也不是，因为你是基于自己的思考得出来的结论，你至少自己没发现别人说过、思考过，你就可以觉得很自信。我得出了这样一个结论，我在思考，但是要提醒自己，你的思考别人可能已经思考过了，那么你就必须从读书里面来发现。

第二个是行远必自迩。一个人阅读，是三两还是五两还是一斤，跟你谈一次话就知道了，就能知道他的思考力怎么样。读书只是一个方面，如果仅读书而不思考，那这个读书是假的。我从来不迷信，从来不盲从，这可能是学法律的弊病。学法律的人他会不断地思考这里面有没有逻辑关系，得出每一个结论都是通过三段论的逻辑思考得出来的。他不会轻易得出一个结论，用胡适的话说，就是有一分证据说一分话，这非常重要。

许金晶：全民阅读已经连续第九年写进《政府工作报告》了，您作为也策划过像《领读中国》这样一个响应全民阅读的重要作品的人，您怎么看待全民阅读？您觉得如何才能实现全民阅读的良性发展？

徐海：提出全民阅读这个要求，就说明还不是全民都在阅读。到了21世纪，到了中国全面建设现代化历程的时候，还要提倡全面阅读、深化全民阅读，这说明我们之前没有进行全民阅读，所以我们要补这个课。

经济的高速发展是基于我们抓住了历史难逢的机遇期和全球产业转移的红利。随着经济迈上一个台阶，国民的文明程度也要提高，要“强富美高”，我认为很有道理。我的理解是，经济强、百姓富、环境美、社会文明程度高。中国进入全球的生产体系之后，国民的文明程度不高是不行的。全球化的生产规则要求必须有职业素养，必须有创新意识。在德资企业里你必须一丝不苟地工作，在韩资的百货公司里面，你必须对顾客如上帝。

我认为全球化已经带动了中国青年一代，素质比老一代高得多，他们的素养比二三十年前的同龄人已经高得多，但是人的文明程度跟理性程度相比还有差距。很多知识分子很理性，掌握很多知识，但是不文明，没有文明意识，不知道尊重人，不知道协作，不知道诚实，很多人层次很高，但是不知道讲真话，很狭隘。他们没有人类命运共同体、全球一体化这些概念。所以我觉得读书是一个方面，思考是第二个方面。每个人都有独立思考的能力，也很重要。

第三个是未来要开放。全球化带来的好处不仅在经济方面，更有全球价值观的共享。你要知道什么是优秀的价值观，比如公共场合不喧哗，中国人过去根本不知道喧哗是一个丑行。如果你不开放，他认为自己大嗓门是开朗，很潇洒，自己不觉得奇怪，于是在公共场合随心所欲。这是第三个方面。我认为是阅读思考加开放，共同成就中国人。

许金晶：我们回到“领读南京”的这个“南京”上，您如何评价南京这个城市一直以来的阅读和文化氛围？现在南京拿到“世界文学之都”的称号之后，应该如何去建设这个“世界文学之都”，最大限度地发挥其品牌效应？出版工作在这当中又可以扮演什么样的角色？

徐海：南京获得“世界文学之都”称号，出版人贡献也很大，是我们共同申请下来的。我个人认为它有一个历史的原因，一个现实的原因。

历史就是过去很多文学家在南京创作，南京过去地位非常重要，它是六朝古都、十朝都会，很多人在这里创作，这是第一个。现在是因为江苏整体上比较复苏，集聚了江苏各地的人在南京进行创作，现实当中有很多创作的人才。

我认为第三个原因也很重要，“文学之都”得益于长三角文化的灿烂。上海的近现代文学很强，有一批优秀的文学创作者和研究者，如鲁迅、巴金、茅盾等，杭州也出了很多文人。你说西安是文化之都吧？是。但周围很衰落，它周围没有大批的文化产业集聚群。

所以不要沾沾自喜，除了历史和现实之外，南京还是江苏省的省会，除了江苏文化发达之外，还因为靠上海，上海不仅有经济辐射，文学辐射也很厉害。

另外出版也很重要。我最近在研究出版史，明清以来，特别民国以来，南京都是出版重镇。出版跟作者联系，跟作家联系，所以带动了人员的往来和创作的兴盛，出版对“文学之都”的贡献度是非常高的。

今后我们出版单靠南京出版社是不行的。凤凰出版集团扎根在南京，就应该为南京的“文学之都”作出贡献，所以我们要推动凤凰出版的文学创作在南京做得更好，这是出版对文学的贡献。

许金晶：您这么多年在南京生活，您对南京这个城市的阅读文化氛围有怎样的感受呢？

徐海：我觉得南京读书人很多，但是层次差距比较大。上海是整体阅读层次比较高，南京的阅读是分野的，读书人和普通市民是分野的，很多市民是不读书的。读书人多，这是它的优势，不读书的人也多，这是它的劣势。南京跟北京很相似，它分阶层。上海普通市民的阅读率很高，南京普通市民的阅读率并不高，所以我认为南京作为“文学之都”，作为阅读之城，任重而道远。今后南京整体要向上海学习，让很多“引车卖浆之流”都读书，提升整体阅读氛围。

许金晶：能不能再谈谈对您到现在为止的人生影响最大的几本书？再简单点评一下？

徐海：这个最难回答，因为我读书非常少，确实这一点都不是谦虚。出版人一个最大的毛病就是读书少，读书少的原因在于他书稿读得太多，看书稿的时间超过读书的时间，我看了很多书稿，没看很多书。

如果非要说读的哪几本书对我影响比较深的话，第一是《论语》，第二是《老子》，第三是曼昆的《经济学原理》的微观经济学卷。这三本书是我读得比较深的。

《论语》是中国传统文化之源，《论语》里面体现的价值观是我们每个人耳熟能详的价值观，但并不是每个人都一定能履行到位。我读了《论语》之后感到很震惊，孔子开篇就说“学而时习之，不亦说乎？有朋自远方来，不亦乐乎？人不知而不愠，不亦君子乎？”还有“吾日三省吾身”“非礼勿视、非礼勿言”“颜回之乐”“三人行必有我师”“三军可以夺帅，匹夫不可夺志”“岁寒，然后知松柏之后凋也”“己所不欲，勿施于人”……句句都是真理。

孔子之言是圣人之言，我认为孟子发展了孔子的思想，孟子的思想比孔子更有意义，这是我最近的想法。孟子虽然是亚圣，其实不比孔子差，他发扬了孔子的思想。同时，他跟孔子又不一样，孔子叫“讷于言，敏于行”。孟子不是，他善辩，善逻辑推理。孔子的思想很多，我们没有充分发扬它。所以日本人说孔孟之后无圣人，孔孟才是圣人，是有道理的。后来的同志都把圣人的思想当作一个装裱的东西，不履行它。比如“孔子过泰山侧，有妇人哭于墓者而哀。夫子式而听之，使子路问之，曰：‘子之哭也，壹似重有忧者。’而曰：‘然。昔者吾舅死于虎，吾夫又死焉，今吾子又死焉。’夫子曰：‘何为不去也？’曰：‘无苛政。’夫子曰：‘小子识之，苛政猛于虎也。’”这是非常伟大的思想，但是并没有真正得到践行。包括孟子的思想，“君为轻，社稷次之，民为贵”，后人根本没有真正地去履行孔孟之道。

第二，《老子》。老子的思想对中国人的影响是非常深远的，老子他其实体现了孔子思想的反面。孔子强调要有为，要入世，而老子则要出世，强调无为而无不为，要愚。在中国人的思维里面，老庄思想的影响是很深的。光读孔孟，你不能理解中国社会，你会感觉弦拉得很紧。文武之道要一张一弛，老子的思想能够提供对中国思想的另外一面的理解，这也是近代政府无为思想的一个切合点，所以我非常喜欢这本著作。

还有一个，曼昆的《经济学原理》的微观经济学卷。经世治国还是要讲经营财富，社会进步各方面其实是财富凝聚的。那么人是什么？他首先是理性经济人。财富是怎么形成的？亚当·斯密确定了世界经济秩序的根源，但它是传统经济学。曼昆用通俗的语言把亚当·斯密的经济思想通俗化，并且结合了20世纪以来经济全球化的最新成果。这本书通俗易懂，我全文细读过很多遍，丰富了我的经济学知识。

我在出版社的时候有一个想法，任何一个编辑都需要培训三门课，第一个是中国哲学史，第二个是西方哲学史，第三是微观经济学。

理解了微观经济学就不难理解宏观经济学，宏观经济学并不难。早先都没有宏观经济学，无政府状态都是微观经济学，只关注企业单元和普通市场。因为有了政府才有了宏观经济学。真正的城市社会活力的基础是生产，是微观企业的生产和对全球市场的驾驭。

所以我认为微观经济学一定要学，每个人都要读。不了解微观经济学，你就没法分析房价，没法分析通货膨胀，没法理解为什么有的人不愿意把钱放在银行里，为什么人人要理财？

了解所有的经济现象都必须读曼昆的经济学，了解所有的政治和文化思想，就必须读孔孟。如果说还有更多的书的话，我比较喜欢卢梭的《社会契约论》。我认为它对理解什么是政府很重要，政府是基于人的契约建成的共同体。

我以前读法学专业书比较多一点，在专业之外，这几本书读得比较多，其他的读得不多。在四大名著中我最喜欢《红楼梦》，它人情世故讲得非常好。尽管我读得最多的是《三国演义》，但我不太喜欢，它讲大国兴盛，充满了尔虞我诈。《水浒传》的语言非常生动，写被压迫者的声音，写得非常好，人物形象栩栩如生，特别是杨志卖刀，但是均贫富、劫富济贫和打杀的思想我认为是糟粕。《红楼梦》讲人的虚无和人的情感，我也喜欢读。另外《儒林外史》也还可以，《金瓶梅》也不错，讲市井生活，这些我都喜欢读。

许金晶：最后一个问题，能不能说说您最喜欢的读书生活的状态？

徐海：我认为最理想的状态就是有充裕的时间。大学教授是最理想的职业，但现在的大学教授压力也很大，领导布置的任务也很多，他们也不能超然于物外。

我认为最理想的状态是自由撰稿人的状态，没有人领导，读自己喜欢读的书，然后写作。刘东就是这样，读书写作就是人生最高的乐趣，没有羁绊，也没有压力。读自己喜欢读的书，人会变得非常充实，人成为自己的主人，就是马克思讲的人最终能自己做主。想读的书就能读，想说的话就能说，想做的事就能做，从心所欲不逾矩。如果有充裕的时间，自由职业，我认为是非常好的。自由撰稿人是非常理想的职业，人在知识领域里不断地耕耘，通过读书和写作把知识反哺给社会。

徐海：凤凰传媒股份有限公司总编辑，
编审，江苏省科普作家协会理事长。

陆晨希：君子不器，水到渠成

以共情的姿态、喜欢并善于与不同的人交流，关注文献、文物与书籍背后的历史文化积淀与丰富语境，从文学、文化研究到考古文博与广义上的人文社科的学习、阅读与工作经历，都让陆晨希在《我心归处是敦煌》《桑塔格传》等多部人物类优质书籍生产上取得的不俗成绩，成为一种水到渠成式的必然。而两个小时的访谈与交流本身，也成为两位读书人互相阅读对方之“书”的一次难忘的愉悦体验。

想起上一次在万象访谈的葛继彬老师如今的境遇，又让人慨叹命运之无常，更增添了写作包括本书在内的各本书计划的紧迫感。

我们终将逝去，希望我们用心记录的这些文本，能丰富这个时代的历史书写，永远留存。

2023 年 2 月 20 日晚访谈于万象书坊

访谈整理：吴欣欣

许金晶： 首先，能否介绍一下您在从事图书出版之前的主要人生经历？过往的人生经历，尤其是在南京大学中文系本科和澳大利亚悉尼大学文化研究方向硕士的学习生活，对于您后来从事出版工作，以及自己的阅读文化生活，产生了哪些影响？

陆晨希： 不管在南大还是澳洲，我都特别关注生活。因为提前招生保送南大，所以当时入学时兴致不是很高。大学期间心态还挺平和的，但文学院给我挺大惊喜。我们是第一届开始接受通识教育课程的学生，也就是说，中文系除了核心的中国文学课，还有哲学和历史课程。相较而言，我对哲学的兴趣更大，这与我后来偏向社科的兴趣发展是有关系的。

比较惭愧的是，我大学期间经常翘课啊什么的，但核心课和喜欢的课还是很认真上的。当时特别喜欢做社团，钢琴社、话剧社、音乐剧、公益活动……做了好多事情。学院当时也没有管得特别严格，基本上该修的学分修到，各方面考评过了就行，所以我的大学生活还是蛮丰富的。我觉得南大整个的文化环境，对一个刚步入大学的年轻人来说还是很不错的。

像这两年很多大学生都只能上网课，我觉得少了学习环境，对大学教育来说是一种缺失。归根结底我们还是要跟人打交道，需要一个场去接触、去感受。我们不仅仅和所谓的知识信息在交互，也在和人打交道。现在ChatGPT很火，你问很多问题，它都会给你知识性的反馈。但是像文学观、历史观，人工智能是无法给予的。

2008年的时候，我去香港浸会大学交换，港大、港中文的一些我比较感兴趣的课我也会去旁听。当时在岭南大学听了一门文化研究的课程，这个课程有几次悉尼大学文化研究系系主任的客座，我挺喜欢的。回到南大，正好周宪老师也给我们开了文化研究的选修课，当时我就觉得这个路数挺对我的胃口。很多人诟病说文化研究是一门交叉学科，不成学术，有所欠缺。它不像历史学或者哲学有很深的学科渊源。但我觉得很对我胃口，能开拓人的视野。

比如说它的课程种类很多，有传媒、广告、消费主义、女性主义等等。学术上我觉得做文化学者，还是应该更广阔一点。当时我印象很深，在澳洲做整容的研究时，我同系的一个韩国女生说她特别想出国，因为她再也不想化妆了，据她所说，在韩国，女生小学时可能就有美貌压力。女性选择修饰自己是一件好事，但是你当然也可以有不修饰的自由。

除此之外，在澳洲还有各个方面的文化碰撞，能够接触到各种各样的人。在那边，像我一样本科毕业后读研究生的很少，还有很多已经工作了，比如当时我们班有时尚品牌的营销总监，还有一个40多岁的意大利人，这可能是他读的第六个硕士学位。所以不管是在南大还是澳洲，我感觉人生就一次嘛，还是希望经历更丰富一点、更有趣一点。

许金晶： 其实您一直在关注和接触那些跟自己生命世界不一样的人，所以我觉得这跟您现在落到人物出版这块也是有关的。

陆晨希： 我觉得就是保持一个兴趣，一直有好奇心是很重要的。

许金晶： 当时怎么会选择到译林出版社做编辑呢？

陆晨希： 当时男朋友在学校读博，我想那我就先留在南京吧。留在南京做什么呢？因为自己确实非常喜欢阅读，各方面也很适合，我就想试试出版社。南京的出版社选择也不是很多，其中就有凤凰集团嘛，我从小对译林比较熟悉，然后就去了。

我觉得我的人生没有什么特别多样的选择，高考的时候，一个志愿就去了南大；出国前，觉得澳洲天气很好，又有文化研究这个我比较喜欢的专业。其实当时英国也拿到offer（录取通知书）了，但觉得英国太贵了，还有一个就是觉得英国天气不好，我喜欢天气好，喜欢开心一点。回国以后，工作也没有找别的，只投了一次简历就来了译林。其实蛮意想不到的，我本来以为我会很快换工作，但是现在做嘛也就做下来了。

许金晶： 您在译林社先后从事文博类图书和人物类图书的策划、编辑工作，这两类图书的策划编辑之间有着怎样的呼应与互动，促使您参与推出多部人物类佳作？

陆晨希： 我刚进去的部门叫期刊分社，刚好译林那时和联合国教科文组织合办了《国际博物馆》杂志，都在起步阶段，所以不管对于译林还是我，这都是一件很新的事情。当时特别幸运，跟着领导跑了全国很多博物馆，这对我的视野和经历都有开拓性的意义。

很多编辑刚进来可能都从基础性的编稿子开始，当然他们的基本功会更好，但我觉得我是非常幸运的两条腿在走路。一方面书也在做，另一方面也走了很多地方。更重要的是，因为开拓了博物馆这条线，我们开始和很多博物馆馆长、历史学家、考古专家接触交往，这个过程也是不停地在跟人打交道，这对我后面的工作积淀也很有帮助。

在文博那边干了有六七年，感觉自己各方面状态出现了瓶颈。虽然做博物馆这块很有趣，但因为它的项目和出版经费都是提前审批确定好的，在经费范围内固定完成书的编辑出版就好，这就会缺乏随读者市场调整这个环节。这些书确实会在博物馆陈列，也会有一些博物馆的受众去买。但是我会想：做书那么多年，我能力到底行不行啊？我觉得一本书只有真正到达读者手边，它才是完整的，或者说它才可能是接近完整的，不然它只是印刷品，没有什么意思。

转到社科领域也是契机性的，当时因为各方各面，樊锦诗老师的敦煌选题沉积了好几年没有启动，而这正好和我之前在博物馆圈子里的一些积累相关，我是知道敦煌的价值，也知道樊老师这个人物的可贵，所以我主动说这个选题我想跟，后面自己做了一些功课和策划，就正式开始启动这项工作。我觉得这一切既有运气成分，也有积累的部分，都是能贯穿上的。

许金晶： 您过往学习的专业和从事的出版工作，分别要跟作品文献、文物和人物来打交道。根据您的学习和工作经历，阅读文献、“阅读”文物、“阅读”人物之间，有着怎样的联系与异同？能否举学习、工作中一些具体的事例来说明？

陆晨希： 它们还蛮一脉相承的。以前做博物馆专题时，我就深刻地感觉到，文物虽然看上去是静态的，但物件背后所承载的历史和人的故事，就体现了一种文化的附着。比如说古代的箭头，它可以是破铜烂铁，但当你去观察它的形态和形制时，就可以探究到它的年代，还原出它身上的故事。

像有一些箭头是磨损状态，这说明它是被使用过的，所以有人为磨损的痕迹，这背后一定是有故事的。有故事，这个东西才有价值。这些都是很吸引我的点。不管是物也好、人也好、文献也好，我都会把它看成一个被历史浸润过的艺术品。我们的历史，它就像考古发现时那样，是一层层累积起来的，人也是一样，文献也是。所以这些都是贯通的，对我来说，不管是做书，还是与人打交道、研究文献，它们都是活的东西，都是很有意思的。

许金晶：能否谈谈您参与策划、编辑的三部人物类好书——《我心归处是敦煌：樊锦诗口述自传》《我的几何人生：丘成桐传》《桑塔格传：人生与作品》的具体运作情况，以及在这一过程中，您跟这些知名作者及传主的互动、交流和隔空对话情况？

陆晨希：我们在写广告语的时候，喜欢说最权威啊或者最怎么样，实际上我们知道不可能存在唯一客观定论的东西，但这不妨碍我们去做出这样的尝试。一开始顾春芳老师因为北大的一个类似口述史的项目去到敦煌，他们想对一批像樊先生这样的能够代表一定时代和历史的人物，进行抢救性访谈。当时顾老师跟樊先生访谈完后，她们自己是一见如故，樊先生对顾老师也非常信任。这就为后来这本书的出版打下了坚实的基础。

这本书最初想以访谈录的形式呈现，但樊先生其实并不想为自己列传，她也是非常谦虚的人嘛，觉得自己的生平没有什么好讲的，也没有什么可记录的。

后来为什么改变主意呢？我觉得和至亲的离世可能也是有关系的，她意识到自己的人生和这些经历，不是只属于她自己，她跟敦煌、莫高窟是息息相关的。我们会发现人逝去时，记忆随之流走，无法保存、挽回了。当时樊先生觉得好像确实是可以为大家留下点什么。从我们出版者的角度来看，我们肯定更希望做一个传记，但是我们一直非常尊重老师的意见。因为之前樊先生一直说不要突出她个人嘛，所以我们一直没有和她主动提列传这件事。但现在她自己有这个意向，我们都非常感动，也认为一定要抓住这个机会，所以从编辑的角度立刻做了方案，到北京去跟老师们面谈。

那是我们第一次见樊先生，在沟通的时候，樊先生对我们是不熟悉的，她之前一直在做考古，其实对出版和大众图书都不了解。我就去想樊先生她想要什么，她为什么会有这样的转变？她真正想要表达的是什么？所以我看了很多关于她的采访、文章，也包括她自己写的东西。我发现她真的对自己的事都避而不谈，她只说“我要谈敦煌”，一遍又一遍的，她的心真的就扑在敦煌上面。

虽然她同意对她做一个撰写，但落脚点一定不在她本人，一定要有一个大背景在，一定要有莫高窟在，还要体现她对考古文博事业的热爱，以及她对老先生的敬重。我们不能只围绕她个人，我们要讲到整个敦煌。同时我们也不是只讲一个人，我们还要讲几代人。

所以我在去北京面谈之前，带上了《我的父亲苏秉琦》那本书。去到北京，大家都聊得很热络，但是樊先生一直没有吱声，大家都有点紧张，于是我把苏先生那本书拿出来，她主动说话了，她说给她看看。看了以后，她打开了话匣子，开始说老一辈的考古学者多么不容易，是怎么样一步步走过来。慢慢地我们也和她沟通说我们做这本书绝对不是要吹嘘某一个人，因为樊先生很怕把她塑造成十全大金刚。我觉得就是因为抓住了这一点，樊先生对我们建立起了信任，后面的工作才能够做下去。这一点是很关键的，你一定要了解和把握传主的真实需求，再把它反映在传记中，做出来，最后才能体现出传主是什么样的人。

对比桑塔格那本传记，很多人会说作者挖传主私生活太细之类的，我觉得这两本书是完全不同的两种传记的写法。桑塔格那本是非常欧美式的，或者说美国纽约客式的、纽约时报式的，完全遵循图书市场上的畅销书的写法，这其实是作家自身的写法，本杰明·莫泽更看重的是作为作家对文本架构的掌控力。

从两方面看，写一个传记，一方面传主、家人的意见很重要，这是文本重要的背景，另一方面读者也很重要，所以我们要不停地去把握平衡。争议也好，批评也好，这些都是一个传记必须要面对的，因为到了读者这个层面，每个人的接受度和感受都会不同。

许金晶：你们把定位落在敦煌上是非常成功的。不管作为读者还是书评人，我印象最深刻的就是，自从这本书大火后，敦煌几代开山人的传记，包括相关的科普读物都陆续面世，你们用一本书，把敦煌从一个传统的、小众的、学术的层面，一下子带进大众视野里，这一点我觉得是非常了不起的。

陆晨希：正好是顺势而为，赶上了国家在精神导向上的宣传，比如注重吃苦耐劳的中华优秀传统，在文化交流上兼容并蓄等等，敦煌体现出了一定的综合性。

刚刚提到传主和写作者、编辑之间的关系，我觉得每个人都不一样，没有一成不变的套式和模板。桑塔格是我们接触不到的传主；丘先生非常有大佬风范，美式风格，很直接，还带有数学家的气质；樊先生考虑问题很周全、很清楚。这三位传主各有不同，但接触下来，我认为他们都是非常真诚且很值得尊敬的人。对于他们，我们在做书的思路上有很多不同，但在与他们打交道的过程中，尊敬、信任、理解、真诚这些都是不变的。

许金晶：参与这三部人物类好书的生产，对您的阅读和生活，都产生了哪些影响？

陆晨希：刚才讲了我当时想换部门改变一下，就是希望进入这个行业去听到真正的读者声音。樊先生这本书是我换了部门后做的第一本书，我听到声音了，这个对我来说是非常重要的一点。不停地去做事，一直在积累，这个很重要，但回声和反响也是需要记住的。樊先生这本书我们也在不停修订，希望把它做得更好，明年应该会再出一个新版。

许金晶：您认为是哪些因素促成了这三本书的成功？尤其是樊先生这本。

陆晨希：可能是真正进到大家心里了，我们经常说做一本书，首先要有一个读者画像，可能越精确越好，便于写出的广告语更好地打通固定受众。但是樊先生这本书，不夸张地讲，真的是从8岁的小孩到80岁的老人都在看，这里面的情感其实是大家共享的，这个是非常难得的。每个人感受到哪一层、哪一方面，没有一个固定的标准。

很多人说这本书很奇怪，里面有一两个篇章专门讲了很多敦煌的艺术，好像跟传主没关系。但是很多人看到以后，就对敦煌艺术产生了兴趣，想去敦煌，这个就是传主最大的心愿。这其实也是回到了传主身上。所以体现传主这个人，存在着各种各样的过程。不管是以什么方式，做书就是要回应大众关切。樊先生这本书真的在各方各面能引起大众的情感共鸣，这个是很重要的。

许金晶：在译林出版社工作期间，您印象当中有哪些比较深刻的读者故事？除了上述三部人物类好书之外，您又跟哪些作者（作家、学者、艺术家）有过交往和交流？能否谈谈跟他们的交往故事以及对他们的印象？

陆晨希：从文博转到社科，我不是以新人身份过去的，我等于是一个有经验的编辑。

从很实际的层面讲，我会接一些老大难的或者缺人手、紧急的项目。虽然初期有很多选题不是我去主动策划，而是工作上的硬性任务，但我有一个原则是，只要是我接的选题，不管是不是我策划的，既然我评估了打算做了，我就要找到它做书的这个点。

一部作品被卖到中国，它的版权就授权给代理，代理再卖到出版社，出版社拿到后，就可以选择译者，译者拿到文本就可以翻译了，编辑拿到译后的文本就可以编书了。这个过程中其实你可以主动去做一些别的事情。很多艺术翻译类的书，有些译者拿到文本直接开始翻译，这样也能出很好的译本。有些译者会对作者产生兴趣，可能会主动联系作者，或者译者本身是认识作者的，这样就更熟悉一点。到了编辑层面，很多编辑在做的时候，可能顶多跟译者联系一下，拿了译稿就开始编书了。其实也没有规定说编辑一定要跟作者联系，很多时候就是看一个人的责任心或者投入程度。我的习惯是既然做这个书，我就想对书更了解，是有必要跟作者有直接对话的。

像《学做工》的作者保罗·威利斯，我和他接触的过程中，很多交流其实对书没有直接的效用。我们写邮件也会聊一些日常生活，我印象很深的是他跟我分享疫情时期在英国的一些故事，他会担心英国政府不管他们老年人了，也怕打不到疫苗啊之类的。这件事我觉得有助于我去理解他整个人的思想底色。我自始至终坚持的就是，不管是做人物传记也好，还是别的什么，书是人写的嘛，一定要跟人打交道，这是我的一个习惯。

许金晶：从事一线编辑工作10多年，能否介绍一下您亲眼见证的译林出版社的发展历程？在您看来，一家出版社要想实现良性发展，应该具备哪些要素？

陆晨希：说实话我也不太好对比，因为我只在译林上过班，但我也会听一些同行讲别的出版社或者图书公司。译林给我的感觉是，虽然大家经济指标各方面的考核压力都很大，但是我感觉这里面的工作氛围很好。我所知道的很多图书公司，包括效益非常好的大鳄级别的，因为追求效率第一嘛，新编辑过去更多的是像流水线一样工作。比如所谓的案头编辑，他就不停地看稿子，天天看几十万字上百万字的错别字，看完了后会有策划编辑对书做整体包装，然后来一个营销编辑再加广告语啊什么的。

从产品角度来讲，这可能会更直接更精准，效益更好，但是作为人的体验来讲，你可能很难深切地去把这本书作为自己完整孵化的一个产品。译林对于一个编辑来说最好的一点就是，他经历的是一个全流程的完整工作线，从策划开始，选题立项、编稿、三审三校，跟作者、设计师、装帧沟通，现在对成本也有考核，你要去了解纸，了解工艺，再去想面对市场、读者怎么做营销，怎么做宣传。所以一个编辑，你真正经历这些流程做出一本书，你对这本书就是有感觉的。

特别是现代性使个人越来越孤立的情况下，在工作中，每个人都希望你成为一个零部件，而你的工作面对的是一个真正有灵魂、有生命的东西，这个是非常重要的。我觉得译林还是保留了这部分。所以它对我来讲是一个很有人情味的地方，在这里还能碰到很优秀、很有趣的老师，这个也不停地给人新的刺激。

许金晶：作为一位优秀编辑，您如何看待作者、编辑、读书人这三种角色对人的不同定位与要求？作为编辑的陆晨希与作为阅读爱好者的陆晨希之间，有着怎样的互动与关联？这些在工作与生活中怎样调试与平衡？

陆晨希：这确实是一个难题。进入这个行业前，大家都是很热爱阅读的人，但是真正从业后会有个祛魅的过程，光环没有了，阅读可能就会带有职业病，没那么纯粹了。有一次我逛书店，看到一本喜欢的书，这种喜欢我觉得就是非常珍惜的一种情感，但是我拿来看了以后，就开始翻这本书用的什么纸，看这个设计怎么样，再看版权页版式什么的，然后我说完蛋了，我“工伤”了。

这就会破坏一部分的阅读感，所以我很注重在阅读过程中保持纯粹的读者心态。当然也可以去看，去学习别的书是怎么做的，但一定要克制。但把一本书就当书来看，也是很重要的。

在做编辑的过程中，也一定要有读者心态。我们做书很容易进入很多模式化的东西，这本书我要怎么做，可以参考很多数据，但是有的时候真的要跳出来想一想，如果我只是一个普通的读者，我可能更希望看到这本书是怎么样的呢？当然这种想法会有一定的局限性，因为这是你的主观想法，但即便是主观的也是宝贵的，保持主观的判断也很重要。作为编辑，有时在选题策划上会和作为读者的你有所矛盾。当然在工作上的话，我肯定是以专业优先，但我也觉得不要放弃读者的部分，一定要对书保持不被破坏的单纯的一种欣赏，这个感觉是很重要的。

许金晶：作为一位优秀编辑，您如何看待出版工作在当今中国的位置与影响？

陆晨希：现在来讲，我不敢说我了解图书市场，因为我们可能接触的很多的都是好书榜单、艺术榜单、社科榜单，看的很多也是三联书店、人民文学、上海译文、理想国等等出的一些好书，这些是我们译林的同温层，我们知道大家是在做内容，但是去看实际的图书市场，销量前十名的很多反而不是榜单上的书，它们难道不是图书吗？

我们做编辑的觉得世界名著可能在内容上欠缺一点，但它为什么能卖十几二十万册呢？说明它也迎合了大众的阅读需求，所以我觉得中国当代的出版业一定要符合大众对内容的真正需求。同温层里大家能彼此熟悉，同温层之外，我们还是要看到更多也许不符合想象的东西，这才是真正的中国。

我还挺喜欢看各个图书馆的借阅率前几名。有个很明显的特征，现在的大学生不再读金庸了，一些阅读量很高的是考研辅导书，这些都反映了我们的社会现实。出版业一定是反映这个国家的国民在想什么和他们需要什么，所以我觉得还是要认清楚自己的位置吧，要进入这个时代去感受。

像您平时接触比较多的是社科类、文学类的编辑，但其实还有大量的生活科普、科技、教辅的编辑，他们也代表了一个非常庞大的群体。那些书不是阅读吗？也是阅读。所以我觉得一定要有一个非常全面的视野吧，不能只局限在自己的这一小块。

许金晶： 就如何做好一位出版人，结合您多年来的出版工作经历，您有哪些心得和建议？

陆晨希： 首先责任心很重要。不管是对作者也好，对读者也好，对你做的这件事也好，一定要有责任心，我们为什么叫责任编辑，就是要负责任的。当然业务能力各方面也要提升，然后最重要的还是真实吧，就是真实、真诚、真切地去感受这个世界，需要共情能力很强，一定要感受力很强。

编辑当然可以是一个好的创作者，但他更需要的，可能是能寻找到一个好的创作者，能激发出一个好的创作者。我觉得作为一个编辑，一定要能把握全局，就是你能把大家都攒起来，把天南地北的朋友沟通起来，从这里面发掘到有用的点。

你能不能帮这个老师想到一个他能写的一个点，或者一篇稿子交过来，之前是访谈录，变换写作思路后怎么跟作者一起协作，这些部分都是很重要的。编辑发挥生物酶一样的催化作用，他是点亮的火柴，要激发创作者，要有发现的眼光，要有促成作者成功的执行力，有坚持的决心和责任心。我觉得编辑一定是隐藏在作品背后的人，他是保证自己不被看见的，但同时又是贯穿作品全过程的角色。

做编辑还有一个好处就是没有什么年龄限制，可以一直做到七八十岁，八九十岁甚至都可以。这个对我来讲也是一个很有吸引力的部分，你可以不停有新东西，可以不停地去创造。

许金晶：除了一年多赴澳大利亚留学的时间外，您在南京已经生活了超过15年。能否介绍一下您眼中这么多年以来，南京这座城市的阅读出版文化生态的发展与变迁，以及这一过程中涌现出的让您印象深刻的人和事？

陆晨希：我对南京阅读氛围的一个特别大的感受其实是在地铁上发生的。至少在二号线去往仙林那段，还是看到不少人在地铁上读纸质书。这几年确实会看到用手机的人多了，但是观察就会发现，看手机未必是在看视频，很多人也在看电子书。我观察上下班路上，大家看手机，当中文字占比还蛮高的，不管他看了什么吧，哪怕看娱乐新闻，它其实也是一个文字阅读。南京对我来说，绝对不是在阅读上没有温度的一座城市。

许金晶：在纸质书阅读减少和电商的严重冲击之下，当下的出版工作应该如何求得良性的运营与发展，您个人就此有哪些见解？您又如何看待出版工作未来的发展方向？

陆晨希：大家可能一直有个危机感，担心纸质书会消亡。我个人倒没有特别担心这个，因为大家对于信息的摄取，对于知识、对于情感的共享的需求是永恒的。我们去看电影也好，看电视也好，对文字的摄取是刚性需求。最近《狂飙》很火，大家还是会想去看书，这个需求是不会消失的。对于出版来讲，也谈不上要去抵抗什么，我们也做电子书啊，也会做融合产品。像今年我们部门可能也会加大对一些数字产品、融合产品的开发，我觉得这些都是好事。

电子书和纸质书本质上不对立，我觉得都是一致的，电子书也可以越做越好，它在形式上、做法上，甚至更环保更便捷。这也分内容，比如说有些书以后可能就不出纸质版了，就只做数字产品。有些书可以做成有声书，当然这个要分题材，可以根据不同的主题来定。在各种媒介的冲击下，对于我们做出版的来讲，不是说路少了，而是路多了，就是要做的事更多了。

现在的短视频或者有声产品多了，不是说会冲击到我们，而是在这其中会有更多值得做的东西。我们今年可能会加大和一些有声平台的合作，现在有很多名家老师、学者也在做一些有声课程，那这个是不是也可以出一本书？

大家的想法、目的都是一样的，我们要追求的都是内容性的东西，内容的呈现方式其实是可以选择的。所以我觉得对于出版业来讲，只要有人，就会有出版，大家一定是需要这个东西的。对于编辑来讲的话，可能要更全面吧。你不仅要对内容本身有感觉，对不同的媒介，都要去理解去把握。可以做的事情很多，没有做到的事情也很多，我还是蛮有信心和动力的。

许金晶：同为南京出版人，您跟本社和其他出版社的出版人之间，有着怎样的互动和交流？能否介绍和点评一下值得您敬佩和学习的南京历代出版人以及他们的主要动人事迹？

陆晨希：那太多了，像袁楠老师、李瑞华老师、陈叶老师、陆志宙老师……《我心归处是敦煌》那本书就是我跟着陈老师一步一步做出来的。每位老师的性格不一样，我一直觉得自己挺幸运的，入行以来不停地遇到特别能给我启发和鼓励的老师，像袁楠总编在出版业这行做了很多年，很资深，还一直保持着对学术、对文学的研究和一个时刻进入的心态。她也更像大师姐的感觉，会有一种温情，她待人就不仅仅是上下级的关系。

陆老师他们几十年如一日地对文学事业、出版事业的热爱，我觉得是能影响到我的。像我的直属领导李瑞华老师，他也特别有性格，对做书的要求很严格，我去他办公室还会跟他争论两句。我觉得很多时候是需要一些观点的交锋，他对工作特别有见解，他让我知道，一定要提出自己的见解，不要怕出错，不要怕露怯，要敢于犯错。首先要敢做，错了你才能知道你要做什么、怎么做。

许金晶：能否谈谈对您人生影响最大的几本书？作为一位出版人，您如何看待阅读之于人的影响？您最喜欢怎样的阅读方式？对于政府当下倡导和推行的“全民阅读”，您如何看待，又认为如何才能实现“全民阅读”的良性发展？

陆晨希：这我还真想不好，我的口味太杂了，我是一个开启阅读特别早的人，幼儿园就在读书。之前搬家的时候，我还找到一本很小的时候，读的类似于《一千零一夜》《格林童话》的那种画画书，我在上面还写字了，特别有意思。里面夹杂了一些拼音和符号，大意是每个童话故事的结局都是王子和公主幸福地生活在一起，但是每一个童话的开端都会说王后死了，国王要再娶一个王后，可是这王子和公主以后不就是国王和王后嘛，所以我当时就疑惑这个童话是不是在骗人。

《三国演义》之类的书，我在小学和初中就完成阅读了，这些就是我截至目前最多的阅读。非常惭愧，大学以后阅读面广了，反而自己会比较挑，到工作以后，平时因为工作上的阅读已经负荷很重了嘛，对于额外的阅读确实会比较珍惜。我喜欢的作家还挺多，张爱玲啊三毛啊都很喜欢，金宇澄老师的《繁花》《洗牌年代》也特别好，我推荐给了我爸爸那代很多人，因为他们是很有共鸣的嘛。一些翻译的书也会看，但是要说对我影响很大的，有点好笑，我会说是《西游记》。

我也不知道为什么这么喜欢《西游记》，不管从哪一页翻起，我都能看进去。我这个人还蛮喜欢看一些神话的，我很喜欢这种可深可浅可高可低可小可大的书。印象深的是当时中华书局出了一个李天飞校注版的《西游记》，我很喜欢，李老师还有一个公众号专门解读《西游记》。它有喜剧的部分，也有悲剧的内核，有非常嬉笑怒骂的部分，不管是宗教意义上，还是人情世故上，它对很多细节的处理都非常有意思。

《西游记》不仅仅是一个童话或者一个神话传说，孙悟空这个人物形象确实是前无古人的，他是斗战胜佛，又是一个猴精、猴妖，他是怎样经过九九八十一难实现身份升级的，这当中是不是有一个轮回？这个故事是不是有反复上演的过程？我也说不上来这本书对我的人生有什么实际的影响，但我觉得它里面的大千世界、众多人物，这种万花筒式的、能够反复解读的、值得玩味的部分，对我来说是特别有意思的。

许金晶：不管是作为一个编辑，还是做一个读书人，您怎样看待阅读对人的影响？

陆晨希：阅读会塑造一部分的自我，我们不断地在阅读里去找到自己，在自己身上，我们也会找到跟阅读相关的部分，这是一个一起成长、互相成就的过程。

当时在国外读书的时候，记得有一门课，一上来老师就问了我们一个很简单的问题。我们人体作为一个生物，每个细胞都是有生命的，人的寿命可能只到五十岁或者七八十岁，但是微观到细胞，每个细胞也都有自己的生命，它不断地在死去。假设人体所有的组织细胞已经更新过一次后，你还是你吗？我觉得关于“你还是不是你”的这个留存的部分，就是我们跟阅读发生关系的这个部分。

最近ChatGPT特别火，它好像什么都知道，其实我觉得我们出版人要做的，就是不能让人文的光、文化的光、理性的光泯灭，这个东西确实不是代码能替代的。大家都在讲我们人体组织有多重，或者说灵魂会不会有重量，那我想如果这存在的话，人的重量、灵魂的重量就是我们阅读的重量。

许金晶：您平时最理想状态的阅读方式是怎么样的？

陆晨希：对我来说，阅读就不是一个事儿，它就是一个习惯，一个生活方式。简单点讲，我们看一本书是阅读，我觉得今天跟您交流其实也是一个阅读，我们也在读人。当然也不是泛化地说，你做任何事情都是阅读，我觉得阅读是一个你有意识的行为活动。你在观察或者解读一个东西的时候，一定是有意义的，有你的思考的。对我而言似乎不是很存在什么特地抽时间去看书啊，就是随时随地想到就可以去阅读。

许金晶：对于政府当下倡导和推行的全民阅读，您如何看待，又认为如何才能实现全民阅读的良性发展？

陆晨希：我觉得国家倡导全民阅读跟国家倡导建立文明城市是一样的。全民阅读也是对市民的精神思想进行翻新、建设。对于我们出版从业者来讲，我们肯定希望更加积极地去做好“建筑师”的角色，对图书产品负责，尽量做出更好的书。

另一方面，我们也多多去参与阅读，我们平时工作交流也说，在工作做好之余也不能只看编书这部分的稿子，肯定也要找到自己的阅读兴趣点所在，一定要去读点什么。当大家都能想到去读点什么的时候，其实大家也就都阅读起来了。

像我做这行以后，我父母的阅读量也提升了，他们也会受氛围影响嘛。最近译林社出了一本书，叫《未死之身——一位乳腺癌病人的生死独白》，这其实是蛮小众的一个话题，但是没想到我妈看到以后特别受感触。她的一个好朋友是乳腺癌患者，我妈看了这本书以后，就说原来病人会这么想。有时候健康的人有很多盲区，我们安慰一个病人会不由自主地说你要听医生的话呀，你要坚强，你要乐观，你要忍耐是吧？但像那本书的作者她就非常勇敢，她就提出观点说我就是怕疼，我要表达出我的脆弱和不满，我可以选择去化疗，也可以选择放弃，这不代表我对我的生命不尊重。当中反省的关于医疗人文的部分，我觉得这都很重要。我妈看了以后，她也会更了解她的朋友，可能就会更好地去交流。万变不离其宗嘛，就是关注人的问题，对世界保持关注，保持好奇，保持进入。

许金晶：在您看来，“世界文学之都”这样的称号，对于南京这座城市来说，意味着什么？对于南京的“世界文学之都”品牌建设，您有哪些思考和建言？南京的文学与文化建设，对于其他城市打造文化品牌，有没有值得借鉴的地方？

陆晨希：这个称号更能体现南京的人文气质吧。南京作为一个古都，我觉得它很适合在文化上成为一个有标志性的、地标性的城市。江苏的文统是非常好的，文脉是在的，与文脉相辅相成的出版业，在江苏自古以来就是存在的。包括《红楼梦》如果能成为南京的一个标志，南京人文面目的呈现会更加清晰。

相较跟南京对标的几个城市，比如说杭州、武汉啊，南京的文气还是很浓厚的，现在南京讲“世界文学之都”嘛，我们不仅像过去做很多国外作品的引进，也会把我们好的作品推广到国外。我们不是做一个单向的事情，一定是在文化上有交流，这是一个活的事情。

这也是要带动的，像南京有很多高校，这就是得天独厚的优势。南京的家长就是教育大师，我感觉在南京，大家好像没有那么重理轻文。不是很实际地说小朋友要赚大钱啊或者什么，这些都是很好的一个起点。南京跟其他以互联网大厂、金融行业作为优势的城市对比，我觉得就格外需要发挥自己的人文特征性。我生活在南京，在南京做出版这行，感觉南京跟北京、上海比，虽然会有一定的地域限制，但是反过来它也营造了一个非常舒适的阅读生态环境。

陆晨希：是编辑，也是读者。不读坏东西，不过坏日子。

书店人

钱晓征：书店是一种生活方式

阚炜：一生勤苦书千卷

孙清：诗意人生，无用之大用

魏明：价格战是对实体书店最大的伤害

钱晓征：书店是一种生活方式

学了4年计算机的最大收获，或许就是拥有近乎机器一般的执行力。从2021年年末的一个周末、跟可一书店创始人钱晓征老师聊天后，产生对南京各位阅读相关人士做口述访谈的设想，到当天上午圆满完成对钱老师的访谈，仅仅就隔了整整一周时间。钱老师对于书店事业的热爱，对于文学与艺术的人本属性的认识，以及强烈的热爱生活的生命力，都让我印象深刻。两个半小时的访谈过后，也有幸品尝到钱老师亲手制作的馄饨作为午餐。

走出可一，只见绿树茵茵映照着金黄满地，实在感觉活着真好。正如周晓虹老师给我关于Beyond音乐的新书写的推荐语里说的那样：在口述访谈中，继续感受人生的无限可能。

2021 年 11 月 20 日访谈于南京仙林可一咖啡馆

访谈整理：孙海彦

许金晶：这个访谈类似于口述史，希望能较为完整地呈现您的人生历程。所以我们先从创办可一书店之前的经历谈起，请您重点谈谈华东师大中文系的求学经历。

钱晓征：我出生在20世纪60年代，读大学对我们的人生有决定性影响。

1983年我考入华东师大中文系。入学不久，电影欣赏课赏析电影《人生》，我的发言是：如果没有读书，我就是刘巧珍。如果没有考上大学，我就是高家林。所以，我理解高家林，也理解刘巧珍。

我出生在安徽，是点着煤油灯读书考大学的。我的家乡属于丘陵地区，记忆里，门前是一片接着一片的农田，春种秋收，麦子，稻子，青了，黄了，一年就过去了。一个村庄连着一个村庄，目光所及的远处，是山。早晨，太阳从东面的山上跳出来，晚上从西面的山头落下去。我的童年、少年，就在锅灶和田埂间，想象着山外的世界。

农村生活很苦，孩子从小就被当作劳动力，做一些力所能及的事。做饭，洗衣服，捡柴，打猪草，我们安徽的黄梅戏有一段经典唱段就叫《打猪草》。做饭是土灶台，烧的是树枝、麦秆、稻草、干草。会做饭的时候我还没有灶台高，要站在凳子上烙饼，炒菜，洗碗。春天是一年中最美的季节，我的童年记忆，春天是难过的。田间的农作物没有成熟，缺少食物。春夏还会有雨季，屋子就会漏雨，用脸盆放在地上接雨水，小雨的时候，盆里是滴滴答答，如果是大雨，就如注了。雨季吃饭也成问题，灶台旁只有一堆柴火，只够烧几天的，外面下着连阴雨，不知道几天后用什么做饭。没有柴火，也没有粮食。刚收割的麦子，雨天没有阳光晒干，不能磨粉，就用麦粒加水磨成糊糊，煮了吃，像现在的营养早餐大麦粥。

农村孩子上学念书的很少，女孩子能读书的就更少，像我这样的能读到高中还考上大学的女孩，方圆百里多少年来也没几个。我考上大学的时候，有个农村女子拉着我说：让我看看女大学生是什么样子的。这个女子后来因为自由恋爱被家庭阻挠，喝农药自杀了。这个细节，我写进了作文里，这篇作文被推荐参加学校“12.9”演讲，获得全校演讲冠军。这次演讲让我成为入学新生中的“网红”。我知道，打动老师和评委的不是文笔，也不是演讲技巧，而是这些细节。这些细节不是虚构，是我的生活，是我读大学之前的成长经历。

许金晶：那样艰苦的环境中考大学，选择读中文系，是因为有文学梦想吗？

钱晓征：那时候还不敢奢谈文学梦想。选择中文系，与中学的几位语文老师有关。

初中语文老师是上海知青，毕业于华东师大中文系。戴着眼镜，斯斯文文，讲一口好听的普通话。教室的课桌是泥巴堆起来的，条件很艰苦，但是我们有一个毕业于华东师大中文系的语文老师。高中的语文老师，则影响我高考的学科选择。那时候刚恢复高考不久，学校重视理科，成绩好的学生很自然地就分到理科班。有一天，一位同学告诉我，语文老师说我很适合学文科，应该报考中文系。一句话点醒我，我毅然在临近高考前改学文科。

填写高考志愿时，首选师范类大学，因为读师范类大学有补贴不用家里给钱了，这对我来说很重要。五个报考志愿，前四个志愿我填写的都是华东师大，第一个志愿是华东师大中文系，最后一个志愿是安徽师大中文系。很幸运，我是第一志愿录取，华东师大中文系。

许金晶：那时候跟现在不一样，中文系应该是热门专业吧？

钱晓征：那个年代并不懂得什么叫热门，报考华东师大中文系，只是偶然。一方面是我们的信息很闭塞，不了解外面的世界，另一方面，能读大学就是梦想成真了，哪里还会选择什么热门呢。

读大学之前，我不懂什么叫文学。记得小时候捡到一本书，没有封面，看完了，恍恍惚惚好几天，甚至做噩梦。我不能理解为什么翻开历史都是“吃人”，历史对我来说是遥远的，跟我没关系，是发生在我根本不了解的时空里。后来我知道这本书叫《狂人日记》。我被书中的内容吓到了，因为我认为书中写的是真实发生的事。

丘陵这样一个特别闭塞的地方，能滋养丰富的想象力。生存的世界狭小而封闭，内心有着充沛的力量，放在哪儿呢，就向着内心去挖掘了，由此滋养了丰沛的内心世界，一颗敏感的心，这些就是文学的土壤吧。

许金晶：20世纪80年代的启蒙以及华东师大中文系的种种传说，您是亲历者。华东师大给您印象最深的是什么？

钱晓征：毕业20年同学聚会，同学们撰文回忆大学生活，我写的是《老师们》，录文章中的一些内容：

华东师大留在我们记忆中的，除了著名的校园景观：丽娃河、夏雨岛，就是那些影响我们一生的中文系老师们。比如查建渝、宋琳、许子东、格非。查建渝是我们年级辅导员。刚进大学的两年，是我们人生观形成的最重要的两年。作为辅导员的查建渝教给我们的不是课本知识，而是观念，是经验，是思维方式，是对成长有用的一切养分，通过班会、个别谈话，帮助我们构筑起最初的信念和理想。我们的班主任是宋琳老师，他是八十年代的校园诗人，是许多文学青年心中的偶像。不足三十岁的许子东因郁达夫研究而成为当时国内最年轻的副教授，文坛最年轻的文艺评论家。他给我们开设的课程叫“郁达夫研究”。许老师儒雅帅气，一口纯正标准的普通话，富有表现力的男中音。他的课堂总是座无虚席，鸦雀无声，教室里，回荡着许子东老师抑扬顿挫、声情并茂的声音，涤荡起我们对文学最浪漫的情怀。因为许子东，我们接受了那个忧郁的郁达夫，理解了达夫先生喋喋不休的性压抑。文史楼前有一排橱窗，里面贴着小说、散文、诗歌、摄影作品等。在这个文学橱窗里读到一篇小说：一个摄影师到乡下采风，田间遇见一个女孩，摄影师被女孩和田园的气息深深感动，举起相机准备拍摄，女孩发现，赶紧跑走了，一会儿女孩再回来，摄影师发现女孩精心打扮过了，摄影师没有给女孩拍照。这个小说的署名是“八一级刘勇”，就是后来的格非。

20世纪80年代的华东师大，被那个时代的很多同学追忆、抒写，是有原因的。那个时代，华东师大中文系，聚集了一群思想活跃的老师们，他们共同营造的充满理想、激情的校园生活，成为我们的理想家园，让我们追忆一生。当我们的身心无奈地在岁月里一天天老去，我们的精神依旧可以在这里诗意地栖居。

许金晶：您的大学四年，个人成长经历中有印象最深的事件吗？

钱晓征：印象最深的是大学社团活动，比如全校演讲、话剧会演。

入学三个月，我参加全校演讲并获得冠军，成了当年校园的“网红”。所谓“网红”，就是被关注吧，今天回头看，被关注，就是有更多的机会。比如，写作老师觉得我的写作很好，请我到家里吃饭，鼓励我走写作这条路。演讲比赛的评委是上海电影译制厂的老师们，诸如乔臻、刘广宁、丁建华，不记得是哪一位老师，演讲结束来后台，问我是否愿意做配音。然后就是辅导员找谈话，让我做班干部、入党。

我选择了做班干部、入党。这个选择是我的个性决定的。就像1992年，我放弃做大学老师，选择自主创业。很感激华东师大，感谢校园演讲比赛，这个演讲冠军对我来说意义很大，让我有机会跳出班级、年级的小圈子，获得更大的交流平台，认识高年级的以及其他院系的同学，认识更多成熟的有趣的人。后来我每年都参加学校的演讲比赛。大三的演讲标题是《女性，再往前走一步》，演讲比赛之后，研究生举办一次研讨会，讨论女权话题。我也因此被冠上“女权”的标签。

中文系每年会举办话剧会演。每个班级组织一台话剧，一个年级有三个班级，十几个班级十几部话剧作品，在学校电影院舞台演出。大三时，我们班级参演的话剧名字叫《寻找老X》，编剧是同宿舍女生，我做导演同时兼画外音配音，这个话剧获得了冠军。话剧排练到演出的整个过程，我体会到艺术让人迷狂。那些日子，感觉像在云端行走。

许金晶：你们当年是有毕业分配的，分配的工作并不一定符合自己的理想，这对很多同学的人生有决定性影响，您呢？

钱晓征：那个年代的大学生，毕业分配是人生的大事件。

我是1987年毕业，分配的单位是南京计划生育管理干部学院。在毕业分配大会上，宣读到我的单位名称时，同学们哄堂大笑。学校后来更名为南京人口管理干部学院，再后来合并到南京邮电学院。

那个年代的大学生是天之骄子，书生意气，指点江山，走在校园里就像是在走红地毯，心中自备聚光灯，一个个都个性张扬。毕业分配算得上第一次受挫，那一段时间，精神及身体健康状况都很糟。

许金晶：在人口学院做老师的这段经历，我之前不太了解，请您聊聊做老师的这一段经历吧。

钱晓征：在人口学院做了5年老师，担任“大学写作”“大学语文”的教学工作，同时担任年级辅导员。授课，批改作文，组织班级、年级业余活动。人口学院的学生是来自基层计划生育领域的行政干部，大多数结婚生子为人父母，语文和写作基础都比较薄弱。这些学生参加过工作，有家庭有孩子，经历复杂。所以写作课就很特别，学生写作文不仅是作业，也是通过作文诉说现实遇到的问题以及思想情感等，用作文跟老师、辅导员交流。做辅导员，很自然地以我的大学辅导员为榜样，满怀热情与理想，全身心地投入同学们当中，关心同学们的生活、学习，关注同学们的阅读、理想以及情感，通过课堂教学、作文、班会、课外文娱活动等，把我在大学四年里囫囵吞枣所获得的知识、思想、理想等等，一股脑地倾倒给学生们。

那时候真是年轻啊，热血沸腾的青年，感动自己，也感染学生们。于是，那些年以至于后来很多年，这些学生们像我热爱我的大学老师一样，怀念他们的钱老师。

许金晶：在人口学院做老师，到离开教师岗位，下海经商，之间您经历了什么？

钱晓征：1992年下海经商，并没有离开人口学院，只是离开了讲台。下海经商的第一步，以及我的第一桶金，依旧在人口学院。

1992年暑假，人口学院推出一系列改革措施，对后勤处管理下的经营单位——紫苑宾馆、人口招待所和彩色印刷厂，实行经济指标承包责任制，并向全校教职工招标。我参加了竞标会，以每年上缴学校纯利润48万元的经济指标，获得紫苑宾馆的经营权。那一年我28岁，结婚2年，我与先生同是华东师大校友，他是哲学系，硕士毕业后分配在江苏省总工会《江苏工运》杂志，属于省级机关单位。我们俩的月薪加起来两三百元，口袋里存款不足500

元。1992年10月1日，我们接管紫苑宾馆，我离开教师岗位，我先生离开江苏省总工会。年轻的我们义无反顾地离开体制，走上创业谋生之路。

多年后回望1992年，那是有划时代意义的一年。个人发展离不开大时代背景，我们只是在时代大潮中顺势而为。从这个意义上说，我们是十分幸运的一代，青春期赶上了高考，大学时期赶上八十年代思想启蒙，工作以后赶上改革开放发展经济的九十年代。

一直很感谢人口学院，在人口学院，我完成了从大学生到职业人的岗位学习过程。这个过程，是对校园的断奶，是对老师的断奶，也是对自我的重塑。在工作实践中，在团队群体中，发现自我的优势和不足。此后自己经营公司，从事近30年的管理工作，深知这个阶段对一个人的职业发展和规划有多么重要。

紫苑宾馆2年，我个人也完成了经营管理的经验积累和创业资本的原始积累。紫苑宾馆实行经济指标承包制，经济效益、社会效益双丰收，作为学校改革的成功案例，一些高校纷纷来取经学习，甚至挖人。1993年，我先生同中国药科大学签下10年合同，接管该校神农宾馆的经营管理。

许金晶：从人口学院的紫苑宾馆到创办可一书店，这个转变，是什么机缘？

钱晓征：1994年10月，女儿毛可一出生，1995年9月，创办自己的公司，以女儿名字命名：江苏可一实业有限公司，经营定位是教育类图书的策划发行。这期间，我休完产假，准备从人口学院离职，自主创业，做自己喜欢的事情。正好这时候湖南路打造商业街，新建许多店面，我是第一批租户，拿到房子后，决定做自己最想做的事：开一家书店。1997年6月，大百科书店开业。1998年9月，书店二楼的可一画廊开业，同时将大百科书店更名为可一书店。

可一画廊开业举办“新文人画十家联展”，此后每月都举办画展以及沙龙，在画廊经营过程中，逐渐建立品牌意识，也明确放弃了起步阶段从事的餐饮、酒店等行业，专注做图书做艺术做文化产业。

许金晶： 湖南路可一书店，是几代人的记忆。最初，经营书店是如何定位的？

钱晓征： 书店位于湖南路，这里曾是南京著名的文化商业街。几千米长的湖南路，有图书发行大厦、新华书店、三联书店、东方文化书店、外文书店、设计书店等，路南临街，汇聚各大小出版社。

可一书店是两层商铺，不足400平方米，一楼店面临街，一楼上二楼的楼梯狭小私密。书店运营一段时间，二楼很少有读者光顾。书店往西第三个店铺是三联书店，空间结构与可一书店相同。我曾在三联书店蹲了一个多星期，学习书店图书的陈列方式、图书选品、分类等。三联书店的二楼同样每天只有寥寥几个读者，但二楼的艺术图书给我留下深刻印象，这些艺术类图书大多是图文书，还有一些外文版图书，装帧、版式、纸张都让人心动。这个心动的体验，影响我对书店经营的理念和定位：以图文书、艺术类、艺术生活类的图书为主，选品更关注装帧、版式、纸张。同时把可一书店二楼改为可一画廊，定位为“书店+画廊+茶馆”的运营模式。

书店开业一年后，可一画廊开业。这期间，隔壁的三联书店停业，退出湖南路文化街。

九十年代的可一书店就是综合业态。当时，我自己动手编辑一本杂志，叫《可一》，不定期出版，发给读者。书的封底就有一句话：读书、品茶、赏画。内容有推荐图书的文章，有赏析绘画的文章，也有各地艺术展览类新闻。“读书是最美的姿态”是可一书店的推广语，这是我经营可一书店的初衷，读书让生活美好。

九十年代的民营书店，规模都不大，但是有特色。湖南路当时有很多特色小书店，书店创始人的个性决定书店的经营特色。可能是因为我比较喜欢美好的环境，追求休闲的从容的生活状态，所以，我对书店的定位是综合型的、书画茶一体的休闲空间，售卖的图书，是以文学、艺术类为主，并且强调图文类图书，重视书籍装帧设计。这个经营特色，一直坚持到今天。

一位“70后”画家说，读高中时她常去湖南路逛街，从狮子桥逛到玄武湖，感觉到累乏的时候，正好有一家书店，走进去坐一坐，随手翻看一本书，消解一下购物的欲望，并再次确认读书是一件让人充实的事情。那就是可一书店。

因为注重空间，注重对生活方式的展示，所以，我就希望书店空间大一点。很早以前我接受记者采访时，有一段关于理想书店的表述：

我的理想是开一家1000平方米以上的书店，里面有书有画有咖啡，空间挂满艺术品，画廊与书店融为一体，艺术融合在书店里。是书店，更是文化艺术空间，空间的核心是图书，同时还有更多的内容。书店不仅卖书，更是推广一种生活方式。比如读者喝茶喝咖啡的杯子，桌子上的台布、纸巾、花瓶甚至花瓶里的花束，都可以销售。书店空间里的陈设，包括家具，墙上的作品，都能卖。在这样的书店里，我可以一直工作，直到八十岁。

许金晶：湖南路上的可一书店&可一画廊，一直是并置的。在实际经营中，书店和画廊是怎样的关系？

钱晓征：开书店是我创业的初衷，做画廊是偶然原因。此后几十年的经营中，画廊吸引了我大部分注意力，由此与艺术结缘，这是艺术的魅力。经营画廊，对我来说不仅是做生意，也是生活方式，是再学习，从这个意义上说，艺术改变了我的人生。

从大时代环境看，九十年代是艺术的黄金时代，艺术市场刚刚起步，艺术家群体、艺术机构，风起云涌，意气风发，充满诱惑。南京是画家聚集的地区，八五新潮之后，一批艺术家在九十年代进入创作高峰期，艺术流派百花齐放，各种实验探索令人目不暇接，甚至画廊的展览并不为售卖作品。展出最新创作成果，成为画廊策展的动机。人们期待在每一场展览中，看到不同画家的创新和探索。1998年至2004年，可一画廊相继推出“新文人画十家联展”、“江苏首届美术节金奖三人行展”、方骏、朱新建、朱道平、王孟奇、朱建忠、常进、范扬、徐乐乐、周京新、周一清、杨春华、刘二刚、沈勤、孙晓云、胡宁娜、吴湘云、喻慧、徐累、张见、陈辉、陈丹青、毛焰等几十位在南京有影响力的艺术家展览，同时收藏了数百幅书画作品，成为最早为这些画家做展览及收藏他们作品的艺术机构。

可一画廊的画展开幕式，采用艺术沙龙酒会的形式，这在九十年代的南京是首创，引领艺术圈的时尚潮流，也为市民提供一种全新的生活方式体验。画廊每个月要做画展，开幕式的艺术沙龙酒会大多是在周末的晚上。晚上7点，在轻松柔和的背景音乐声中，沙龙酒会开始。来宾们络绎不绝穿过书店，走上二楼画廊。有知名的画家、评论家，也有书店的读者，或者，商业街上路过的行人。晚上8点，画廊的人多了起来，在这个场合，会遇见很多熟悉不熟悉的人。除了艺术圈的人，还有一些大学生，南京大学、南京师范大学、南京艺术学院都在画廊周边几公里范围内，画廊的展览及艺术沙龙，成为学生们夜生活的最佳选择。他们欣赏艺术品、交友、体验一种生活方式，或者只是虚度时光。

温暖的灯光下，人们手持酒杯，一边赏画，一边轻声交流。画廊临街的落地窗前，设有一个艺术阅读区，3米多长的阅览桌，可以容纳几十人，满墙的书架上，摆满艺术画册、艺术杂志，仅国内外艺术杂志就有50多种。有一个书架专门陈列画家们的画册，画家出版新的画册，会第一时间送来。艺术阅读区是沙龙酒会的休息区，阅读桌上摆着一些饮料、红酒、水果、茶点等，看完墙上的画，宾客们来到艺术阅读区，或坐或站，一边吃吃喝喝，一边散漫地聊天，或者翻阅画册。画廊里有一间办公室，实则是茶室，每逢画展，这里便聚集一群画家，喝茶，聊天，直至深夜……走出画廊，走进湖南路的夜幕中。向左，穿过中央路，可以夜游明城墙、玄武湖，向右往西，是狮子桥美食夜市。

因为这些艺术沙龙、艺术展览，可一书店&可一画廊给南京几代艺术家、读者，留下美好的记忆。很多年后，书法家孙晓云回忆：“湖南路江苏美术出版社对面开了一家书店，沿着窄窄陡陡的小楼梯上去，是画廊。可一画廊云集了南京地面上的知名画家，画家们时常在那个小阁楼上办展览、开派对。大家摇着酒杯，在香雾缭绕下三三两两或站或坐，在暖暖的灯下看画、评论。”

许金晶：画廊吸引了您的大部分精力，书店呢，为什么书店没有画廊这样的吸引力？

钱晓征：跟画廊相比，书店的工作内容更繁杂辛苦一些，书店日常工作的主要内容就是选书、搬书、整理书架、推荐图书，我常说开书店首先是做搬运工。前不久一位书店创办人在整理图书时，被图书压死了，这很荒诞，很魔幻，也很现实。推荐图书的前提是自己读书，快速翻阅，然后提纲挈领地拎出来一些精彩细节，手写在卡片上，放在书的旁边。刚开书店的几年里，我每天上班时间超过10个小时，没有双休，节假日更忙。长时间站立走动，脚底疼得不能沾地，两手磨出老茧。经营书店25年，我一直是这样的心态和状态。

相比之下，经营画廊要闲适一些，动脑子多于动手。画廊日常工作就是看展览、导览、买画、卖画，这个过程就是赏析绘画作品，是积累视觉经验。要看懂艺术品，不是读书就可以的，必须多看作品。开画廊拼的是眼光，所谓眼光就是艺术修养，就是视觉经验。没有眼光，被行业内称为“瞎子”，艺术“瞎子”就要被骗，画廊就开不下去。所以，在这个压力之下去学习艺术，是如饥似渴，迫不及待。在画廊上班，是工作，工作的过程就是学习。到画廊的人，要么是画家，要么是藏家，跟他们的日常交流，就是看作品，讨论作品，他们对作品评头论足，自有一番经验和道理，所以每个买家都是我的老师。

许金晶：刚开画廊时看不懂画，画廊却做了那么多专业的展览，您是怎么寻找和积累到这一批艺术家资源的？

钱晓征：不懂画的时候，先懂人，识人先于识画，识人的核心是识得才华、人品。九十年代的南京城，才子云集，可一画廊聚集了一批有才华的画家、艺术批评家以及媒体人。这些人后来大多数成为各领域的扛鼎人物。半生相伴，彼此见证。

画家们是画廊的常客，他们来画廊，看书，看画，聊天，喝茶，也买画卖画，还参与画廊策划展览，推荐好画家、好作品。那些年我们为艺术而艺术，以至于很多时候，画廊与画家界限模糊，是合作，也是老师、朋友。

画廊开业不久举办常进个展。常进是新文人画的代表人物，被誉为南方新山水画派的代表画家，这次展览是常进在国内为数不多的个展，作品让很多业内人士惊叹。展览期间，画家董欣宾来画廊看常进个展，他大步流星地在画廊里走了一圈，偶尔在一幅作品前驻足停留。看完画展他走进我的办公室，办公室的墙上挂着李可染、陆俨少、钱松岩等名家作品。董老师举起手臂对着墙面一划拉说：都是一堆枯柴。我很吃惊，那时的我对作品更多是看“名头”，这几位画家的名头都很大。董老师见我惊讶，说：“植物有生老病死，你看这些作品，有吗？常进画得好，他的心安静，比他们真诚。”董老师的话虽有些偏激，我却记住了。这番话对我这个初入行的非艺术专业的画商，很重要。我把董老师的话理解为看作品的方法：抛开技法、流派、名头、故事以及所谓的艺术的神秘神圣高不可攀等一切作品的身外之物，回归作品本身，在作品中看画家的情感、个性、自我表达，看到画家，看到真诚，以及看到自己。这个认知让我躲过了初入行的很多陷阱，那几年艺术市场火爆，业内流行一句话：瞎了买瞎了卖，还有瞎子闯进来。我这个中文专业的艺术“瞎子”开画廊，一些人正编好故事挖了坑等着我跳呢。

经营画廊10年后，我着手写作《画廊与画家》，采写20位南京画家，以画廊主人的视角，梳理南京画家的群体生态。通过梳理画家成长和艺术创作的过程，呈现画家个体创作成果——作品的艺术价值以及画家这一群体的整体风貌。20位画家有一定的代表性，他们的成长与市场经济、艺术品市场发展的大背景、大时代紧密相关。

许金晶：画廊经营过程也是学习艺术的过程，对您的个人成长很重要。此外，您的收获是什么？

钱晓征：艺术改变了我，这是最大的收获。艺术融入我的生活，提高了我的生活质量。还有一个重要收获是女儿的成长，我非常庆幸因为从事画廊经营，我闺女毛可一从小接受艺术熏陶艺术教育，并确立艺术作为终身从事的专业、职业。她的大学从本科到博士都是中央美院。读大学不久，女儿跟我说：谢谢妈妈帮助我选择读艺术专业。读书、升学、考试这一路都很辛苦，但是她有幸福感。

书店画廊经营的20多年，从可一画廊到可一艺术区、可一美术馆，从可一书店&可一画廊到可一书店·仙林艺术中心，见证了中国图书和艺术品市场起步、发展、繁荣以及期间遇到的种种问题。

2010年，偶然的机会，启动可一艺术区的项目，艺术与地产结合，这是艺术品经营的一次跨界尝试。可一艺术区地处宝华山森林公园，远离市区，不具备成熟的经济环境、文化环境，却拥有独一无二的自然生态环境，根据艺术区的地域特色，以“稳定、纯粹”的艺术家工作居住的工作室为核心，打造社区性质的艺术区。艺术区是艺术与地产、商业、文化、生活等多种产业的高度融合，不仅需要长期的资金投入，也需要调动综合资源及不同领域的专业知识和经验。可一艺术区建设过程中，遭遇诸多困难，之所以依旧坚持做下去，基于我坚信艺术区这一产业模式，是具有发展前景的“艺术衍生”项目。从这个意义上说，可一书店·仙林艺术中心，也属于“艺术衍生”项目。

2014年，我在大学开设“艺术品经营与管理”课程，一面实践，一面通过教学研究艺术市场发展规律。20年后再次走上大学讲台，感觉很不同，带着实践中遇到的问题去上课，在教学中，与同学一起学习探讨，这个过程让我受益匪浅。8年的教学催生了“艺术衍生”项目。六七年的时间，研发出500多个艺术衍生产品，这个项目从立项到落地的整个过程，我参与并将过程以《艺术是如何衍生的》为议题，作为每年课程内容，与同学一起研讨。

建设可一艺术区、课堂教学，打开了我对艺术品经营的眼界和思路。艺术品经营不仅是经营画廊，不仅是买卖艺术品，以“艺术衍生”的思维，经营可一艺术区、可一书店·仙林艺术中心。这是全新的领域，艺术与各产业跨界融合，为其他产业赋能，从而获得广阔的市场发展空间，艺术有这样的力量和魅力。

许金晶：2015年可一书店离开湖南路，进驻南京艺术学院，为什么离开湖南路？进驻南艺校园，书店经营模式是否有变化？

钱晓征：可一书店离开湖南路，很多读者很遗憾，我也很遗憾。在湖南路近20年，也是我人生最重要的20年，有很多记忆。

我喜欢舒适感，不太喜欢改变。一生最喜欢的事情，就是开书店开画廊，也只会做这点事情，在商业上我没有野心，所以不开连锁店。

可一书店&可一画廊离开湖南路是必然。一方面是湖南路改造工程，建地下商城，商家都离开了；另一方面，实体书店的现状决定了可一最终要离开商业街。可一书店&可一画廊在湖南路近20年，经历书店的繁盛至萧条，面对市场的变化，可一必须寻求转型：离开商业街，建立社区店，为定向读者群服务。南京艺术学院为百年名校，培养出很多优秀的艺术家，新建不久的南艺美术馆，被媒体誉为“拉高了南京文化艺术的天际线”。南艺注重校园文化建设，设置了一些文化休闲空间，并计划打造校园阅读广场，为南艺师生全方位营造良好的读书环境。这一决策与可一书店的转型相吻合，让可一入驻南艺成为现实。南艺可一书店属于社区书店，主要服务于南艺的师生。

可一书店&可一画廊·南艺店，由知名设计师陈卫新设计，设计风格强调书店的服务功能，设计的形式感并不取代书籍本身，因地制宜，以书籍为主体，以书画、茶艺、花艺为辅，营造个性化的文艺空间。南艺店延续“书店共画廊”一色的经营风格，倡导“读书是最美的姿态”，在此基础上，强化书店的社区店特色，以为南艺师生服务为宗旨，建设“最艺术校园书店”。开业活动是举办题为“民国风度”的艺术展览，在与民国同岁的艺术学府，抚摸历史，关切当下。民国风度艺术沙龙的立意，在于将民国社会风尚、文人精神，以美学品格的方式归纳，传播于校园，扬求学之风气。“民国风度”艺术展览期间组织校园师生围绕文献史料展览，举办研讨会、曲会、读书会等，丰富南艺师生的校园文艺生活。在南艺的几年，可一书店探索社区书店的经营模式，调整经营结构，完善管理，美化环境，根据南艺师生读者的要求，丰富优化图书品种。同时与院内学生团体接洽，通过学生会等学生组织，共同开展读书活动、艺术沙龙、勤工俭学等。

就社区书店的经营模式，我还做了一些有意义的尝试：为社区定制书店空间。比如：万科大都会生活馆，银城可一书房。这些空间原本是开发商的售楼处，房子卖完了，售楼处做成书店空间，成为社区的公共客厅。可一书店携手万科地产共同打造万科大都会生活馆，该馆地处南京南站附近的万科九都荟小区内，面积近4000平方米。生活馆内有图书、艺术品、饮吧、设计创意产品等，营造个性化的文艺空间，充分体现“最文艺社区书店”这一定位，书店内开放式两层楼满墙书架，气势恢宏，书香扑面而来，被社区业主誉为“最美万科书墙”。可一书店再携手银城地产共同打造云台可一书房，不仅是书房，也是艺术馆，是午后茶吧，是亲子乐园，是邻里互动的场所，是久居城市疲惫的人们用来安放自己的理想去处。

许金晶：为什么离开南京艺术学院？

钱晓征：可一书店2021年暑期搬离南艺。南艺可一书店实际上在2020年春节之后就一直没开门。跟南艺的合作合同也是2021年到期，同时，2021年9月开始进入可一书店·仙林艺术中心的开业准备。我一直坚持只开一家书店，所以，8月份搬离南艺。

许金晶：谈谈可一书店·仙林艺术中心吧，这是您多年的心血之作，目前这个书店综合体，符合您的理想吗？

钱晓征：2021年10月，可一书店公众号发推文，标题是：等待一个书店是最美的深情。

这个书店让读者让我都等待了很久。这其中有客观原因，也有我们自身的原因。自身原因，可一是文化企业，做地产是外行。文化与地产跨界融合，从行业发展角度看，文化艺术为地产赋能，以文化理念做商业空间，大方向是正确的。但是跨界经营需要人力更需要物力。客观原因是大的环境，比如，疫情，比如新东方这一类文化教育行业出现问题，都影响到我们书店作为文化综合体的招商运营。

2021年下半年可一书店·仙林艺术中心试运营，主力店可一书店也与读者见面。从我自己的感觉以及一些读者的反馈来看，还是很好的。

可一书店·仙林艺术中心定位为文化综合体，我称之为：社区书店的实证案例、传统书店向新型书店转型的实证案例、新型书店综合体的实证案例。

多少年了，人们对实体书店的未来众说纷纭，有一点是共识：面对市场变化，面对读者阅读习惯变化，传统书店必须也要变化。怎么变？我觉得，可一书店·仙林艺术中心做了有意义的尝试。它的意义在于，把一些可能变为现实。比如，书店综合体，比如新型书店等等，不再是停留在概念阶段、讨论阶段，而是实际运营操作，尝试。

2018年我开始研究综合体运营，学习招商，自己动手做综合体业态规划布局，甚至招商文案PPT都是我自己做的。这个过程，有两年多的时间。那时候书店还是工地，我就在书店旁边金鹰的星巴克咖啡馆办公，见各种招商团队和商户。南京各大小综合体的招商团队我都打过交道，向他们请教，学习商业体运营方法。

一整天一整天的，就在咖啡馆里，见不同的商业综合体运营团队，他们大多数是年轻人，我很认真地向他们求教，跟他们学习实战操作方法。到各类商业综合体参观，看空间装修，看业态布局。看大局，更看细节。同时，也同著名品牌商业综合体谈合作，与这些品牌商业综合体管理高层的交流，让我从管理者的角度，学习商业综合体的运营思路。

从开始的茫然，到逐渐形成较为清晰的书店综合体运营思路，用了两年时间。多次修改招商方案，这个修改过程，也是我对书店综合体运营的学习、认识、思考的过程。最终，可一书店·仙林艺术中心确立以图书、艺术、教育、生活服务、生活休闲为业态，消费者来到这个书店综合体，是享受舒适的人性化的艺术空间，他们在这里读书、看画、喝咖啡，在这里吃饭、社交、健身、瑜伽甚至发呆，总之，我们需要营造一个舒适的艺术空间，让读者愿意把时间花在这里。

可一书店综合体，强调公共空间的功能，服务性功能，顾客不仅是消费者，也是生活者。所以，在延续“读书是最美的姿态”理念的基础上，我提出：书店是一种生活方式，是读者的，也是我的。

许金晶：可一书店·仙林艺术中心现在的经营定位，是否与其较大的体量和所处的地理位置有关？

钱晓征：有关系的。首先说体量，可一书店·仙林艺术中心，建筑面积3万多平方米，全部做书店肯定不行，一定是综合业态。以传统商业综合体的经营理念来经营可一书店，这个体量又有点小，很多业态需要的层高和单层面积都达不到要求，不能入驻。比如超市，比如电影院。这也是我在与很多招商公司谈合作的过程中，逐渐认清的，没有现成的案例可以参照，需要因地制宜，创新，探索。

可一书店·仙林艺术中心，位于南京城东仙林大学城，距离地铁二号线仙林中心站200米，距离主城区十几千米。这个地理位置决定了必然是社区店的模式。

许金晶：可一书店·仙林艺术中心在设计方面，有什么特色？

钱晓征：设计特色就是强化“图书+艺术+植物”元素。

整体建筑的外观设计就是一件图书艺术装置。

景观设计强调“花神”概念，与主力店“可一花神咖啡馆”呼应。大楼北面临湖，西接绿地公园，环境非常好。书店四周种植开花的树木和四季花卉，其中特别强调玫瑰，单一品种，强化，形成一种“势”，形成“势”就是形成特色。

书店室内空间设计，强化图书、艺术品、艺术衍生品、文创为主要元素，以艺术气质统领，构建相对纯粹的文化艺术综合体。

许金晶：可一书店在这个综合体中是什么定位？

钱晓征：可一书店在综合体负二层，其定位是可一书店·仙林艺术中心的主力店，是整个综合体的灵魂。建筑面积近4000平方米，内有可一美术馆、可一文学馆、可一教育馆、红楼梦生活馆、可一咖啡馆、可一实验剧场。陈卫新老师的设计思路，是将这些空间的边界开放，并互相产生联系，动线围绕中心服务台转折延续，完整呈现书店的各个功能空间。

图书是书店的灵魂。可一书店的图书，还是延续一贯的定位：核心是文学+艺术+生活，在这个基础上，根据社区特色，增加了绘本和学生课外辅导等与青少年成长有关的教育类图书。可一书店没有按照传统书店的方式做精细的分类，而是以几个馆为基础，块面化地划出几大区域——可一文学馆：文学，可一美术馆：艺术，红楼梦生活馆：文创+生活，可一教育馆：绘本+课外辅导，可一咖啡馆：咖啡茶饮。

许金晶：主力店可一书店是整个书店综合体的灵魂所在，这个书店空间在规划设计方面，如何强调这个“灵魂”的定位？

钱晓征：书店的空间规划设计亮点很多。比如，可一美术馆处在负二层最暗的边角区域，设计师顺势而为，将狭长空间规划为长廊型展厅，形成曲折蜿蜒流动的展线。灰色地板、白色墙面，红色立柱和纸质长凳点缀其间，与墙上的艺术品，共同构成充满艺术想象和生机勃勃的艺术空间。尤其是采用全内置发光膜结构吊顶，软膜内置灯发出的光亮犹如天光，使得整个展区的采光均衡且有充分的舒适度，让每一幅艺术品都得到充分呈现。

可一实验剧场也是利用空间再造空间。这里原本是综合体的中庭，设计师利用这个从负二直达四楼的中庭空间，以钢结构凭空构架的大楼梯成为剧场的阶梯座位，两面建有高达10米的纵向垂直书店，陈设百科全书以及文学、戏曲、电影类海报灯箱，营造开放的沉浸体验式视觉空间。以书为墙，顶部直达综合体四楼，正午时分，阳光透过四楼玻璃天窗，洒落在大楼梯的阶梯上，切割出迷人的光与影。站在剧场，抬头可见天光。扶手电梯横跨空中，犹如天桥，与大楼梯、十米书墙，共同构成壮观的、弥漫着书香与艺术气质的剧场空间。

这些空间设计不仅具备了视觉美感，也为日常经营确立了基本定位和可能性。比如，中庭阶梯剧场、文学馆内的大空间阅读区，都让可一书店具备了可以举办大型文化阅读类活动的空间条件。

2021年10月试营业，半年里成功举办艺术展览、人文讲座、读书读剧读诗读乐、亲子绘本阅读与艺术体验、美学生活、父母讲堂等现场文化艺术活动60余场。这些系列文化艺术活动，针对全年龄段——从儿童到家长，针对不同社会身份——从学生到老师，从家庭主妇到职业白领，以密集的、高质量的文化艺术活动服务社区居民。

除了传统的各类读书活动，我特别想把“可一人文讲座、可一读书”这一系列主题活动做好。可一书店地处大学城，大学里集聚着一群朝气蓬勃的青年学子，集聚各专业领域的优秀学者。我想着可一书店能作为一个交流平台，一个知识共享空间，让大学教授、学者们的研究成果，走出校园，回馈给广大读者。

许金晶：这也是我做梅园经典共读小组的出发点。我访谈跟阅读相关的人士都会问到的一个问题，能不能谈谈对您人生影响最大的几本书，您怎么看待这些书对您的影响？

钱晓征：一本书能影响一个人，有很多原因，除了图书本身的价值之外，重要的是跟个人经历、心态、所处的境遇有关。大学四年是集中读书的阶段，就我个人经历，那个时期读书比较杂，求新求异而不求甚解。

你问这个问题的时候，我搜索遥远的记忆，脑子里跳出一本书是《渴望生活》。大一寒假回家，从上海到明光，火车行程要五六个小时，我在火车上读《渴望生活》，看到激动处，抬头看向窗外，火车疾驰在田野，内心激情涌动，那时的我不足20岁，一切犹如初生，一切正欣欣向荣。八十年代凡·高曾经鼓励过很多中国青年，同时也害了很多中国画家，九十年代我做画廊，接触很多画家，经常遇见一些画家自比为中国的凡·高，其实凡·高是个特例。凡·高的痛苦、生命的纠结以及爆发的生命力、蓬勃的创造力，身处艰苦的生存条件之下，他对未来对生命对艺术创作的渴望，正吻合了那个年代年轻人的情感状态。如今回望，“渴望生活”这四个字，某种程度上说，概括了我们这一代人一生的经历。

毕业后工作创业，一头扎进生活的大江大海，现实的人和事吸引我全部的注意力，这个阶段影响我的或者说印象深刻的不是某一本书了，主要还是一些人和事。女儿出生后，我的阅读大多与女儿有关，陪读似的。从中小学阶段的各类文学名著，到她读大学，本科到博士读的是艺术专业，我就跟着她读艺术。跟着孩子一起读书，才能保持跟孩子顺畅交流。

有印象的几本书：《红楼梦》《杜尚访谈录》《佛陀传》。

大学时候读过《红楼梦》，有一门专业课就叫《红楼梦》研究，老师叫邸瑞平，印象中邸老师年纪比较大了，应该是年近60岁，却非常有激情，课讲得好，她的课常常是济济一堂，连走廊上都挤满了人。她上课不看讲稿，《红楼梦》中的诗词文章，可以大段大段地引用，仿佛信手拈来，那些少男少女剪不断理还乱的情感，被邸老师言说得柔肠百结，令人如痴如醉似梦似幻。大学时候读书，大多囫囵吞枣，那时候的《红楼梦》于我也只是一门课程。2015年开始做艺术衍生品，从《红楼梦》绘画引发我做《红楼梦》衍生品。在研发过程中，读《红楼梦》，这个阅读一直持续到现在，任何时候拿起来读，都会沉浸其中。《红楼梦》是一个大IP，有太多的内容可以衍生，值得深入开发。通过《红楼梦》文学艺术衍生品，将《红楼梦》博大的内涵融入当下的生活。《红楼梦》中我最喜欢贾宝玉，以至于自比贾宝玉。《红楼梦》小说以及绘画，值得终身阅读。

2020年疫情，突然按下暂停键，居家期间，种花养草，画画，读书，提前体验退休生活。

《杜尚访谈录》《佛陀传》这两本书有印象，是我在书中读到了同一种感觉：关于呼吸。疫情，让我们对呼吸这么一个很日常的事情特别关注，有了特别的含义。杜尚说：我每次呼吸都是一件作品。杜尚的观念，影响了我看艺术作品的眼光，由此影响我对经营艺术品的理解。去年居家，我着手写《艺术是如何衍生的》，试图厘清我做艺术衍生品的思路，其中核心观念，对艺术的理解，艺术与生活的关系，都受到杜尚的启发。

《佛陀传》不仅仅是一本书。生老病死是人生终极话题。观呼吸，开智慧，修性修心，顿悟觉悟。我们这一代人基本到了退休年龄，前半生，为社会为家庭，努力尽责，后半生，要学会与自己相处。

许金晶：可一书店的定位是“阅读是最美的姿态”，您个人最喜欢什么样的阅读方式?

钱晓征：自在，舒适，日常。

可一书店的总吧台是一面大理石墙面，墙面上写满文字，这些文字是可一书店的主张，也是我对阅读的理解：“书籍是人类进步的阶梯、读书是最美的姿态、一朵玫瑰就是全部的玫瑰”……可一咖啡馆的推广语是“通向自在之路”，取自萨特写给花神咖啡馆的名言：“通向自由之路，经由花神咖啡馆。”这句话一直用在花神咖啡馆的饮品单上。可一书店的官宣文案最后一段话：“读书是最美的姿态”，是可一书店20年来持续推广的阅读理念，同时，全力推广“书店是一种生活方式”，让读书成为日常。

我追求舒适感。阅读方式也要舒适、自在、日常。体现在生活中，我们家的书、书架不完全在书房，客厅、餐厅、卧室甚至厕所，都有小书架。厕所很重要，可一书店装修设计时特别强调厕所的设计感：以视觉愉悦对抗无趣。

可一书店内有许多阅读区，桌子上罩着《红楼梦》衍生品台布，摆放着艺术家制作的花瓶，花瓶里插满鲜花……读书是日常，随时随地可以阅读，读书的环境要舒适、自在、愉悦。

读书让人美好。所以，读书的空间也要美好。这是书店存在的价值和意义。

钱晓征：可一书店、可一画廊、可一美术馆、可一艺术区创办人。

阚炜：一生勤苦书千卷

在苗怀明、徐雁等前辈学人的随笔中，对学人书店已经有不少零星的记述；近年来，学人书店也曾在多篇媒体报道和读书主题的纪录片中露面。但我觉得，对学人书店创始人阚炜做一篇比较系统的梳理其开办旧书店生涯的口述访谈，仍然有不容小视的当代文化史史料价值。

为期一个小时的访谈中，老阚聊到了根据知名学者的购书清单判断图书内容优劣的诀窍，聊到了早年到外地采购几十包旧书，搬运回南京的艰辛过往，也聊到了多年来从经营旧书当中获取的无限乐趣。用已故学者沈燮元先生题字的这句“一生勤苦书千卷”，能最好地概括老阚这么多年办旧书店的酸甜苦辣。

几个月之后，再赴学人书店取访谈的纸质修改校样，老阚特意在当时我访谈他的二楼，安排我坐下，一一仔细交代校样里的修改痕迹。这些修改，或出自精雕细琢，或出自人情世故考虑，尽显一位老派掌柜人的风范，让我好生敬服。

愿学人书店越办越好，明灯长守。

2023 年 5 月 22 日晚访谈于学人书店

访谈整理：刘艺

许金晶：我看到苗怀明老师的随笔里提到过学人书店创办之初的一些事儿，那么您在创办学人书店之前，生活经历是怎样的？您当时的个人阅读生活又是怎样的？我们从这个先聊起好不好？

阚炜：好的。我是1967年生人，创办学人书店之前，我是个普通的上班族。之所以从那个环境跳出来，是感觉在单位里没什么奔头。

创办学人书店的缘起呢，是我小时候喜欢看文学书，中外名著都喜欢看，还喜欢收集一些老物件、小玩意儿。刚好2000年的时候，我有个朋友开了一家旧书店，我去他店里帮过几个月的忙，发现旧书的乐趣和新书完全不一样，它的魅力太大了，我感觉这个工作很有意思，可以借此谋生。于是，2000年的6月份，我自己也开了一家旧书店。

许金晶：那您的旧书店从2000年创办开始，就一直叫“学人书店”吗？为什么以“学人”命名？

阚炜：对的，我的书店名一直叫“学人书店”。起这个名字是因为当时看到江苏文艺出版社出版的一本学术期刊——《学人》，主编是汪晖、陈平原、王守常。这个杂志的学术水平非常高，我就想用这个期刊名来命名我的书店，很自然地就拿来用了。

许金晶：您的店一直开在这一带吗？

阚炜：不是的，我搬过好几次呢。我在铁路北街开店大约半年，遇到那一带拆迁，就把书店搬到了中山路，大约2002年的时候，我又遇到了拆迁，就搬到青岛路，后来又从青岛路搬到这边（南京市鼓楼区汉口路48号）来。

许金晶：也就是说，您在创办学人书店之前，就已经工作过很长一段时间。而且，学人书店在创办之初就搬迁过好几次了，每次在新址开店的时间都不算长。这样看来，书店还是在南大鼓楼这边开得更久一些，对吗？

阚炜：对，学人书店在鼓楼这边开得最久。

许金晶：您的书店在创办之初，一定有很多值得一提的往事，可以帮我们回忆、讲述一下那个时候的事情吗？

阚炜：值得一提的往事很多。

那我挑几件有意思、有年代感的事情吧。我先回忆一下我们学人书店卖书方式的变迁：我们书店刚开张的时候，除了线下卖书，还有线上卖书的渠道。那时候孔夫子旧书网还没诞生呢，孔夫子旧书网是2002年才成立的，但比较普及是在2005年以后了。我们最早是在《旧书交流信息报》上卖书的。当时，我们常年订阅《旧书交流信息报》，在这家报纸上刊出我们店的图书信息和汇款地址，买家看了这份报纸挑好书之后，按照我们在报纸上留的信息把钱汇过来，同时留下自己的收件信息，我们再把书邮过去，你看多好玩！那时候，买古旧书的顾客都是非常诚信的，交易纯靠互相信任。

后来我们在“天涯论坛”上跟帖卖书，具体做法就是我们发个帖子，帖子里写清楚我们收账的银行卡号、邮寄地址，买书的人看到心动的帖子之后跟我们联系。比如我们收到一套《红楼梦》研究系列12册书，决定50元起拍，然后竞价5元，最终没人跟拍了，我们就截拍，当时根本没有今天这么发达的物流，只能通过中国邮政来邮寄图书。

再后来，随着孔夫子旧书网的普及，我们就改在孔夫子旧书网上卖书了。卖书的过程中，我们逐渐发现书源不够，就选择在江浙沪一带淘书，经过斟酌，最终选择每周在书源最丰富的上海、合肥淘书。

学人书店在创办之初，经历过一段运营艰难的岁月。搬到南大鼓楼之前，我们已经搬过好几次了，依然收益平平，尤其是没搬到中山路的时候，一天也卖不了多少书。但是那时候我们可以看到一点点希望，当时的书市行情有个特点是书源特别多，因为很多工厂倒闭了，还有的工厂图书馆置换图书，需要采购带有条形码的书，没条形码的旧书就被剔除出去，这些都给我们收书带来不少方便。当年的书，尤其以文史类的书居多，难得的是质量也好。旧书商口中经常会有好书、坏书之分，书商们经常把以前的书称之为好书，具体好在哪里？出版社好，题材好，作者好，就可以卖上好价钱，就称之为好书。当时再版的书，发行量都不算太大。比如改革开放之后，像中华书局、上海古籍出版社这样优秀的出版社都曾经出版过质量很高的世界名著、古诗词类、历史类图书，还有像梁启超、章太炎、陈寅恪、陈垣这样的名家专著。而当时的读书人大多买学术类图书，这类书买得少，我们开店之初就收了一批这样的“遗珠”，所以那个时候，我们书店虽然很小，但是图书档次非常高，要比现在高很多很多嘞！总的来说，那时候的大环境对于我们开店来讲，是比较轻松的，因为运营成本相对低一些，只是我们店在搬到南大鼓楼之前，起步有些艰难。

等到2001年刚过年，我们跟新房东签了合同，3月份的时候搬到了中山路新址。接下来的半年多，图书突然就供不应求了，书源完全跟不上销售！因为南京大学和南京师范大学中文系、历史系的师生过来淘书很狠的，量特别大，很快就把我们店掏空了！

许金晶：您也知道，我现在做书评也做出一些名气，新书基本上不需要买，所以我逛书店也逐渐变成了逛旧书店，淘旧书。作为资深的旧书店主理人，您觉得旧书与新书或者其他各类文化产品相比，有哪些自己的独特魅力呢？此外，您的书店初创之时，刚好是新世纪初年，站在您的角度看，当时南京的读书文化生态是怎样的？学人书店开张20多年以来，您所见证的南京读书文化生态发生了怎样的变化？

阚炜：旧书魅力可大了！我认为旧书最大的魅力就在于它的版本价值和稀缺性。比如很多懂行的读者都会追求一套漓江出版社出版的“获诺贝尔文学奖作家丛书”，这也是新中国成立以来最经典的诺贝尔文学奖作品集，丛书的主编、译者、装帧都是名家，拥有这套书是读书人特别值得骄傲的事，这就是旧书的魅力啊！另外，一些特别经典的旧书也很受追捧，比如某些民国书，还有我们国家五十年代的一些线装书，都被称为新善本了。那个时候，这类书发行少、把关严、质量好，存世品相好的也不是很多，因此大都聚集在一些藏家手上，导致价值比较高。而年轻人如果也想拥有一套的话，那个价格是会让他们望而却步的。关键是很多书并不是花钱就可以买到的，比如《红楼梦》《鲁迅全集》，有很多优质版本我是没有见过的，有的是五六十年代出版的，有的一共才发行了100套，还有的作为国礼赠送外国友人了。

许金晶：那么，学人书店初创之时，南京的读书文化生态是怎样的呢？

这20多年来，南京的读书文化生态有了什么样的变化？

阚炜： 21世纪之初，我感觉南京的读书文化生态非常好，就学人书店而言，当时在我们店里买书的主要有两类读者：一类是南京本地收藏文史书籍的藏家，另一类是南京高校文史哲专业的师生。

我所见证的20多年以来的南京读书文化生态，这个问题怎么说呢，很直观的一个感受就是近些年藏书人逐渐减少了。学人书店刚开张的时候，我们遇到的藏书人差不多都是三四十岁的中青年。现在呢，中青年人群买书、藏书的就很少，越来越少，我觉得现在的年轻一代不再有从前那样的癖好了。另外，现在人文学科的大学师生买书也相对少了许多，不过也不一定弱，只是说他们可能在实体书店买书的频率低了，也许购书渠道有了变化，比如他们可能更倾向于网购专业相关的书了。

许金晶： 还有一批在用电子书的，现在很多学者都习惯用电子文档来查资料。

阚炜： 对的。学者的话，可能买书更多选择网购了。但是肉眼可见的是藏书的人确实少了，这一点我们做古旧书店的感受特别直观，因为藏书的人和我们本来就互相认识嘛，现在他们就不像从前那样频繁地来店里了。

许金晶： 对，南京现在其实已经有很多家旧书店了，但是采访的话，我只想选您的学人书店做代表，为什么呢？我个人认为您的书店很有特色。比如我习惯每到一地，就先去找当地的书店看看，很多地方的旧书店就是纯粹的卖书空间，并不讲究店面装修、图书分类这种细节问题。但是您的书店，不论一楼还是二楼，整个书店内部空间的设计、氛围给人的感觉都是特别讲究、有趣的。所以可否谈谈您的书店在整体设计上的考虑？

阚炜： 书店的内部设计，主要跟我个人爱好有关。我本人一直喜欢一些中国传统的古旧物品，特别是文人必备的文房四宝之类的物件。2011年，我刚接手这边书店的时候，我们也像其他书店一样，楼上楼下都堆满了书，二楼卖特价书，比如中华书局、上海古籍出版社、三联书店的库存书（其实就是折扣力度大的新书）。后来有一次我跟朋友聊天，我们感觉我们店里的旧书品种太多了。当时我们店一楼、二楼加起来有100多个平方米的空间，而我们又不是那种新书店。新书店的话，一般在一个陈列台摆放二三十个品种的书，到了我们旧书店，同样的陈列台可以摆二三百个品种。因为旧书店书的品种实在太多了，我们感觉没必要搞这么多书，所以我们逐渐在店里添置了一点古物。当时我撤了一排书架，买了展柜，摆上明清古旧家具，大家普遍反映效果不错。我还发了微信朋友圈，有个南艺毕业的老师，原来在这里教书法，他看过我的朋友圈后，说又想回到我这个书店了。

许金晶： 等于您还有一个集聚效应！

阚炜： 对，他一看我这样一改，店里环境比原来更好，就跟我谈好，在我店里租走一半的空间，租期一年，专门卖国外名人的手札、信札、照片等，这样我的书店空间就变成一半卖书、一半卖国外名人小物件的格局。他租期到了之后就走了，我就接着继续干。

他在店里的时候，很多设计理念都影响了我。比如他离开书店的时候，留下两盏吊灯、三个展柜，还有他曾经在我店里漆过红色的很有艺术感的墙面。展柜的话，我也有，但是没有他留下来的展柜质量好，我买的是二手的展柜，他买的是复古的新展柜。除了这些，我还比较喜欢老上海的风情，就按照我的喜好买了一点老上海情调的家具，不停地一点点打造店里的空间。我们每卖一样东西出去，相应地就会添置一点儿东西进来，这个工作很辛苦，尤其是添东西时候，经常折腾到下半夜，以至于邻居都有意见了，但是我乐此不疲，乐在其中。我会重新设计、包装这些小藏品，比如把好看的书影装个框子，给版画也装上框子陈列起来。

许金晶： 所以您这样的改造，其实已经不仅仅是卖这些小物件了，还有点儿民间博物馆的性质，对吧？

阚炜： 哈哈哈，博物馆谈不上。反正我就喜欢这些老物件，就不停地买，买了以后就不停地在店里“折腾”。为什么后来我们又加入了一些西洋的物件呢？因为之前我买了很多中式的物件，买卖双方都出不起什么大价钱，所以种类、风格都比较单调。本来这些东西就是卖书之外附带的小业务，我的精力也大部分放在旧书上，所以那些小物件整体看来，就是民间生产的偏多，那种高档的器物，我们是买不到的。

渐渐地，我感觉书店二楼的环境比较沉闷压抑，而我们店的顾客群体越来越年轻化，年轻人上了二楼就像到了古玩城，实际上大部分年轻人是不太喜欢古玩城的，他们更喜欢洋气一点的风格。所以我就在书店的“洋气”上面动了一点小心思，在采购上做出一些调整和改变，让新陈列的物件尽可能是年轻人易于接受的。我会试着先放几件小摆件，看顾客的反馈，他们觉得这样更好看，我就会继续多买一些放在这里。比如书店一楼以前陈列的全部是书，我就又添了一些我喜欢的老的纸质物件：民国时期的税票、发票、版画，还有过去的信笺、招贴画、老广告画、年历卡……陆陆续续摆了很多，只要我自己喜欢，我就摆出来。

你看开书店的人不是总说书店难嘛，一般的书店基本上是水文化、书文化加文创构成的对吧？我们书店呢，水是搞不了的，我们就开发文创。把一部分老旧的纸品搜集出来，和古旧小文玩相结合，做成文创产品。你说这些老物件究竟能卖多少钱呢？有些买进的时候还挺贵的，反正我都是按照自己的爱好去买。纸品倒是很受欢迎，受欢迎程度和书差不多了。总之，这些古旧书和文创，一起营造出目前大家感受到的书店氛围。

许金晶：您认为店里现在的整体设计布局，对书店各方面的运营有哪些影响？

阚炜：店面的装修设计对书店运营影响很大呀！我觉得主要就是吸引了很多年轻人，我们可以从一楼谈起。比如我昨天刚卖出去一张粮票，那张粮票上还有语录，有很精美的纹样，这个很有意思，很多东西连我都没见过。还有很多孩子在我们这里买邮票，很多小孩连邮票都没见过，因为他们现在的生活场景里基本用不到邮票。实际上粮票、邮票、铜钱、旧的小额纸币也都不算什么特别值钱的东西，但是日常生活中，这些年轻人很少有机会接触到。现在他们只需花费10块、20块就能买到一张100年前的明信片，正反面写着祝福语，一角还贴着老邮票，你说心动不心动？再比如还有很漂亮的乐谱，样子像海报似的，很精致。明信片的话，我们都用硬胶套封好了，乐谱呢，他们买回去以后装个框子就可以装饰起来了。除了这些，我们还专门开辟出一部分区域来放特价书，5块10块的都有，也很吸引人。这里边藏着的都是文化，年轻人可以花费很少，得到很多知识。现在市面上，读书人拿着5块钱10块钱基本上是买不到书的，但是在我们学人书店，10块钱能买到老版本的《围城》，能买到林语堂、莫言、陈忠实……这些大作家的书，你说好不好？二楼我也改造了一下，放了很多中外的老物件，都是很多顾客从前没有真正见过的。比如他们可能知道中国的文房四宝，但是过去欧洲的文房四宝是什么样子呢？他们可能就不知道了。那时的欧洲人用什么样的笔写字，用什么样的墨水？台灯长什么样……在我们这里，他们都可以看到、买到。为什么我们常说“读万卷书，行万里路”？其实我认为“行万里路”就是看外面的世界，在这里，古今中外都可以感受到。

许金晶：而且还有一点，学人书店的一整套设计和独特的氛围感，对大家真的影响很大！我做过统计，南京的旧书店里面，学人书店是媒体报道次数最多的，其他旧书店的媒体报道远远没有你们多，而且经常会有一些纪录片、电影会在您店里取景对吧？

阚炜：是的。关键是学人书店展示的都是货真价实的老物件，而不是复古做旧的，这一点可能比较独特、比较难得吧。以前很多顾客说我店里的风格叫复古，我说不是，这些都是真的老物件，老物件的魅力跟古旧书一样，是无穷的，也是难以替代的。

许金晶：是的。因为书店本身就是读者和作者，或者文化人之间互相交流的空间。但是新书店的交流和旧书店其实是不大一样的，新书店比如先锋书店、万象书坊，经常会承办读书会的活动，或者组织读者沙龙，借此拉近读者与作者间的距离。而旧书店的交流方式，其实更大程度上是读书人在店里淘书时不经意间的一见如故。那么您在学人书店创办的20多年间，有没有一些给您留下深刻印象的读者故事？曾与哪些光顾学人书店的作家、学者有过比较有趣的交往？

阚炜：实际上我跟店里的常客交流还是很多的。学者的话，我先谈谈沈燮元老先生吧，现在您看到的墙上这副对联——“一生勤苦书千卷，万事消磨酒百分”就是沈燮元老先生96岁高龄时帮我题的。老先生今年3月份刚刚逝世，享年100岁。

许金晶：对啊，我以前没意识到，后来沈老被媒体广泛报道之后，我上次到你们学人书店一看，这幅字竟然是沈老先生的！以前还真没注意。

阚炜：沈老先生绝对是我们这里的老顾客了，我们店还在青岛路的时候他就来。他以前告诉我，自己是根据朋友介绍才找来的，他还亲口夸过我们书店：“这个书店的老板图书分类做得挺好！”我听我朋友私下里这样讲：“沈老先生从来不夸人的，老阚炜，你能得到他这个评价，证明你在他心目中还是可以的！”确实，能得到古籍版本目录学专家的鼓励我也很开心。我们书店后来搬到这边（汉口路）了，他还是很喜欢来，几乎每周不间断地来这里淘书。沈老先生从疫情之前的五六年开始，就固定在每周日下午两三点来我们店了。老爷子身边没有人照顾，他平时吃食堂，还有家门口的快餐，后来因为我烧菜烧得比较好嘛，他就经常过来，他每次来书店就是看书、淘书，然后我烧饭烧菜给他吃。

许金晶：可能也是因为老人家比较孤独，所以把您当一个知心的朋友了。

阚炜：对，对！你想想他的辈分，对吧？他是百岁老人，这个辈分不得了的，他从前跟冯其庸是同窗好友，和陈方恪做过同事，跟胡适、钱锺书这些文化名流都有过来往。我们跟他这样的人在一起，真的是如沐春风，获益良多。尽管他是搞线装古籍版本的，专业性很强，我们在线装古籍版本方面可以请教他的不太多，但是沈老先生对书的认识、对学问的执着，还有知人论世的能力……对我们都特别有启发。还有，其实慢慢地我们也可以感觉到像我们这样知之甚少的小晚辈，受他这种玩儿一辈子古旧书的老派高级知识分子的熏陶，我们也在逐渐完善。

再谈一个很重要的学者——南京大学党委书记张异宾（于2014—2018年任

南京大学党委书记）。他本来是哲学系出身，教马克思主义哲学史。这个领域其实对好多人来说是个知识盲区，对我们来说也不例外，这个盲区直接制约我们挑书、进货。文史类的书，普通读者接触起来还好一点，毕竟文史不分家，我们大概还能有个判断，我们自己挑挑作者、书名，差不多也能定下来，简而言之就是确定这书能买能进就行，毕竟我们都是耗费真金白银买来的，不能退货，所以很考验眼光。但是我们面对哲学书，尤其是中国哲学的书，经常是拿不准的，再加上我们那时没有数据库，不像现在的书店可以利用数据库，上豆瓣一搜，评分高的书就值得进货。那我们怎么挑书、进货呢？我们会在卖书的时候手写账本，上边罗列着每天卖掉的书的书名、出版社、价格等基本信息。为什么呢？我们会统计比对这些数据，摸清楚我们淘回来的这些书好不好卖，能不能卖掉，以此来把握、确定后续的进货书目。做这些细微的工作真的是全靠自己，我们进货的时候，都是在短时间内做决定，真金白银花出去。有的时候，时间紧迫到几十秒之内就要决定要不要花钱买这本书。所以我们进货买书的时候，凡是涉及哲学书目的，我都会非常留意张异宾老师购书的书单。只要是他买的书，我们都会备注好，不管是我看书店，还是我家里人看店，我们都会及时备注张异宾老师买的哲学书。做了这个工作，进货就方便多了。比如我们查到买这本书花费13元的话，张异宾老师可以接受，那我们会给他打折，以后我们进货就可以买回来这本书。

许金晶： 这个办法好，这就相当于让知名学者给你们来提供专家推荐，对吧？

阚炜： 对的。还有一点，马列哲学类的书籍其实更新换代非常快的，很多哲学书年代稍旧一点儿就需要淘汰了，我们就不能一味地收进来。具体怎么鉴别，我们也是根据张异宾老师的书单“按图索骥”，反正他买的书就是经典的、实用的，值得我们摆在书架上的，我们进货就按照他的书单来。我的记忆力还是相当好的，像张异宾老师推荐的书单，过去好几个月了我都能回忆起来他到底有没有买过这本书，这一点也给了我们很大帮助。

再有就是一些师生经常会在我们店里聊天，时间长了大家就互相熟悉了嘛，他们聚在一起的时候，总会评点几句：这本书在畅销榜了，那本书修订过了，这书好不好，那本书不值得买……我们总会挂个耳朵听一下啊，根据师生的实时反馈，随时调整我们的进货策略。比如人家手上已有了这本书，下次我们就不进这本了，或者说收书价格再低一点我们才能买进，毕竟有的书买进来的时候还挺贵的。

所有读者的反馈建议、多年经验都促使我们更注重细节，在经营书店这件事情上不断成长、成熟。

许金晶：学人书店诞生20多年以来，整个南京的书店行业，包括旧书行业，经历了怎样的转折和变化，然后学人书店是如何在这种巨变的浪潮中活下来，并且良好生存至今的？

阚炜：以我切身的感受来看，南京书店行业的改变首先是卖书方式上的改变吧，这个改变还挺明显的，巨变。

我认为转折点有两个，第一个是供货商卖书方式的转变。大约在2007年、2008年的时候，卖书给我们的人差不多都改在网上了，这个改变不得了！我刚才不是讲过嘛，2002年的时候孔夫子旧书网就诞生了，但最初没有很普及，很多人并不懂得用，到了2007年、2008年的时候，孔夫子旧书网已经有了一定的知名度，在这个平台上卖书的人就开始多了起来。当时向我们供货的这批供货商，几乎家家放着电脑，专做孔网平台的生意，也是从那个时候起，我们渐渐地不怎么跑外地淘书了。好像突然之间大家的交易平台转移到网络上了，那我们旧书店老板怎么办嘛？这没办法弄的！必须改变！

另一个转折点是网络电商平台大搞促销活动，双十一、双十二、年中大促……这个很厉害，它不是冲击了个别实体书店、新书店，而是冲击了整个实体书店行业！电商们发明的买赠、满减、半价、打四折这些营销手段对我们书店的生存构成很大威胁。学人书店当年在青岛路的时候，店面比较小，我们只能在书的种类上做一定的压缩，所以当时的在售书目基本以社科学术类为主，纯文学作品比较少，只有特别经典的纯文学作品才会被收进来，普通的版本我们都不会买进。我记得顾客那时在我们这里想找一本小说都很难，总是怅然离去，我就很想做出一些改变。后来搬到这边（汉口路），经历了我刚才所说的种种书店行业大转折之后，我们的客源也发生了很大变化，我就买进了大量可读性强的纯文学作品，比如古典文学名著、现当代文学名著等，把这个遗憾弥补了，书的种类丰富了不少。

许金晶：对，转折对您的影响确实很大。我还注意到您店里古典文学、民国文学的作品销量还挺大的。

阚炜：对！古典的、现当代的、中国的、外国的，后来我们都大量买进了，不论是学文科的还是学理科的，还是藏书的，总归要读文学作品的吧！比如搞中国文学的师生，他能绕过鲁迅研究别人吗？绕不过去的！所以《鲁迅全集》这种既是常销书，又是必读书。跟新书价一对比，从我们旧书店买的小说物美价廉，版本又好，竞争优势就有了。拿《红与黑》来说，自从译林出版社再版过之后，那么厚一本，它在新书店的价格怎么降都不会低于二三十块，新版《简·爱》也要卖到二三十块，任你怎么打折，也不会低于10块，甚至在有的电商平台那里还需要附加邮费。而在学人书店，这些小说几乎通通可以10块钱搞定，再厚一些的才卖到15块。所以说，学人书店后来扩大的现当代的中外文学作品区域，又给我们增加了一项跟网络电商平台相抗衡的优势条件。

许金晶：是的！另外呢，像您前边谈到的老物件、小的纸制藏品，其实也对书店的格调起了锦上添花的作用，但是我猜想，你们店现在可能还是以卖书作为主要业务，对吧？

阚炜：差不多吧，现在还是卖书的收入占销售额的比重大些。

许金晶：作为学人书店的创始人，书店开办的这些年来，您自己的个人生活是怎样的状态？经营书店对您的个人生活有哪些影响？

阚炜：我个人生活还好吧，还是围绕书转，基本上以书店为家。没有太多影响。

许金晶：我看您平时除了外出参加活动，剩下的时间里，只要书店开着，您一直都在店里守着。

阚炜：就是以店为家呗！我还挺喜欢自己热爱的事业和生活交融在一起的感觉！对我来说，淘书、卖书都是很有乐趣的事情，我喜欢开店的感觉，所以我不会觉得累。

许金晶：真好。那么您对学人书店未来的发展，有没有一些规划或者设想？

阚炜：我的规划设想就是我们学人书店争取每年都有进步！道理很简单：如果不思进取，每年都不进步，那不就“不进则退”了嘛！人家不都说“创业容易守业难”嘛，时代一直向前发展，我们书店也要这样——与时俱进，不能说今年和去年没两样，明年跟今年也差不多，这样不行的。要向前！要跟上时代前进的步伐，时刻居安思危，吐故纳新，从长规划，这样书店才不致被淘汰。比方说我们书店眼下看着经营得还可以，既卖古旧书，也尝试卖各种小藏品，销量都不错。但是你有没有想过将来某一天，如果你惊奇地发现，身边的车站、码头、旅游景点，甚至别的书店都在卖这些东西，那我们该怎么办？当然是及时调整，求新求变啊！说不定到时候我们又会开发出新的独具特色的书店项目了。

许金晶：您如何看待实体书店包括二手书店逐渐衰落的现状，尤其在纸质阅读越来越少，电商平台价格战的双重冲击之下，您觉得现在的实体书店，尤其是像学人书店这样的古旧书店，怎样才能实现良性的运营发展？

阚炜：的确，行业现状给到我们实体书店老板的压力很大。我认为实体书店要想很好地发展，目前看来，还是要尽量采取线上线下销售相结合的方式。完全依靠线下的实体店铺进账肯定是不行的，你看很多新书店，都开始通过各种平台线上直播卖书了。

许金晶：对对！直播带货，出版社现在也好多这样干的！

阚炜：其实我们的旧书销售也在顺应这种趋势！比如学人书店线上卖书主要有两个渠道：第一个是微信朋友圈，不过我在朋友圈卖书还是比较少；第二个就是孔夫子旧书网。

许金晶：朋友圈卖书也得有兴趣的人才能做好！好多人平时都懒得折腾

这些东西，发朋友圈还需要整理拍图，发出来还要附上文字介绍，这些都是很耗费精力的。我认识的南京读书人也很多，看您的朋友圈就发现您卖书好厉害！我观察到每次您朋友圈卖书的消息一发出去，基本上当天就被大大小小的读者朋友们抢光了！

阚炜：差不多吧。因为我在买书、卖书之间总是寻求一个平衡点，什么平衡点呢？很多书商不太愿意买入价值普通的书，他会刻意挑比较珍贵的书，那么定价自然会贵一些。我不这样做，在我这里，普通书买进来以后，珍贵的书它反而相对便宜些，这跟我的进货方式有关：我店里的书，基本上是打包买进的，这样卖书的时候就轻松一点。关于这个，我也有我的销售策略：我一定不会让顾客在学人书店买的书比外边买的贵。我不敢保证100%，至少我这里卖出的大部分书，是经得起顾客网上比价的。这样的话，顾客就会放心购买，时间久了，我和我的顾客就会建立起互相信任的买卖关系，我认为这种信任是非常重要的。

许金晶：对对对。您觉得实体书店，包括实体的二手书店，未来会有怎样的发展？

阚炜：未来的话，理论上来说，我觉得旧书店经营应该是没有太大问题的。

许金晶：那像卖新书的书店呢？

阚炜：这些新书店我就很难说了，我们虽然看起来都是卖书的，但实际上走的是两种完全不同的路径。我们旧书店老板的经营风险比他们要大，因为我们旧书店的书都是个人花钱买进来的，盈亏自负的。

许金晶：对的，而且我了解到，先锋书店、万象书坊卖不出去的书可以找供货商退换。

阚炜：对，可换可退，而且他们有账期的，这就使得他们的退路比较多。退路一多，风险就小，给到书店老板的压力也就小了，那么经营书店的动力可能也会小一些吧。

我们就不一样了，动力比他们大，而且你观察一下会发现，无论哪家旧书店，老板、老板娘，老板的父母、老板的孩子几乎都是看店的，而且大部分旧书店老板不会赊货。这种景象你在新书店很难看到，新书店的老板不大容易在一线忙碌，这直接导致他们掌握的一手信息比我们旧书店老板少。你说一个老板直接和顾客去交流，和手下店员跟顾客交流，这效果绝对是两回事儿，责任心就比不上，我觉得这个差异还是挺明显的。

许金晶：对对，毕竟是自己的家业。那么，您现在做书店这么多年，一定积累了很多阅读经验，您是怎样看待阅读对人的影响的？能不能谈谈对您的人生以及经营书店影响比较大的几本书？

阚炜：我看待阅读对人的影响，总结一句话吧，就是我以前经常说的：“不要看手机，看什么都比看手机好，看书比看手机更好。”这句话我专门送给年轻人，今天的快捷生活让我们似乎离不开手机，但实际上手机只是个交流工具，不能沉迷。真的，看什么都比看手机好。阅读嘛就是读书，它总能让人在认识、实践方面有所提升吧，人家古话还说“书中自有黄金屋”呢，对吧？你看我从小就读那么一点点书，对我后来开书店的影响就非常非常大了。

许金晶：确实，我们现在快节奏的生活经常让人沉迷在手机里，忽略了阅读。举例谈谈对您个人影响很大的几本书吧。

阚炜：对我影响大的几本书，一本是郑逸梅写的《艺林散叶》。这本书片段性地介绍了作者所接触过的人和事，我通篇看下来，觉得这个挺有意思。这本书里，郑逸梅既谈买书，也讲史料，想想自己这么多年坚守书店，人生也会像他一样丰富多彩吧！尽管我是一个小书商，我也有我的梦想。

再谈一本就是唐弢的《晦庵书话》，这本书提到的一些民国版本，对我们买书进货很有帮助。

许金晶：《晦庵书话》帮助你们做业务提升。

阚炜：对。这本书让我更加了解书的哪些版本比较好，哪本书比较稀见，确实是帮我做业务提升的。

许金晶：那您平时不太忙的时候，自己喜欢的阅读状态是怎样的？

阚炜：各种因素影响吧，基本上都是片段性的。

许金晶：因为书店只要开张，每个时间段都可能有读者来吧？

阚炜：对。我现在的话，整块时间的阅读已经非常少了。过去喜欢读文学作品，比如小说之类的。现在嘛，基本上是书皮文化了。看看书皮、看看目录、翻翻简介，纯粹是工作啦，现在看书都是功利化、实用化了。

许金晶：不论南京市还是江苏省，倡导全民阅读都算是走在全国前列的，我们响应号召，很早就开展了相关活动。您作为资深书店人，是怎样看待由政府推行、主导的这种全民阅读活动的？您觉得怎样才能实现全民阅读的稳步发展？

阚炜：全民阅读的推广当然重要，就是向大家倡导、普及读书的人怎么做推广工作，这个很重要。做阅读推广的名人，大概比较像《百家讲坛》这种知识普及性节目的主讲人吧，他们对全民阅读确实起了很大的推动作用。比如莫砺锋老师在《百家讲坛》讲唐诗宋词，易中天在《百家讲坛》讲三国，他们都是把严肃枯燥的文学、历史用通俗易懂的语言讲述出来，让老百姓去接受，确实让大家都很感兴趣，进而吸引了很多读者买来相关的书阅读，这不就起到了全民阅读的效果嘛！我觉得这个推动作用还是很大的，主要是名人效应的影响力比较大。

还有一些就是活动嘛，就是大型书店举办的读书活动，还有社区搞的阅览室啊，这些都对全民阅读起到了很好的促进作用。

许金晶：最后，想请您对自己20多年旧书店的经营之路，总结概括一下自己的感受。

阚炜：关于我们旧书店20多年来的风风雨雨经营之路，我想用沈夔元老先生题联的上联来诠释：“一生勤苦书千卷”。你看，“旧书人”，可以说全国的旧书人经营旧书店都还蛮苦的，特别辛苦。无论他通过什么样的渠道去买书，论斤称也好，按本买也好，基本上都像小蜜蜂一样勤劳，起早贪黑，没日没夜地工作。经常是一个电话、一张图片就会让你马上奔赴“前线”。除了过年，开旧书店的人是没有什么固定休息日的，甚至旧书店老板节假日都极少极少拖家带口外出旅游，老板们似乎都是主动选择工作，极其辛苦。我记得早年间，我们书店第一次去外地买书，我跑了4个城市，那时候还不知道有物流这么一个说法，买回来的书就走一路带一路，最终带了60多包书，那个艰难，那个勤苦，现在的人恐怕无法想象！

许金晶：那怎么带啊？太辛苦了！

阚炜：反正硬是带回来了。我们从北向南，依次去镇江、常州、苏州、上海这四个城市买书。其中，在上海买得最多，然后是常州，在镇江买得最少。我们一路上带着买来的书，每到一个城市，就找三轮车，或者小面包车，把书拖到车站、码头的托运站寄存，再把书拖到312国道，当时还没有高速公路，我就在312国道招手拦车，把书带到下一个要去的城市。

许金晶：把这些书折腾回来也够不容易的啊！带了这么多书！

阚炜：我记得那次我是坐大巴回来的，租了两辆大巴，硬把书拖回来了。想想我们那时真是异常艰辛，都是带着书，带着小推车，一本本把书运回来。后来在合肥、北京潘家园，也都是这样买书、运书的，一点点拖回来，像蚂蚁搬家一样地拖回来。

许金晶：确实，也有很多旧书店老板跟我提过自己闪过腰的问题，可能旧书店老板腰椎间盘或多或少都有点问题，因为总干扛书袋、背书啊这种体力活儿。

阚炜：对，书很重的，我们那时候经常是自己扛书，从五楼、六楼自己扛下来，哪里有钱喊别人扛？不可能的！

阚炜：学人书店创始人、主理人。

孙清：诗意人生，无用之大用

孙清是《领读南京》一书的第五位访谈对象。

《领读南京》的前四位访谈对象，要么是南京重要书店的创始人，要么是南京代表性出版社的领导。论职业身份，孙清或许是五位访谈对象里最普通的一位；然而就把普通的工作做得不普通、平凡的工作做得不平凡而言，孙清又是南京这座城市的当代阅读文化史当中，最具代表性和最有发言权的人物之一。

访谈之前，巧遇先锋创始人“老钱”，老钱得知我要访谈孙清，对他赞不绝口，事后还特地给我发来微信，称道孙清的热爱与纯粹。

正如访谈中交流的那样，诗歌在生活中的重要性，不应该被夸大；很多时候，面对现实中的种种问题，它确实是无力甚至无用的。然而因为诗歌，孙清和老钱成了事业伙伴（这比上下级更能界定他俩的关系）；因为诗歌，先锋成了海内外知名的文化品牌；也因为诗歌和阅读，我跟孙清成了相互守望、以共同论书为乐的朋友。

是的，诗歌是无用的，然而把平凡生活演绎成生动之诗，以诗意的态度笑对坎坷之人生，或许就是诗歌所谓“无用之大用”。

2022年9月7日晚访谈于先锋咖啡馆

访谈整理：刘泽宇

许金晶：首先，能否介绍一下您2010年加入先锋书店之前的主要人生经历，重点谈谈加入先锋之前的阅读生活情况？

孙清：我到先锋之前工作不是很稳定。从镇江老家职校毕业后的两三年，我在电视机组装厂、印刷厂都干过，但觉得氛围跟自己不是很搭。后来读到一本沈从文的传记，了解到他在燕京大学旁听的经历，就有了来南京边工作边学习的想法。2009年我来到南京，为了工作同时能旁听，在南大旁边一个酒店做服务员。当时在南大逸夫馆旁听了一些课，也常去南大旁边的二手书店淘书。

阅读的兴趣是从小慢慢培养起来的。小学班主任是语文老师，我语文课特别好，担任学生干部。小说方面，初中有意识地购买海明威、夏洛蒂·勃朗特、高尔基等作家的名著。诗歌方面，小学时看看古诗，中学开始对现代诗感兴趣，但课本上现代诗很少，我就去新华书店买诗集。店里的诗集我都不认识，就挑名字取得好听的，第一本是初二时买的臧克家的《烙印》。然后从徐志摩、闻一多等诗人开始，慢慢接触了拜伦、雪莱等浪漫主义诗人。后来发现漓江出版社的获诺贝尔文学奖作家丛书系列，对我蛮有影响的。系列里这本《水与土》跟了我将近20年，当时我凭着书后的系列目录“按图索骥”，陆陆续续买了三四十本。这套书算我的启蒙书之一。

许金晶：您从职校毕业以后，打工的那几年里面，还有时间阅读吗？当时的读书状况怎么样？

孙清：时间是有的。2003年刚毕业时一个月工资五六百，扣掉几十块钱房租后，剩下的钱几乎全都用来买书。镇江有几家开了十几年的二手书店，我当时在其中一家买得最贵的一套书是《世界诗库》，花了160元，现在还放在镇江老家。

许金晶：是怎么样的机缘，让您加入先锋书店？是否还记得当时面试和入职的场景？在加入先锋之前，您对于这家书店，有着怎样的认知和印象？

孙清：在酒店工作时我常去逛二手书店，有一次旁边一个买书的人和我交流了一下，临走时又握了握手。我纳闷，二手书店老板告诉我，那个人就是先锋书店老板钱小华老师。原来握手是他的行事风格。后来我逛先锋，感觉环境很好，就投简历，但十几天都没音讯，我情急之下就写了一封信，附了首诗，绕过人事，跑到老钱办公室毛遂自荐，没过几天就进了先锋。加入先锋前，印象最深的是中学时有期《语文报》有很大一个版面介绍先锋夫子庙店，还附有老钱一张照片。

许金晶：您现在也做了10多年的导购了，您觉得过往阅读、打工的经历，对于做好先锋的导购工作有哪些帮助或影响呢？

孙清：在没有进入先锋之前，我对诗歌这方面是比较了解、熟悉的，这也是我能够迅速融入先锋文化的一个原因。但来先锋之后，发现自己的阅读视野还比较狭隘，因为只看诗歌、小说，对人文社科几乎没有接触，刚来时，列维·斯特劳斯、列奥·施特劳斯我常常搞混，苏珊·桑塔格、阿伦特这些人根本就没听过，所以来先锋以后便有意识地接触这方面的书，边吸收边给读者介绍。一方面是自己内在的需要，一方面我觉得也是工作的需要。先锋的读者们层次、喜好都不同，导购就需要全方位了解书籍，才能向不同读者推荐书籍。当然有很多很厉害的读者不需要你的推荐，反而会给你反向输出一些好书。

许金晶：您跟钱小华老师第一次邂逅是握了个手，10多年来，钱老师一方面作为您的老板，另外一方面应该也是您的精神或读书方面的引路人，能不能谈一谈对他的印象，或者跟他交往当中一些印象比较深刻的事情？

孙清：他本人就是比较亲切、随和，没什么老板架子。就像自己办公室里挂的两个大字“书痴”，他首先是很喜欢书，然后才有了开书店的想法。他刚开始经营书店，就是单纯地生存或喜欢，慢慢先锋影响大了，他就更多一些文化方面的担当。

某种程度上，他不太像老板，更像工作事业的伙伴。我跟他交往挺多的，最有意思的还是一起去独立书店淘书，那些书店他都很熟悉，最近他也正有计划地写关于它们的文章。去年我们一起去镇江的书店淘书，非常尽兴。兴趣的碰撞让人感觉很好。他也去过好几次我家，每次都对着我的书一脸震惊。他自己也写诗，我们经常交流书籍。其实如果要说老钱的话，不是几句话就能够说清楚我们之间的感情交集的。

许金晶： 现在先锋也不只是独立书店了，可以说是国内阅读文化领域一个很重要的品牌。您工作这么多年对先锋的企业文化或品牌内涵，是怎么理解的？

孙清： 刚入职时，我只是觉得这份工作既是自己的兴趣，又能解决生计。后来我慢慢了解到先锋的影响力，了解到它的文化、社会担当。特别是在老钱开了四五家乡村书店后，我觉得先锋不只是一家简单的书店，更是在凋敝的环境里复兴着乡村文化。读者方面，我觉得他们对先锋一是喜欢，二是信任，在这个基础上，大家可以建立起沟通的桥梁。

许金晶： 我个人这么多年也认识很多先锋的工作者，我觉得先锋人具备一些共同的气质或文化。您是怎么看待先锋人的身份定位，您自己在日常工作中又如何去践行这种先锋人的一些要求和定位呢？

孙清： 先锋说到底还是一家企业，流动性很大，但先锋今年26年，一路过来工龄十几年二十几年的员工也很多，大家都信任着先锋和老钱。我不太了解别人怎么理解先锋人，就我自己而言，我觉得导购不只是日常简单的上书理书找书，还要主动跟读者建立互动，把不同类型的好书推荐到各有所需的读者手里，我的很多朋友都是这么认识的。南京是藏龙卧虎之地，先锋读者里有很多厉害的老师、教授，像许金晶老师就是。我想要以一种学习的状态去了解读者，了解他们背后的人和书的故事，以书会友。先锋是个媒介，导购也是个媒介。

许金晶： 像您说的，先锋的导购，不只是简单的一个上书理书找书的过程，更多的是跟读者交流，并赢得他们的信任。在使他们认可您的工作的同时，也是对先锋品牌的一种再造。您在先锋书店日常的工作，是怎样一种状态？如何理解导购这份工作？在先锋做导购十多年如一日，您的工作感受如何？

孙清： 在先锋工作每天让人眼前一亮心情激动的事就是，能在第一时间接触自己喜欢的书，这种感觉会消解日常工作中的疲惫倦怠。作为导购的意识转变，其实也有一个过程。刚来时就是找书理书上书这些工作，后来慢慢意识到先锋承载的文化功能，我就想把我自己有限的所学所知跟读者分享，我个人也从读者那里学到很多东西，同时也得到他们很特别的友情的回馈。现在，我经常通过微信给他们推荐一些书，他们有需要的书也会通过微信给我留言，书作为一个纽带把大家联系了起来。

许金晶：先锋不管有多少文化效应，但是它归根结底还是一个企业，您自己也是一个职业人、社会人，做这么多年的导购，会不会有一些职业发展、个人生活方面的压力和焦虑？是怎么样去化解或应对的呢？

孙清：焦虑肯定有。在先锋工作很开心，但走出先锋的大门面对现实生活时，还是会很焦虑。我也没有更好的化解的办法，就是工作、看书、跟朋友交流。

许金晶：老钱前段时间专门写了一个公众号，也成了“网红”热文，就是讲“教授”孙清的故事。您怎样看待通过您的用心服务赢得的这个“教授”的昵称，这样一个昵称给您在先锋的日常工作有没有带来一些动力和变化？

孙清：说到这篇文章其实我内心深处还蛮触动的。这篇文章直到发表的几个小时之前才有同事透露给我。而年初到年尾他把文章捂了很久，反复增删润色。他对我的观察可能比我对他的观察还细致。我也不知道老钱为什么一开始叫我“教授”，只是他叫了之后，大家都跟着一起叫，叫习惯了，我也就不想去纠正了。好多同事都不知道我本名，以为我姓“教”名“授”。其实这也是一种动力，因为我一直觉得这个昵称名不符实，所以内心有一种动力，去不停地扩充自己的视野，去深入了解人文社科的很多方面，希望有一天能够名副其实。

许金晶：书店是提供读者与文化人之间互动交流的上佳空间。在先锋工作的12年间，您印象当中有哪些比较深刻的读者故事？您又跟哪些作家、学者有过交往和交流？能否谈谈跟他们的交往故事以及对他们的印象？

孙清：的确是通过书结缘了不少读者，慢慢成为朋友，产生很多互动。譬如和读者相互邀请去家里参观。年初时我去了一位老读者家里参观，他的藏书让我很吃惊：各种各样的西文书，包括一些签名本，马尔克斯的、托马斯·曼的、小仲马的……他收藏数量大，也很爱护书籍，把书包装好放在柜子里锁起来。还有位老读者余老师，她很热爱先锋，很支持老钱，我们也常见面。之前先锋有一个漂流书的计划，把书放在门口供免费阅读，她得知这个计划后，一下子捐来几百本书。类似这样的我和读者产生交集的故事有很多。

作者的话，我比较熟悉和喜欢阿乙老师，也有一些互动。阿乙老师的短篇小说我觉得写得很有力量的，虽然有些比较冷。阿乙老师本人很谦逊随和，跟先锋也很有缘，他和老钱也是好朋友，经常来这边做活动。他前后差不多给我写过三四次明信片，摘录一些他喜爱的诗歌在上面，我自己也写了一首诗给阿乙老师。

我在先锋入职10年的时候，邀请了在先锋认识的几个好朋友去我家做客，一起吃个饭，聊聊书聊聊诗歌。我是10月19号入职先锋的，这10周年，我觉得对我而言很有纪念意义。

许金晶：选择先锋，很大程度上是因为它的独特诗歌氛围。您如何看待诗歌在当代人生活当中的作用？

孙清：不能过分地夸大诗歌的作用，它主要是自我净化。工作生活不如意、情绪波动大的地方，或许不能左右，但读一首诗，跟诗之间产生交流，自我净化，然后再去工作去生活，会有一种很好的效用，这是自己能左右的。

许金晶：能否介绍一下到先锋之后，在中外诗歌作品方面的阅读情况？有没有一些新的进展和变化，有没有一些让您觉得写进您个人生命或者心灵印记的诗人诗作或者诗歌类的书籍？

孙清：诗歌类的书很广大渊博，我对诗歌的喜欢也经历了几个阶段：从开始喜欢民国诗人，然后慢慢发现了里尔克和一些原创性比较高的诗人，像

艾米莉 · 狄金森、曼德尔施塔姆。狄金森对语言、符号的运用十分神奇，对现代性的诗歌影响很大。我特别喜欢曼德尔施塔姆以及他所处的白银时代诗歌群，那时真是人才辈出。

许金晶：在先锋工作的10多年里，有哪些诗歌类的沙龙和活动，让您印象最为深刻？谈谈您在其中扮演的角色以及之于这些沙龙的印象与感悟？

孙清：疫情前先锋活动很多，每年都有几百场。很多活动无论嘉宾和人气质量都非常高。

北岛老师第一次来时很轰动，读者来了一两千人，我们员工都手拉手在前面沙发那儿当“人墙”。北岛老师对先锋的印象很好，后来他几次把香港诗歌节分会场设在先锋，来了好多外国诗人，其中有位美国诗人叫甘德，去年我看到他得了普利策诗歌奖。有次和北岛老师面对面交流，让我印象深刻。那时我的《跬步造句》刚出版，我不知道老钱怎么攒的局，把北岛老师、赵野老师、阿乙老师邀请到了一起，然后我和先锋的十几位同事就得到了这次福利，近距离聆听了一场北岛老师的诗歌课，十分幸运。

我们办的跨年诗歌之夜也非常成功，上半场20个诗人轮流去诵读自己的诗歌，下半场读者自由发挥，大家一起度过一个不眠之夜。

许金晶：除了读诗之外，您也从事诗歌写作。能否谈谈诗歌阅读与诗歌写作有哪些不同？诗歌写作在您的工作生活中的位置、角色与作用如何？

孙清：阅读诗歌跟写作诗歌不一样的地方很多的。读诗是作为旁观者觉得好看、好美，和诗人的诗句产生共情；写诗想的东西很多，从诗歌的结构、节奏、措辞到对意境的营造。我之前的诗稿，都被修改得面目全非。看上去篇幅很短的诗稿，一修改两三个小时就过去了，像贾岛的那种“苦吟”，有时也会怕写诗，就是觉得太耗时间了。老家存放了一些过去的诗稿，两个月前回镇江老家，发现了我十六七岁上职校时的诗稿，好多被虫蛀了，水印也都比较严重，像抢救遗产似的把它们保护起来。这个对别人来说不怎么重要，但对我来说却意义重大。它们印证着我曾经热爱的萌动、笨拙的努力和走出困境的渴望。

许金晶：能否介绍一下您的诗集《跬步造句》的写作与出版过程？能否推荐其中一两首个人最喜欢的诗作？

孙清：写作出版可能要有一个合适的契机。那时候微信刚起来，我偶尔在朋友圈发了几首。有一次一个叫远峰的同事离职，我比较感慨，写了首诗叫《致远峰》发到朋友圈里。老钱看到了很惊讶——他知道我写诗，但从来没看过——他觉得那首诗写得很好，就让我把其他的诗都拿给他看。然后他说这么多量应该可以出一本诗集，就是这个机缘。但是出诗集也需要费用，大家想了一个办法，通过众筹的方式让喜欢的读者提前购买。当时2018年，众筹了3万左右，有很多老读者的支持，200多位读者预订了200多本，诗集印了2000册。

书的编辑是于老师，也就是马铃薯兄弟，于老师拿到样稿的时候，90首诗很仔细地看下来，在五六个地方画了圈，表示很喜欢。

《致倾听者》《一个青年茫然的下午》《午夜嫁接于午夜》我个人蛮喜欢的。自我感觉，我的第一本诗集受到了俄国白银时代诗人、里尔克的影响。因为白银时代很多诗人的一个特点就是在一首诗的第一句就爆发出很惊人的力量，我有时候也喜欢用这种力量潜入我的诗的开头。比如《太阳高过我的视线》这首，“太阳高过我的视线，仿佛存在高于一切”。这句话很早之前就蹦出来了，在我脑海中盘旋。当时我觉得如果后面写不出更好的就放着，一直放了两三年。这首诗是讲生存的压力的。《我们年轻的生命易于感知情感的无常》，这首诗也是把有力的话放在第一句。诗集上我标日期的是写得很快的，很多没有标日期的就是修改过很多次的。

许金晶：能否介绍一下加入先锋的12年来，您个人包括在阅读上、心智上和在整个人的生命体验上的一些成长和发展？您个人的成长发展与先锋的成长发展之间，有着怎样的互动关系？

孙清：其实您的这个问题也可以用我上述的回答作为回答，我和阅读、我和读者等都可以作为我和先锋的共同成长的一部分。当然我自己所想要追求的理想的精神状态还远远没有能够达到。

20多年来先锋一直在发展，但也有困境。2013年之前，先锋其实有点默默无闻，当时无论在人流量还是销售额上都没有那么大的名气。2013年、2014年附近像个分水岭，可能跟南京提倡全民阅读有关，也可能跟一些媒体的报道有关。2014年之后，知道先锋的人就比较多了。我觉得老钱更了解先锋的发展困境，他需要跟各种各样的人打交道。

许金晶：您为什么会一直选择在先锋坚守？先锋书店之于您自己生命的意义如何？

孙清：一些刚来先锋工作的小伙伴，可能没有太多的工作经历，刚毕业就来先锋了。我经历过一些，选择先锋的时候，就觉得在很多方面都比较契合，有一种精神上的归属感，这种归属感也是在慢慢加强的。虽然有时也会遇到一些世俗的眼光，也会疲乏，也会遇到瓶颈。先锋这个平台在我的生命中影响很大，我也设想过，如果有一天我离开先锋，还会跟那些朋友有那么多接触吗？其实它营造的不只是一个物理空间，它也是一个精神文化的共同体。

许金晶：对，如果先锋书店没有了，我们再在其他场合相遇，就没有这样的一种感觉。比如我相信再过10年再过20年，我肯定还会记得今年6月10日，我在先锋做过的那场活动，这种和朋友畅聊的情景。（2022年6月10日，许金晶的书《海阔天空：Beyond与我的人生故事》于先锋书店总店举行全国首发式。）

您又如何看待实体书店的衰落现象？在纸质书阅读减少和电商的严重冲击之下，实体书店应该如何求得良性的运营与发展，您个人就此有哪些见解？您又如何看待实体书店未来的发展方向？

孙清：我自己其实也没有多么高明的见解。实体书店虽然衰落，但它也不停地在开，这家店关了，另一家店又起来了。还是有很多人喜欢这个行业，愿意去尝试，政府方面也鼓励。

书店经营方面，复合式的经营是大部分书店的选择。先锋的复合式经营是比较早的，老钱很早就在做文创。我们现在践行的是乡村书店，先锋准备在云南沙溪建一个写作中心，计划邀请一些作家去体验、去写作。沙溪环境很好，盘山公路上去之后，山顶的一大片开阔的平原，是白族人聚居的地方，以前的茶马古道，也是现在保护得比较好的古村落。在酒店住下来之后，到书店有一段距离，交通工具选择很多，其中就可以以马代步。现在沙溪的收益也比较稳定，老钱的眼光还是很好的。经过他的考察，先锋很多项目里最后可能就一两个项目落地，他会很慎重地做出一些选择。

许金晶： 能否谈谈对您人生影响最大的几本书？

孙清： 我不知道最大，但是影响大的有很多。

传记方面，是一本沈从文的传记，开始也提到过。那是一本很普通的书，但沈从文去北京旁听的举动给我的触动很大，我便也做了来南京旁听的决定，后来也一直没有断过学习的想法。沈从文刚到北京时很落魄，但得到很多人支持，他蜗居时郁达夫去看过他，他文章有起色时徐志摩的晨报副刊也给他发表，这鼓舞了我。

小说方面，中学时读的很薄的小册子，海明威的《老人与海》。书里最经典的那句话对我触动也挺大的："人可以被毁灭，但不能被打败。"老师让我们写读后感，我的成了范文，后来写的几篇文章也都被打了高分。我喜欢保留一些旧的东西，当时的作文本都还留着。

诗歌方面，后来随着视野或审美趣味慢慢发生变化，接触到了里尔克的诗歌。里尔克的诗风有一段时间很吸引我。他既用德语写作也用法语写作，他成熟期时用法语写的诗歌，我反反复复看了好多遍，研究他的遣词造句、匠心手法。

文学批评方面，布鲁姆的《西方正典》对我的影响比较大。我觉得布鲁姆除了才华横溢之外，在文笔里也有一种自信和激情。他很博学，他的书给我很多营养，国内出的他的书我几乎快买全了。

我觉得如果喜欢一个东西的话，还是要深入了解，传记文论可以给予很好的帮助。喜欢里尔克的话，里尔克的传记要买过来看一下；喜欢狄金森的话，狄金森传记也要买。不然的话就会停留在浅层次。

许金晶： 作为一位书店人，您如何看待阅读之于人的影响？您最喜欢怎样的阅读方式？

孙清： 不能夸大阅读对人的影响，但它确实是存在的。这种影响是润物细无声的，无形中塑造着性情和人格。

我最理想的阅读方式是在书店忙中偷闲去看，既可以上班也可以阅读，但这很难，总店这边琐碎的事情很多，每天都来很多书，要找书上书理书，没有时间去做跟阅读有关的事情。我喜欢下雨时在自己的书房里看书。下雨的晚上不太想睡觉，听到雨声滴答滴答，去看诗歌，看喜欢的作品，是一件很惬意的事情。

许金晶： 先锋书店其实也是从2013年、2014年开始，知名度越发提升的，不可否认南京乃至整个江苏越来越重视全民阅读也是因素之一。对于政府当下倡导和推行的全民阅读，您如何看待，又认为如何才能实现全民阅读的良性发展？

孙清： 我觉得要社会、学校、家庭、书店共同建立这种意识。而且要从娃娃抓起，先培养阅读的兴趣。我小时候因为语文课好，从而对文字敏感，我就慢慢地走向了更多方向的阅读，除了性格之外，这个背后其实离不开语文老师潜移默化的影响。互动也很重要，譬如讲座。单纯读书可能枯燥，但如果面对面地跟作家交流，会从作家的言语、阅历当中得到很多启发，产生兴趣。线上隔着一层屏幕的互动和线下现场的活动还是不一样，文化空间里的良性循环很重要。学校可以组织讲座，大学自不必说，小学里其实也可以进行。

孙清：先锋书店工作人员，诗歌爱好者。
2018年出版诗集《跬步造句》。

魏明：价格战是对实体书店最大的伤害

在访谈完可一书店创始人钱晓征女士4天之后，迎来万象书坊创始人魏明兄的访谈。虽然已经是老朋友，但跟老魏这样正式地坐下来谈书论书，还是第一次。访谈中最让我感动的，是同样是老朋友的万象店长臻子在一旁从始至终的聆听，以及当年参与我在万象策划的沙龙书友、如今的万象工作者小李彬彬有礼的下班问候。而离开书店之前，又偶遇在万象电影沙龙上认识的书友琦昌。

为什么无论网络多么发达，我们都仍然需要实体书店？最重要的理由，就是它能提供同样热爱阅读的有缘人之间、面对面相遇的无限可能。

2021 年 11 月 24 日晚访谈于万象书坊

访谈整理：陈琦

许金晶：您是在2003年创办万象书坊的，能否介绍一下在此之前的主要人生经历？

魏明：我大学是在合肥工业大学，机电控制专业。

印象中1990年、1991年连续两年开始不分配机关事业单位的工作，1992年是第一年双向选择工作。1992年毕业后，恰逢邓小平南方谈话，我就到了深圳去学习经商，大部分时间是和外资打交道，在深圳的港资厂、台资厂、日资厂都待过。其中，我做过最小的职位是研发，最高的职位是生产车间管理，管一大堆打工仔，总共做了2年左右。虽然只有2年的时间，但我从中积累了极其丰富的商业经验。当时我做电子行业工贸，接触的都是亚洲比较前沿的企业，也见过许多大咖，比如大众电脑的创始人简明仁、宏碁集团的创始人施振荣，这在当时的深圳是很常见的。

1996年到2000年左右，我在广州开厂创业，后来受政策影响，厂倒闭了，我就回南京来了。我家人在南京的出版业有一定的渠道，我就来南京做这个行业了。

我是2001年左右开始做书，自己比较投入，也有点投入过头了。当时我把江苏人民出版社那一点滞销库存的书刨出来卖，主要是《海外中国研究丛书》，主编是刘东。

当时市场几乎没人做学术书籍的批发，唐人图书最早是给江苏一些书店供货。那个年代全国学术书店还蛮多的，印象中南京、镇江、常州、无锡，甚至更远一点，芜湖、黄山都有我们的客户。2000年左右，中国的人文书店比较普遍。我记得当时跑到芜湖的一个小菜场，里面就开了一家卖古籍书的店，叫行者书屋，书摆放得挺整齐，但那个老板后来不做了。20年前，几乎每个大城市、小城市都有不少民营的人文书店，大城市更多一些。

我在做唐人图书前后，做万象书坊之前，2000年左右，在上海复旦大学附近也开过一家书店。当时是上海的一个老师给我介绍了一间店面，加上我认识上海的一个批发商，我们打算合作。虽然我们都没钱，但他能联系到投资的供应商。那家店是我设计装修的，我整理好书架就开店了，但开了一年转给别人接手了。后来，2008年左右，我又开了一家上海万象，开到2012年关掉了。上海的店关掉很可惜，但当时店本身确实不盈利，而且我两头跑，精力也不太跟得上。

许金晶：作为一名工科生，您为什么会想到来办一家书店？万象书坊为什么会选址在南京大学鼓楼校区？书店开业之后的反响如何？当时对于万象书坊的定位、风格和运营方向，有怎样的设想？

魏明：做书店是歪打正着，从个人喜好来讲，我还是比较喜欢开实体店。我天生有空间构想和原生态的修建欲望。当时我看长三角图书批发市场就觉得不满意，觉得很难在里面把店面扩大。

后来，万象书坊之所以选址在南大鼓楼校区这一片，是因为那个年代买书就是以它为中心的。当时除了先锋、万象、南大出版社书店，同期还有很多小书店，大概有六七家也做这种学术书店，有做三联的，有做中华书局的，甚至还有好多旧书店也做一些新书。那个年代书店都集中在这一块，有的在成贤街开的店还要搬到汉口路，因为这里人多。

万象开业就是巅峰，当时的需求量很大，但在战略上，我当时还不太重视。因为整个公司的战略一个是批发，一个是图书馆馆配，我比较看重馆配，主要是给高校馆配。当时指导我的是南大图书馆的领导、老师。当时的馆长也很支持我们，说“唐人就好好做馆配吧”，他还帮我们介绍了很多人。我们到上海做业务，上海图书馆界的领导，都是南京图书馆界的老师介绍的，包括复旦大学、华东师范大学、上海交通大学、上海大学的图书馆，都和我们有业务往来，每年的业绩都不小，少说都有个百八十万。而零售店一天几千块钱不到，加上我个人性格比较内向，不太擅长和人打交道，所以不是太重视零售店。

许金晶：万象书坊尽管一直没有离开南大鼓楼校区，但也经历过几次迁址，能否介绍一下这些迁址背后的故事？迁址背后的书店发展背景与时代变迁大环境是怎样的？

魏明：万象书坊第一次是开在现在鼓楼医院的新大楼处，营业面积是100多平方米；第二次因旧楼拆迁，移至汉口路小学旁边；第三次因房租问题，搬到青岛路33号，营业面积扩大到200多平方米。

前两次迁址其实也没什么，因为当时还没有什么人关注，而且我不是特别专注于这个领域。这也是战略规划得不好，要是早期就专注在零售店上，可能现在万象不是这个情况。最后一次搬迁比较特殊，南大和南京市委宣传部参与得比较多。2015年，我们当时在青岛路的店面房租从22万涨到65万，市委宣传部的领导听说了这件事，就到处帮我们问能不能重新找个地方。后来比较巧，南大的张书记了解到这个情况，他拍板由南大来找。

金银街8号这个地方之前是一个空的办公楼，晚上一片黑。大概早一年我就知道这个位置，我就寻摸着这个房子为什么不租呢？当时张书记和我讲南大前面有个楼要给南大出版社，一楼给你开书店可以吗，我就觉得机会难得。他问我书卖得掉吗，我说没关系，一整层都可以。因为你想如果捆绑南大，书店还是很像模像样的，这是我当时的一个定论。主要是南大校领导认为要搞书店，我相信它不能是太小的那种，所以我当时想要一整层。

后来，因为学校的原因，最终给我们大概三分之一不到的地方，实际我们当初设计的规模还要更大一点。开业是会有各种各样的磨炼，2016年开业，弄了大半年，构建了整个新空间，对这边的景观改造也非常大。我们做成了以后，从长远看，这儿成了一个文化地标，上面是出版社，底下是书店，前面是一条很漂亮的马路，路灯也很好。

书店的起点很高，我希望它是按照我的设想来设计的。虽然我不是专职干设计的，但就是有这么个爱好。书店整体的设计，其实我不仅是全程参与，几乎都是自己画图。我和张雷在他的设计工作室，大概用了一个星期的时间，几乎每天下午都在讨论方案。我当时比较自信、强势，人家讲什么我也不听。其实后来发现这样不太好，我自己很外行，还给张雷留下一个非常不好的印象。

我当时是想搞一个比较大的空间，来做一个立体化、平面也丰富的书店。虽然自己没有太多遗憾，但因为我本身不是干这个的，很多细节粗看还可以，放大看就不行。当时我们一没时间，二没专业的人，经费还有问题。设计图找人报价，起步估计没个500万是装修不下来的，至少要300万。后来只好自己弄，最后花了200万不到，要不然估计就算把所有现金都投进去，也干不了。我做这个店基本上是倾家荡产，从个人角度来讲，是很不理智的。

其实，我最后发现书店这个阵地，只能在零售，但早期我没发觉，误判了形势。从长远看，图书行业当中的发行，尤其是民营发行行业，不掌握行业的核心资源，即生产资料，是很难有所依靠的。生产资料最后能剩的那点骨头，可能就是人力。现在整体上这个行业当中，人的构建也很少，但它还是留出来一块。

但凡认识一些做书店的老板，你都会发现其中会有个性化的人的因素，而不是资本的因素。如果讲资本，主要是新华书店和一些连锁书店，它们就是资本的力量，而且资本的力量整体上还是很强大的。在这个行业当中，资本应该控制了九成以上，甚至更高。这是我当年没想到的，如果知道资本最终会搞成这样，早就脱手了。民营出版公司大部分被资本收购了，但民营发行公司几乎没有。

南京好像只有大众书局，是民营和资本的结合。目前民营书店纯粹和资本共进退的成功案例也很少，要么就是天生的资本，一开始就准备烧钱。实际上，民营书店的生命力，最后就是靠经营者那边人的因素，比方有人文的人脉、情怀，类似于作家朋友多，圈子的认可度高，选书选得好，店面设计得好，是有不同派系的。这当中会存在一些有优势的人的资源，在现在这个年代，可能是有的人活动搞得好，有的人设计搞得好，有的人营销搞得好，还有人是搞传媒过来的，有媒体的资源。

每个人有每个人的不同，现在活下来的实体店主要是靠老板的个人能力，或是积累的人脉。有的店已经形成了很强的人脉，往往大部分城市都有一些独有的人脉“寡头”，比如南京的先锋。其实每个城市都会有一两个，第一个往往更容易活下来，而且一个地域圈往往只能养一个，你想北京也就只有一个万圣书园。后来也有很多从独立人文书店培养出来的老板。比如，朗朗书房、贝贝特的创始人呼延华，后浪的创始人吴兴元。当时还有很多人创立了很多书店，但都开了两三年就倒闭了，现在就更难开了。从传播书的角度来讲，怎么这么大的一个顶级文化城市，却只能养活一两家书店，只能说它的商业模式太奇特了。

北京前十名的书店都不敢说活得好，不是说能够获利，就是平稳度过

10年都不得了。第一名可能可以实现，因为它有一定的保护资源，第二名都不敢讲。你看前几年“言几又”在北京发展得还算比较好，它是一个资本连锁，但有些东西是要靠时间的。比方讲租房子，如果追求快肯定不能像我们这样，和一个学校慢慢磨，这是做不动的。如果“言几又”在南京，它拿不到颐和路、拿不到总统府的地，因为它是快进快出的，没有这个地方的人脉资源。你在这个地方至少要深耕10年、15年，从认识一些小领导到认识一些大领导，慢慢才能吃得开，而这仅凭资本操作是做不到的。

许金晶：作为万象的创始人，您对书店的影响，主要体现在哪些方面？尤其最近几年，您也很少到书店来，您是如何管理书店的？

魏明：我不来书店不等于我不管，其实细枝末节我都知道。实际上书店的定位还蛮清晰的，我们在中国开这样的店，定位就是把中国的好书收回来，所谓的好书就是你认为他写的算是能够长期看、有点营养的。

中国有很多有营养的书，我作为一个书商，应该选到这些书，把它们放在一起，然后培养像你这样的客户群。很多人不一定像你是“书虫”级别的，而是刚入门，比方讲一个小年轻，十八九岁，然后也想看看经典著作、课外书，那我可以给他提供一个地方。当然网上是一个渠道，但网上选购和推荐的方式没有那种感觉。像你是有精确的推动点，但很多人还是门外汉，他对某方面的书感兴趣，比如历史，但他看的可能都是杂牌历史、野史。那我帮他找些正牌的，比如北大的、三联的。线上当然可以搜索到，但线下可以直接翻书，光翻一次他就知道了。这是我们的初衷，因为我认为人群当中存在这样的客户群，而且这和我的经商理念、能力、性格、气质都是搭的。人家看我一个理工科的人怎么会开书店，其实我觉得并不排斥。

许金晶：这也是我想问的一个问题，您作为一个工科生，是如何培养对人文社科、学术精品这类书的趣味和品位的？

魏明：我对这些书的品位很一般，兴趣就更谈不上。你看过的书，我知道一二就了不得了，大部分都没看过，只是我觉得这些书好。看书和卖书是两个概念，我的工作主要是选书摆在这儿卖，以及给大家提供一个讨论聊天的空间。

选书主要是靠通识，你不能认为一个工科生没有基本常识，好的工科生文科基础都不差。我自认为我的地理和历史比一般人好得多，当然不如专业人才，但和普通人谈，我没有差的。就是你具备一些常识，至于你要专门学，又是另外一个概念。我一看你看哪种书，就会有数。比如，看中国历史的书，你看《史记》和看野史，就不是一个等级的。

而且我本人的长处恰恰应该是经营书店的，因为我本身是商业的老手，从20岁开始就一直在经商，有很强的细节化管理的观念。我虽然不是学计算机的，但我后来的实操全部都是数据化、代码化。实际上，很多前沿的企业不一定是科技型，但创始人都是工科出身的，甚至是写程序的。我认为商业的逻辑，更多来自人类智慧当中的顶层——数学逻辑。所以，我觉得我刚好应该是经营书店，因为经营书店的人需要具备很强的数学逻辑。

我在外资企业，人家看重我的，是我对新生事物的理解能力超出一般人，大部分属于机器思考方面。现在经商，我也能看到一种底层的商业逻辑。这种思考方法和文学表达不一样，文学表达往往是具有感性认识度，它所使用的词汇会激起你的情绪，诱导我们互相之间的共情。而像我这种工科生，我会考虑这件事合不合理，会不会遇到什么其他的路径。我认为适合，就是你有没有看到这个行业当中精细化要求的最高水准。当你看到的时候，你会觉得这些用在管理上是非常棒的。

许金晶：书店是提供读者与文化人之间互动交流的上佳空间。创办万象的18年间，您印象当中有哪些比较深刻的读者故事？您又和哪些作家、学者、艺术家有过交往和交流？

臻子店长：南大文学院的童岭老师，他给我们讲过他在学生时代和万象的故事。有一次，他找出了一张二〇〇几年在万象的购书小票，夹在书里面都快褪色了。还有他曾经在日本读研，有一门课的研究课题，需要海外中国相关的书，因为全班都需要，就联系了当时万象在青岛路上的店，正好万象有，就帮他备了一套，邮寄到日本去。当时也没有要立即付款，后来是老师的父亲过来交的钱。

魏明： 当年我们邮政发日本就没少发，因为南大不少老师都有日本留学的经历。20年前，邮书到国外很常见，美国、日本、韩国、新加坡、马来西亚，我们都邮过书。

认识作家，还是认识一些。但很惭愧，因为我个人的缺陷，一个是内向，还有一个是不太具备语言的天赋，所以和作家的交往都不是很深入。因为作家的强项是语言、文字，他们对语言、文字的来源有一些审美，像念《诗经》一样，但这一点我比较缺失。我的文字更多来自英文和计算机语言，更逻辑化。两种表达，一种比较雅致，一种比较生硬，双方没有太多共鸣的东西。所以很遗憾，不是说没有认识作家，但都聊得不太深。我自己丝毫不敢尝试文学的写作，虽然我知道很多开书店的人会写东西。我大部分空闲时间，会更多地看其他学科的书，而不是文学。我从小就不是这方面的料，我从小就爱好搞发明创造。

许金晶： 能否谈谈现今万象书坊在空间布局与设计、书店定位与运营模式以及社会效益和文化贡献等方面的考虑？

魏明： 这个很清晰，大概500平方米的店，三分之一的地方摆满了书，而且我认为这个书是要更满，书店是要有足够的钱去挣个眼球的。现在之所以很多民营书店，你感觉它经营不行，从商业的角度来讲，是因为民营书店做供应链是非常困难的，几乎是做一个死一个。最后慢慢卖不动，流转不动，老的书死了，新的书也进不来，这是大部分民营书店的一个痛点。

而我们在学校边上，必须和南京、南大的气质接近。因为门店不是纯内容销售，它是一个情景销售。比如你刚好和朋友来，然后朋友和你讲这个店感觉很舒服，那你也会觉得很舒服。书店更多是情景消费，不一定非要转到正好找到想要的那本书，还没到那么极致，而且现在专业人士淘书不成问题。你想要一本书，如果这个书店没有，基本线上都能找到，当当、淘宝、孔夫子，有很多渠道。

我们当年刚开始做书店的时候，卖家具备信息流和物流的优势，具备和买家的强不对称。买家当时没有什么信息渠道，主要就是看书店出什么新书。我记得在2000年左右，很多买家热衷于穿书店，今天去这家，明天去那家，一个星期大概要穿四五家，就为了找哪家有新书，所以他们对书店有一种信息流的依赖。商家还巧妙地掌控了物流，比方我们早年是铁路，后来有人转到汽运，甚至有人做快递，早年连锁的时候还可以从批发市场上直接配送。在互联网之前，书店作为商家，这个优势是存在的。

慢慢到了2008年，网店井喷，我记得是上海世博会，2010年之后，网店对实体店的打击很大。你作为一个买家，你觉得实体店干什么都不行。你不是在我家门口，下楼就能拿到一本书，没到这个程度，我都不想去。慢慢心里面也很失落，实际上那个时候大部分实体店都是观光店，能够撑下来的各有各的原因。我后来仔细分析过，2012年左右开始，关键到2018年，能够活下来的那些书店，每个店都有自己的故事，绝不是一般的、常态性的，不是这个老板懂点书就行，不是那么简单的事。

许金晶：现在实体书店也呈现出大幅衰落的趋势。在纸质书阅读减少和电商的严重冲击之下，您认为实体书店如何才能求得一个良性的运营和发展？

魏明：我觉得核心难点是整个环境对实体书店没有长久的资金支持。包括我们的从业人员，所有的员工、经营者，大家都会在想这个社会有什么东西来钱来得快。然后你在我这儿得到的答案都是负面的，那么自然从长远来讲，持续性就做不到。我们最大的一个悲哀，我十几年前就讲，如果我们当时从业者中还留下一些比较好的经营者，头脑好的、学历高的，再过个10年、20年，这个行业应该是可以传递下来的。但现在我们请雇员，实际上都请不到什么人。

为什么会这样？因为整个社会太激进，太走短线了。没有短线大家都会放弃，不放弃的人越来越少，这个和10年、20年前是不太一样的。20年前还是遍地开花，甚至还听过一些类似“小而美”的词汇。其实“小而美”从商业来讲基本上是不成立的，尤其在中国。其实在国外也是，国外只是没有这么大的资源垄断和倾轧，所以自然形成了一些团块性的成果。

我们中国有非常集中的制度管理、资源管理。出版的这一条线，我们当年还有很多出版公司，现在大部分都被收购光了。从投资的角度来讲，一个企业真正的良性发展，是一个人领头做了这个行当，之后会有很多人跟投。其实像我苦心经营20年这样的企业，在南京还算不错。但这么大个城市，有将近1000万的人口，如果还是进不来一个投资商，就会造成青黄不接。因为我总有一天会把书店转交给一个投资商，或者他更愿意做这个行业，更可能传承下去。但现在国内大部分的资本，还是比较集中的。但凡资本市场，包括公共资产私募，不出现这种垄断，都会好很多。

我以前在厂里干，整体上感受到很多企业它不求短利，不仅仅是利润的“利”，更是什么事情的规划都不是一个月、一天两天，而是5年、10年。而现在我们的公司一般准备谈判的时间是6个月，谈完了以后找人去学习大概6个月，引进来安装一年，然后大概在第三年就准备开工，太急功近利了。

许金晶：对于万象书坊未来的发展方向，您有着怎样的规划与设想？

魏明：万象以后怎么做，简单来说，如果资金比较充裕，它肯定能做得很大。这个资金不需要多充裕，其实现在很多书店得到的扶持还是不够的，能达到先锋这样的级别，毕竟是少数。

比如，万象未来希望实现南大给我们免租。现在还不是免租，一年还要收不少费用，这个费用对我们来说是蛮大的开支。南大也希望我们能够比较持久性的运营下去，所以就要考量投资稳定性。像我们这种行业是要拿钱养的，不说它是特别高雅的东西，但至少是一种文化的细胞、一个城市的基础细胞。从钱和资本的角度来看，真的是要有像我这样的经营者的同时，还要有一些小钱来养的。

许金晶：同为南京书店人，您和其他书店的创始人之间，有着怎样的交流与互动，您怎么看待他们做的一些事情？

魏明：整体上都不太一样，这些人无论是经商，还是个人经历，其实都是历经沧桑、百折不挠。他们各有各的优势，各有各的难处，有现在活得很好的，也有现在活得很不好的，不能一概而论。

我认为一个社会，要允许很多不同业态的存在。就我们这个行业而言，类似这么狭窄的人文书店，也要允许几个城市、允许三五家都活得很好。每个人都有一定的腾挪空间，有的人偏向于艺术，有的人偏向于社科，各有千秋，不要搞成一个人做得好，然后大家都模仿他。现在难就难在整体上发挥空间太小，确实资源都在收缩。

许金晶： 不只是书店，整个出版也在收缩，读者也在收缩，我们的精神文化空间也在收缩。

魏明： 但这点我还是比较乐观的，我觉得我们现在的物质，已经具备了可以启发民智的基础。我们年轻的时候，可能买书算是一个不太会去考虑的东西。因为那时买书不易，你去逛书店，不像现在网上这么方便，对你来说是有成本的。我在香港待过，香港书店就算那么多，去买书都是一个很大的成本，因为你要花时间去逛，我觉得有那个逛的时间不如待着。我当时在元朗，元朗那边没书店，从元朗到香港要跨新界，然后坐地铁要一个多小时。你在那样的一个大都市，还是很难去到想去的书店，但现在有互联网，20年前你是不敢奢望这样的事的。不说别的，我们现在的快递基本上都可以送到乡村，我敢说你丝毫不会怀疑一个乡村里喜欢书的人买了一堆书放在家里，因为他的经济条件和获得能力，都比以前不知道高了多少层。现在说乡村或一个相对比较落后的地方，有人一个月买了一两百块钱的书，是很正常的。

这些人现在来说，算是一个增长的客户群，这也是为什么现在互联网还在往前增长，因为我们还没有把整体消费完全升级。老百姓不是说不愿意花钱买这种文化消费，而是还没到那个级别。你从现在出版社很多单品的印数，能看出来现在整体的出货量比较大，超过了5年前，因为信息和物流更畅通、成本更低。包括现在的抖音、拼多多这类平台，下沉到很低。现在老太太都有买书的，放在过去可能会觉得有人要忽悠她。当然这些人可能不一定和我们特别相关，但这个整体，对我们来讲具有一定的破坏性，因为更多有才能的人去钻研直播了。

当然，对我们来说，伤害最大的还是价格战。价格战对我们伤害到什么程度，它变成一种只有资本，甚至是资本都收购不到的一种商品，这是最糟糕的。现在有人想我要做书，那怎么办，先赔钱，把别人都收购完。这也是现在大部分实体店会遇到的问题，整个实体店的产品价格越来越低，主要是受资本收购的影响。包括直播带货都是被大V收购的，找人带货，即使带得不多，但给人家的折扣至少是5折。出版社卖5折，出版社给当当估计就是两三折，大V还要收当当的钱。但出版社卖3折，发行一定不要干，像我们书店就不要干。

我们经常听到一些出版社，领导说这个书好，人家一出手印10万册，我们怎么5万册还卖不掉，然后发现要找人带货。而我们一家书店能卖多少，一天，甚至一个月才卖10本，人家做一个直播一天就卖了1000本、2000本。其实这些书卖得是很不挣钱的，而且它还占用了我们的日常资源，客户群都认为这就是一个5折书。在当当、在直播平台、在上海世纪旗舰店买书，你都觉得5折不稀奇，后浪几乎全平台都是5折，大家都认为98块钱的书就应该49块钱拿到。这个对我们是很大的伤害，对市场也是很大的伤害，你让我们要么不挣钱，要么就赔钱和你玩。但我们是拿这个当事业的人，不是今天投了一笔钱，明天撤了，别的池子还能撤点，我们不是资本家。电商主要是靠引流，他今天可以引这个，明天不高兴可以引那个。但我们是陪他玩，他卖5折，我们也得卖5折，这是对市场最大的伤害。

许金晶：在这样一种环境下，作为一位资深书店人，您怎样看待阅读对一个人的影响？

魏明：这就是在谈另外一个话题，书店其实对一个人的影响不是特别重，阅读更多的还是和一个人的悟性、认知相关。很多人学习的时候，他有悟性，他就会看一些更好的、更深的书。

许金晶：作为一个书店人，您现在还有每天固定的阅读时间吗？

魏明：完全没有，从另外一个角度，对我们店经营的书的品种来讲，大部分我也不太看得进去。文学就更不用说，我天生对文学有点过敏，我小时候看《围城》都看不下去。我10来岁的时候知道这样的书，人家都是越看越爽，而我是翻10多页就睡着了。

我现在不太看纸质书，因为移动办公居多，大部分时间是用手机看电子书。

许金晶：这几年江苏也是全民阅读的一个先行省份，您如何看待政府倡导推行的全民阅读？

魏明：这个大方向肯定是好的，小方向我也不太懂。我是倡导的，只不过每个人的倡导方法不一样。

许金晶：您是一个和书紧密相关的人，能否谈谈对自己的人生影响最大的几本书？

魏明：其实我看书蛮杂的，“走向未来”“汉译名著”“海外中国”“海外汉学”的一些书，我在三十几岁时都看过。印象比较深刻的是《洪业：清朝开国史》，我当时看得很过瘾，就像看小说一样。虽然它是学术书，但并不枯燥。《儒教与道教》我看得也蛮勤的，后来才知道韦伯还有一本更有名的《新教伦理与资本主义精神》。那个时候其实和做书没关系，就是我自己喜欢看这些东西。你要说这些书对我有没有影响？有，但它们可能对我做生意倒没什么用。《新教伦理与资本主义精神》我自己都不卖，因为它版本太多。

我还看过勒庞的《乌合之众：大众心理研究》，读完你会发现原来社会是这么黑暗。我看的是比中央编译局还早的那个版本。

那个年代，我印象比较深的还有哈耶克的自由主义思想。我们那个年代，自由主义还是比较流行的。

我不是学文科出身的，所以我不太在乎书的学术正确与否，主要是把它当拓展认知看。但其实文化就是需要各种各样的人去解读它，你不能说顶尖大师解读算一派，其他人就不用看了，我认为每个人都需要具备一些常识。

我刚开始做书的时候，“海外汉学”全部通看了。因为我看“走向未来”，看“海外汉学”就是顺道的事，看得都蛮爽的。但有一些书不太好看，太老派了。我记得“海外中国”的第一本《中国的现代化》，我就不太看得下去，我觉得最好看的是《义和团运动的起源》《洪业：清朝开国史》。还有《蒙元入侵前夜的中国日常生活》，其笔锋一点不亚于现在特别流行的黄仁宇的《万历十五年》。其实我是当小说看的，它后面注释非常多，搞学问的都是这样的。我还有一种感受，就是近10年来，这种书不多了。

许金晶：不只是中国，美国也是这样，整个学术越来越体制化，越来越项目化了。以前那个时代，那些大家都不受学科限制的。而现在青年一代的学者，外语很好、专业很好，但是他越来越聚焦、越来越窄化。“君子不器”的那种大家越来越少了，慢慢地大家都凋零了，一个时代就过去了。

魏明：万象书坊创始人，民营书店一路荆棘的见证及实践者。

阅读推广人

徐雁：个体阅读与人类社会进步密不可分

葛继彬：身体力行，至生不渝

谢欢：普通读书人是“书香南京”的坚实基础

徐力：为公众提供“接地气”的阅读服务

刘奇：生于先锋，共读诗意

徐雁：个体阅读与人类社会进步密不可分

徐雁老师是国内最重要的阅读学研究者和最资深的阅读推广人之一，也是早在北大求学期间就创办学术社团——学海社，风华正茂于20世纪80年代的北大优秀学长。早在2017年，我的第二本书《领读中国》出版之前，就曾因邀请徐老师为本书撰写推荐序而结缘，后来徐老师又成为我创办的北大南京校友读书会开场沙龙的分享嘉宾和群学书院阅读主题沙龙的对谈嘉宾。要聊南京的阅读史与阅读推广史，徐雁老师绝对是绕不过去的一位重要人物，而这篇书面访谈，或许也足以让我们管窥他与南京乃至中国阅读的深厚渊源。

形式：书面访谈

访谈整理：沈飞地

许金晶：首先，能否介绍一下您的主要人生经历？是什么样的机缘，让您成为一位酷爱读书的人？在正式从事阅读研究与阅读推广工作之前，您在北大、国家教委和南京大学出版社各自的工作经历，对您日后的阅读研究与阅读推广工作，产生了哪些影响？

徐雁：1963年9月1日，生肖属“兔”的我，出生在位于江苏吴县（今属苏州市高新区）的光福镇卫生院里。这是一方赢得过“人间天堂”之称的江南福地，古来就有“鱼米之乡”的美名，尽管我的投胎所在，只是东渚乡玉屏山麓的一个偏僻村落。

幸运的是，在学前时期，是由在当地做“耕读小学”教师的爷爷给我启的蒙。记得他老人家用手指拨拉着，教我辨识即将入罐熬制的中草药名字，奶奶牵着我的手走进她精心拾掇的菜园子，还有农闲时厅堂内大哥哥大姐姐们的诵读声，老屋前路亭里来往人等的吴音乡谈……那“无字书”和“有字书”，就这样在我的童年生活中不经意地展开。大概到5岁时能握笔写字了，爷爷就手把手地指点我，用一支短粗铅笔和一页练习簿，完成了给在太仓工作的双亲写的第一封“平安家书”的任务，虽然只有歪歪扭扭的几十个方块汉字。

等到来年春，祖孙三代7口人团聚在太仓县沙溪镇张家园，入住在那个已被没收充公的陆京士豪华别墅的门房里，我也到了该上小学的年龄。随后在老师的教导和家长的督促之下，从诵读“老三篇”（《纪念白求恩》《为人民服务》《愚公移山》）开始，学习起语文来。

与中国内地出生的同龄人一样，我的童年和少年时代，都落在了“文革”岁月里，那是一个“书荒岁月”。所幸，在家庭亲长和学校教师们的引导下，我逐渐培养了想看书、爱读书的优良习惯。

沙溪镇上有一家不失气派的新华书店，上学、放学时都打着照面。不久，听到语文老师夸奖同班的浦同学用零花钱买了本“怎样学语文”的小册子，我随后便去到那里也买了一册，这是我自主购买的第一本书。

在沙溪公社小学和直塘中学阶段，《唐宋词一百首》《西游记》《红楼梦》以及《艺海拾贝》《鲁滨逊漂流记》《苦菜花》《金光大道》《青春之歌》等文学作品，还有《解放日报》的副刊《朝花》和《人民文学》杂志等，都曾给我留下过较为深刻的印象。

1980年秋，我以第一志愿考取了北京大学图书馆学系，录取通知书终于到达时，我父母亲的同事们几乎都是这么来表达庆贺的：“这下好了，你家儿子今后再不用花钱买书了，将来全国各地的图书馆都有他的同学、同行了！”带着亲朋的祝福北上，从此伴随着“思想解放”和“改革开放”的时代步伐，我得以进入了一个较能随心所欲读好书的知识天地里。

北京大学图书馆及图书馆学系的资料室、新华书店和中国书店门市部，以及各种新书市、旧书摊等，都曾深深地吸引我驻足流连。在母校北京大学图书馆的开架阅览室里，面对书山学海，我努力满足着自己对知识的渴求，不断拓展着自己的人文视野；在燕园大饭厅前的小树林里，我与学长学姐们挨着挤着挑拣着海淀中国书店的师傅们摆卖的各种旧书，时常弄得双手满尘……饮水思源，那“朝内大街一六六号”院西三联读者服务部的样子在我脑海里再次浮现出来，我不由得深深感谢三联书店所曾给予我的图书美学启蒙和图书文化哺育；在北京潘家园旧书市场，当朔风中斜阳落山，我手提肩扛地把淘来的旧书刊运回宾馆，脸上满是疲惫的笑意……

在读过的这些书当中，《上尉的女儿》《茶花女》《基督山伯爵》《啼笑因缘》《子夜》《城南旧事》《围城》《书剑恩仇录》等中外小说，让我爱不释手。至于关涉专业方面的，则有《楹联丛话》《书目答问》《藏书纪事诗》《书林清话》《晦庵书话》《榆下说书》及《中国书史简编》等，还有时常浏览的《书林》《读书》和《博览群书》之类的杂志，在今天仍能忆起。

燕园岁月，我的阅读从“非借不能读”逐渐改变为“非淘不能读”的状态。这种以自我兴趣和个人爱好为导向的阅读，让我有了书海遨游的大致目标和书林漫步的基本地图，不致方向过于迷失而走弯路。亦可见我的阅读爱好，较早地偏爱到了文、史方面，并在那时起就对中国书籍文化史有了研读的兴趣。

毕业前夕，系教务员统计的四年课业成绩表出来时，我发现我的平均成绩不过是在全班的中上游档次，但有一点却让我自己略感欣慰，那就是凡能引起自己兴趣的课程，如“目录学”“文艺书籍目录学”“历史书籍目录学”“中国书史”以及“古籍整理”等课程的成绩，却全部在优秀等级上——我虽“偏科”，但我拥有了对于往后的学术性读写来说至为宝贵的专业偏好。不妨这么说，正是早年以来一直与书为友，才使我在图书评论、中国书籍文化及全民阅读推广领域，有了一定的基础，并能够不断拾级进阶。

1984年7月从北大毕业后，我这个当初志愿学了“图书馆学”然后想到图书馆去工作的专业信徒，却从来没有正式在哪一个具体的图书馆工作过（仅在1983年秋，与本组同学一起到北京师范学院图书馆实习过一个学期），而是到坐落在西单大木仓胡同的国家教育委员会（教育部）机关报到，随后做了几年小公务员。在机关要八小时坐班办公，还有越来越多的外地出差，而机关图书室又乏善可陈，因此，自己想要读点书，查阅一些文献资料，就不得不靠自己在微薄的工资里挤出一点来，精挑细拣地买上几本。

回首在北京求学和工作的9年，于我来说，可是从17岁到26岁这一段非常关键的人生时段。如果有人要问，这九年于我人生意义何在的话，那么回答只有一个：是北大和北京的文教氛围，让我从一个爱读书的人，蝶变成了一个爱书的人。

1989年秋，我在主任科员任上，申请调离国家教育委员会（教育部）机关到南京大学从事业务工作，随后在南京大学出版社做图书编辑，在南京大学中国思想家研究中心任副主任、编审。至2002年夏，再调至信息管理系（现为信息管理学院）任教授，兼硕士、博士研究生导师。接下来的故事，就要从南京说起了。

许金晶：作为在南京生活了数十年的新南京人，能否以您个人的亲身经历，介绍一下南京改革开放以来阅读氛围和环境的变化？您所亲历的南京数十年来的读书文化生活中，有哪些让您印象特别深刻的事情？能否为我们一一介绍？

徐雁：回忆南都书事，也可说是我的所谓“雁斋”，从北京的无形而成为南京的有形，且经多种形态的演变，终于长成了当下“雁斋山居”之模样的全部历程。

大凡读过我先后出版的一些随笔集的朋友，一定会注意到，几乎每篇文章的最末一行，我都会有写作完成的日期，时或还注明了写作的地点。那些作文地点，无论是我的《秋禾书话》《雁斋书灯录》等书中所谓的“中国人民大学红楼”“北京西城灰楼”“京西雁斋”“南京大学桃园南楼”“南京鼓楼四条巷雁斋”，还是《书房文影》《开卷余怀》及《书来话多》等书里的“金陵江淮雁斋”，其实都多少有点儿“故事”，且容我就“雁斋”这个书房名的缘起及其先后的几个地点来说说。

“雁斋”的命名，缘起于我在北京大学求学期间，偶然在家乡太仓置得的一枚藏书印章。我最初的一批藏书，如在北大将毕业时终于得到的《晦庵书话》等，都曾用此图章一一钤印——它成为我生命中的一个重要年轮。尽管那时的所谓“雁斋”，仅仅是若干个胡乱堆叠的纸书箱而已。

1980年代末，携妇将雏来到人地两生的南京大学，才终于有了一个9平方米的栖身之地，在北京的2000多册藏书也被装进我租用的一只五吨集装箱一同抵宁。就是这小小的9平方米，便成了首次赋形的“雁斋”。

我藏书于楼道，读写于斗室，由于夜间持续工作时间过长，台灯上的塑料罩老化得也特别快，以至于连续用坏了两台。但在此期间，我的生活和心灵却感到前所未有的充实，“雁斋”的“读书灯”，几乎成为我所在的桃园南楼的“标志灯”……《秋禾书话》和《中国读书大辞典》两部书，就是在这样良好的心态和艰苦的环境中，先后编定问世的。

我们一家三口在这只有一间小屋子的所谓“雁斋”里，住了将近4年。1992年春，我幸运地因业务职称被破格评为副编审，而获得了搬迁到大小两室套房的待遇。这套房子位于鼓楼四条巷南大十七舍的顶层。这就是所谓的“鼓楼四条巷雁斋”。

我在14平方米的“大屋”中，用两个书橱间隔出一个5平方米左右的“单间”，临窗置一个写字台（台面上左右各搁置四层小书架一只，可容纳常用图书240册上下），写字台旁边再站立着一个书橱……为了节省空间，也为了使常用图书历历在目，以便随时取用，我别出心裁地于搁置在写字台面两侧的左右书架上，再架起了两层搁板（这样又可多摆列60余册图书）。这样，却使整个房间采光严重不足，就是在白天也常常要开灯读写，以补目力……我在这样一个“雁斋”里，新撰了《秋禾书话》的续编《书房文影》，写作了《南京的书香》，编定了《中华读书课程》。

20世纪末，跟随南大教工宿舍搬迁至河西，在老南京人的心目中，这“河西”特指秦淮河之西，而“河东”就是六朝金粉之地了。殊不知，这“河西”同时也就是扬子江东岸与秦淮河西岸的狭长湿地，原非宜人之居。但如今，普及了钢筋混凝土造就的高层建筑技术，听说也就不以为意了。

于我而言，最为企盼的事便是营建“新雁斋”了——入住龙江小区阳光广场高教公寓的十一楼以后，我便把西屋一间称为“江淮雁斋”。除了立即设计并定做11个顶天立地的大书橱以外，还请得著名篆刻家、乡前辈马士达教授书得“风檐展书读”五字，并专请钤上“读书乐”印，从此成为我雁斋的一大景观，来访的朋友没有不欣然在此匾下留影的。

我以此书斋为名，出版过一部《江淮雁斋读书志》（岳麓书社2010年版）。该书分为“文献史读解”“古欢陈香”“旧书文化随札”三辑；一本《雁斋书事录》（南京师范大学出版社2008年版），这是一部贯彻“天地阅览室，万物皆书卷”（叶圣陶诗句）主旨的行旅随笔集。随后又在该社出版了一部《秋禾行旅记》。

因多年前，南京大学校本部已从鼓楼区搬迁到位于栖霞区的仙林校区，为教学、科研之便，我也于2018年元旦前夕再度迁入南大和园小区之所谓“雁斋山居”。

尽管10余年来，已先后随缘给宁波天一阁博物馆、腾冲市和顺图书馆、张掖市图书馆及家乡太仓市图书馆、故乡靖江市图书馆等，送出了自己所著、所编辑的冗余书籍数千册，但仍有1万余册书籍需要搬迁。结果是，搬家车来来回回走了七八趟，花费近万元，才终于把“江淮雁斋”全部移送到了“雁斋山居”。

所谓“雁斋山居”，为和园小区内一幢四联排别墅之西边户，位于桂山之麓，地上三层外，地下还有一层。在装修伊始，即规划了基本布局，是以二楼上20多平方米的大南间为书房，10多平方米的北间为书库，不料所有藏书仍然无法尽居于书房及书库之中，只得延展到了负一层的地库。为此，我添购了一台抽湿机，供阴雨天和黄梅时节启用。

尽管藏书至今仍未井然有序，但书籍的分类及其空间归属却已基本明晰。大抵二楼书房呈L型的两壁新书橱，按照中国历史顺序，依次收藏从先秦以讫清末间的文史书籍，我把"从孔夫子到孙中山"的200余册《中国思想家评传丛书》也拆开分置于其中。北屋书库，安放了从江淮雁斋搬迁过来的9个老书橱，分别庋藏的是有关北京、上海及江、浙地区的地理、历史、文化类书籍。

在一层的客厅及餐厅，不得已也布置了大小书架五六个，可摆放近千册有关中国书文化主题的书籍。至于地库之中，则是文史工具书、人物传记、游记及各地乡土书籍、艺文杂著的天地，自然还包括了满满一橱外国文史方面的书籍。

除了若干篇文章外，《越踪集》（浙江古籍出版社2018年版）及《转益集》（文汇出版社2019年版）两书，就是我在这雁斋山居里编选成书的。

以上为我之"雁斋"沿革，另有一件相关的趣事值得一记。

1989年刚刚抵宁，正在安置藏书之时，南京市工人文化宫与白下区图书馆，联合新华书店、古籍书店等单位，举办了南京历史上第一次"金陵个人藏书状元"大赛。说是"大赛"，其实参与者只不过数十人，因为当日的城市人住房小、收入低，自己花钱买书看，已是一件颇为奢靡的事，更不必说藏书了。在南大图书馆一楼大厅里，我偶然看见了这张招贴，同家人笑说，想不到藏书在500册以上（不含连环画书和通行的文艺性期刊）的就有资格报名了。家母闻言，即大力鼓励我也去参与。据说因为我的藏书与同年龄段申报者相比数量稍"大"，而且讨巧的是，因我当时已有若干文章在报刊上发表，属于所谓"善用藏书，成果突出者"，而有幸中选为10个"金陵藏书状元"中排名较后的一个。

许金晶： 您是本书访谈对象里少有的集读书、编书、写书、评书、荐书、讲书等于一体的资深人士，能否介绍一下您围绕书展开的这些不同活动之间的异同与心得以及这些活动彼此之间的关联？

徐雁：老一辈学者在介绍自己的治学经验时，喜说“六经皆史”“左图右史”“文史兼治”，以及“读书读皮，读报读题”等等，其实都是他们从更老一辈学人那里得来的高见，这些阅读观和治学观让我深受启发。因此，我在观书做学问时，也是由“文”入“史”，努力兼收并蓄文、史之书，尽量“博览”自己感兴趣并能多少读一点的“杂书”。

我服膺所谓的“一本书主义”。即在读到一部自己感兴趣的书之后，不妨再三阅读，进而为之写作书评、书话文章，提纲挈领地给予推介和分享，从而让自己能够对心仪悦纳的书，进入到“深读—细思—精写”的境界。

为此，我还特别推崇“带扣结网—悬疑解疑”“观其大略—每有会意”“提要钩玄—采矿炼铜”“检视式—SQ3R”读书法及“启屏索知”的数字化阅读理念。在上述读“有字书”之外，我还非常认同著名教育家叶圣陶先生所说“天地阅览室，万物皆书卷”的道理，在行动上则努力追求“读有字书，悟无字理”与“读无字书，悟有字理”相结合的状态。

许金晶：能否介绍一下您数十年来阅读推广方面做的主要工作？是什么支撑您在本职工作之余，投入这么多的时间和精力从事阅读推广？阅读推广工作之于您，最大的意义和乐趣是什么？

徐雁：多年以来，我在全民阅读推广的具体活动中，主要做了理论与实践两方面的工作。其中，“三位一体”方略和“六分法”概念，是我在全民阅读推广中的理论基础。

所谓全民阅读推广工作“三位一体”方略，是指“学习型家庭”“书香校园”“公共图书馆阅读推广”三者的合一，既要各自担当积极作为，又要组合叠加形成合力，才能共同推进全民阅读的社会进程。

“学习型家庭”是构建“书香社会”的文化细胞，是全民阅读推广进程中最重要的社会基础。建设书香家庭，父母必须身体力行地为子女做出榜样，建设学习型家庭。只有学习型的家庭、学习型的父母才能够将全民阅读从娃娃抓起，把全民阅读这个理念落实到千家万户。当然，建设书香家庭，也要重视家庭阅读指导，这样才能让孩子在优良读物的推广工作中得到教育，在家庭阅读指导中得到成长。

“书香校园”建设是全民阅读推广工作中重要且必要的环节。今天的学子在不远的未来将为人父母，假如他们不能在宝贵的专、本科学业阶段，依靠阅读资源丰富的校园环境，把自己从一个应试教育土壤中长成的“考生”及时转型升级为有素质、有学养的“读书人”和“知识分子”，那么在未来他们又将以何才何能来胜任教养儿女的天职呢？

公共图书馆作为一个公共文化服务的重要平台，以其长期积累下来的文献信息资源优势以及丰富的读者工作专业经验，成为社会文化、民众教育的主阵地，也是实践全民阅读活动、营造城乡阅读氛围的中坚力量。

2011年，我在《“书爱众香薰”：全民阅读推广的时代使命》里写过：“经过长达一个多世纪的文献积累和藏书建设，至今图书馆书库中所拥有的用木板、铅印、电脑照相排版等各种方式方法生产出来的书、报、刊巨量文献，是先贤们接力式地层累而形成的巨大精神财富。它们依然是人们获得知识、学识和见识的重要载体，依然是教养人类成长、启迪人们心智的必要工具。因此，积极鼓励和热情指导公众阅读、大力推介和广泛宣传馆藏读物，就成了图书馆工作者的一种任重而道远的时代文化使命。”

而“六分法”理念，则昭示我们要做好分级阅读、分众阅读、分时阅读、分类阅读、分校阅读和分地阅读的全民阅读推广活动。2020年，我与知名教育家、“全民阅读形象代言人”朱永新先生共同主编了《书香中国·全民阅读推广丛书》第二辑，包括6种，即《分级阅读：读物提升幸福》《分众阅读：读物给养头脑》《分类阅读：读物优化气质》《分时阅读：读物愉悦性情》《分地阅读：读物联通文脉》《分校阅读：读物增益才华》。

朱永新先生在本辑总序《我心目中理想的“书香社会”》中的一段话，可以作为对我的“六分法”理念的阐释和评价：“从不同的视角、不同的层面，共同关切着读物对于读者的心智影响，从而在不同程度上深化全民阅读的基本理念，细化全民阅读推广的具体方法。”

从事阅读推广活动，我是经历了一个由校内到校外的发展过程的。因为曾在南大中文系编辑出版专业、文献情报学系（现信息管理学院）教课的关系，我率先关注到的，是大学生在校读书行为的不断弱化。我领衔主编的《书香危言：当代大学生阅读危机干预方略》（安徽教育出版社2023年版），虽然全书只有30余万字，但我撰述的“导论”，附文《读书求知·知行合一·学以致用》《从“开卷观书”到“启屏索知”》，凝结着自20世纪90年代以来，有关“大学生阅读危机”问题的全部思考。

我从事校内外阅读推广活动30余年，其中《最是书香能致远——读物选择与幸福追求》《书香致远：“三位一体”与“六分理念”下的全民阅读推广方略》及近年来倍受欢迎的《读书身健方为福——“阅读疗愈与全民阅读”》，是我在全民阅读推广方面的三个品牌讲座。我会结合自己多年的阅读经验，向读者讲授阅读方法、推介优良读物、传播书香理念。通过介绍中外名人名著的故事，阐述“最是书香能致远，腹有诗书气自华”“人贵有读书求知、明理处世之志”“读有字书，识无字理”及“读书身健方为福，种树开花总是缘”等传统阅读理念，并呼吁听众要注重对中外名著经典、人物传记和古今好书佳作的阅读。

我非常重视自己的书评写作，并为南大学生开设了“书评写作及其理论”的选修课。2007年1月，我在中国图书评论学会首度组织的包括《光明日报》《中国新闻出版报》《中华读书报》《中国出版》《中国图书评论》等27家媒体共同参与的“2006年度十大图书”及“优秀书评作者”联合评选活动中，被评为全国“四位优秀书评作者”之一。

我还参与主编了全民阅读推广方面的系列教材。除了上文提到的书目以外，我与同仁及学生合作主编有《书香中国·全民阅读推广丛书》第一辑及第二辑（共10种）；与宋旅黄、王宗义联合主编了由上海科学技术文献出版社于2017年出版的《全民阅读书香文丛》（共26种）；与崔波、赵普光等人合作主编了由郑州大学出版社于2015年出版的《校园书香阅读文库》（共12

种）等。

谈及我和同行专家及学生在阅读文化与全民阅读推广领域的代表性编著，则主要有“全民阅读推广四书”。所谓“全民阅读推广四书”，包括《中国阅读大辞典》（王余光、徐雁主编，南京大学出版社，2016年）、《全民阅读推广手册》（徐雁、陈亮、江少莉等主编，海天出版社，2011年）、《全民阅读参考读本》（徐雁、陈亮主编，海天出版社，2011年）、《全民阅读知识导航》（徐雁、李海燕主编，南京大学出版社，2016年）。它们在促进古今中外阅读理论知识和阅读实践经验的传播方面，能发挥很大的作用，是开展全民阅读推广工作的重要参考读物。

此外，我还担任上海《图书馆杂志》“全民阅读学坛”专栏、《山东图书馆学刊》“东方阅读书院”专栏以及《新世纪图书馆》《图书情报研究》等刊的客座组稿人。2021年秋，由我及我的在校硕、博士研究生合作推出的微信公众号——“徐门书事”，其中“老大学女舍”“萱草书房”“名著阅志”等栏目的系列文章，蒙业内外人士颇多关注。

阅读推广工作对于我个人来说，自然是知行合一、学以致用及理论联系实际的学风统一，但对数万名听过我阅读推广讲座，或接受过我读书报告分享的听众朋友，以及翻阅过我数十部著编图书的人来说，虽然发生的实际作用可能有限，但书香的内涵和价值，一定在他们的心田脑海，多多少少地发挥着润泽性的文教作用。

许金晶：在这么多年的阅读推广旅程中，您印象当中有哪些比较深刻的读者故事？您又跟哪些作者（作家、学者、艺术家）有过交往和交流？能否谈谈跟他们的交往故事以及对他们的印象？

徐雁：在书林学海的行旅中，印象最为深刻的是，在一二十年前到浙江临海图书馆，或其他一些图书馆去做讲座时，会有当地陌生读者拿出一摞子我的《秋禾书话》《书房文影》《旧书陈香》等来请我为之签名题词，其爱读书、爱藏书的精神令我十分感动。

我不仅为北大图书馆学系的先生们——刘国钧、王重民、白化文、朱天俊、孟昭晋等写作了回顾性或纪念性的长文，也为有缘拜见并熟识的一些前辈学者、文人撰写怀念文章，他们有苏州大学教授潘树广、南开大学教授来新夏、陕西人民教育出版社编审李高信、河南师范大学教授曾祥芹、中华书局原总编辑傅璇琮、中央文史研究馆原馆长萧乾先生、人民日报社资深副刊编辑及现代文学版本收藏家姜德明先生等。

许金晶：能否再介绍一下您从事阅读文化研究与阅读史研究方面的情况？之于阅读的学术研究，对您的阅读推广工作起到了怎样的影响和促进作用？能否结合一些具体案例来做介绍？

徐雁：我对全民阅读推广的内涵尝试过给予定义。我认为“全民阅读推广”，至少应该包括以下三方面的人文内涵：

第一，对于社会群体来说，各行各业各阶层人员，都应该成为阅读推广的对象。为此建议：一个现代化的都市，不仅要有以所在城市命名的地标式公共图书馆，而且要积极推广建设大量分布在城乡各个部位的，依据所在区域居民人群和文化消费特点而合理配置的“社区图书馆”或“乡村阅览室”；

第二，对于社会个体来说，阅读是一种人生全过程的阅读，要牢固树立“活到老，学到老”的终身学习精神。因此，不仅要建设好生动活泼、丰富多彩的儿童阅览区域，而且还应同步配置好老年读者以养生保健、精神休闲为主题的阅览区域；

第三，无论是公益性的图书馆，还是商业性的书店，都应对所藏、所销读物（无论是传统印刷型图书还是数字化图书资源）千方百计地进行全品种推广，殊途而同归，努力使所有图书资源都能为人们所消费。要善于通过各自的公益渠道和图书市场来引导人们通过阅读，汲取其中的信息和知识，并转化为人生实践的聪明才智。

许金晶：作为一位阅读推广人，您如何看待阅读推广工作在当今中国的位置与影响？就如何做好阅读推广工作，结合您多年来的运作经验，您有哪些心得和建议可以分享？

徐雁： 全民阅读推广的终极价值是通过促进阅读氛围的营造、阅读条件的完善来引导书香社会的形成，即当每个人都能通过阅读提升自己的文化素质时，“书香”就能在全社会弥漫，成为一种向上的力量。让“知识的芬芳”和“芬芳的知识”酿造阅读的精神正能量，让“人生的理想”和“理想的人生”都能够插上书香的翅膀，这就是“书香中国”和“全民阅读”的根本含义，也是我们每一个家庭、每一个孩子、每一个学生、每一个中国人都应该坚持的重要理念。

民众个人的阅读与人类社会的进步密不可分，个体阅读水平的总和，决定着整个社会，以至一个民族、一个国家的基本文化面貌和文明水准。

如果要说有什么心得和建议的话，前面关于“三位一体”和“六分法”已经谈了很多，我还可以补充一个具体的小点，就是图书管理员的作用。

图书管理员作为阅读推广的先锋队和主力军，能够为推动阅读推广的有效性，拓展和增强阅读推广的覆盖面、辐射力和针对性做出大量贡献。我认为，图书管理员亦应当努力成为书评者，为此，我不仅从理论上论证了图书管理员进行书评写作的必要性，还时常引导身边的图书管理员进行书评写作。这样做的目的是向当今这个“渐行渐远渐无书”的时代，努力吹拂出层层叠叠的书香来，让馆藏好书佳作、名著经典内在的知识芬芳，尽可能多而广地向社会大众传播。

其余还有一些具体的建议：我期待今后一个时期的全民阅读工作，有关全民阅读立法促进的条例能够由国务院正式颁发，设立“9.28中国阅读节”的民意吁请能够得到积极回应，在公共文化服务的发展板块中亟须填补市、县级“儿童图书馆”的事业空白，而公共图书馆仍须进一步加强对未成年人，尤其是学龄前儿童及其家庭的阅读推广服务。唯其如此，国务院《政府工作报告》中连续七年强调的“促进全民阅读，建设学习型社会”的基本文教国策，才能在各级政府有关部门的真正支持下，落地生根，枝繁叶茂，并终得开花结果。

许金晶： 能否谈谈对您人生影响最大的几本书？您最喜欢怎样的阅读方

式？对于政府当下倡导和推行的全民阅读，您如何看待，又认为如何才能实现全民阅读的良性发展？

徐雁：在不同的学业阶段，都有一些书给当时的我留下过深刻印象。就代表性的来说吧，在小学阶段，有明代文学家吴承恩的章回体长篇小说《西游记》等；在初中阶段，有英国作家笛福的长篇小说《鲁滨逊漂流记》等；在高中阶段，有广东作家秦牧的文艺随笔集《艺海拾贝》等；在读北大期间，有晚清学者叶昌炽的《藏书纪事诗》及现代文学史专家唐弢的学术随笔集《晦庵书话》等；大学毕业刚参加工作时，则有台湾作家林海音的自传体小说《城南旧事》和学者钱锺书的长篇小说《围城》等。由此可见，早期给我留下较为深刻阅读印象的作品，大多是中外文学名著。

如何实现全民阅读良性发展，前面从理论到实践已经谈了很多，在这里我想对你问题中的“当下”一词做一点具体的回应。我认为全民阅读能够向当下提供一种“疗愈”的作用，让读者在阅读中汲取精神能量。

每一个读者、每一个学生的自我认同、生命成长与生涯发展遇到负面情绪后，如何调整自己，如何处理好各种各样的人际关系？如何面对人生必然会面临的失落和死亡？这些人生艰难时刻的挑战性命题如何解决？面对诸如此类的种种问题与挑战，甚至也包括刚刚告一段落的疫情时代，全民阅读推广可以将“阅读疗愈”进校园、进家庭、面向社会，作为一个新抓手。

为此我也做了一些新的尝试，从2020年秋冬学季开始，我借鉴和吸收台湾大学陈书梅教授“书目疗法”的理念和社会实践成果，以及北京大学图书馆研究员王波博士的论文《图书疗法在中国》及专著《阅读疗法》（海洋出版社2007年版）等有关成果，与时俱进地开设了“阅读疗愈与文艺名著审美导论”课程。

该课程名称的关键词，选择的并非惯用的“阅读疗法”，而为“阅读疗愈”，是因为“愈”所对应的，并非单纯的显性病症，还包括“不良的心绪”和“欠安宁的神志”，更接近“情绪疗愈”和近年来流行的“治愈系”概念。我希望以此针对当代大学生常见的“情绪困扰”问题，将文学作品鉴赏与自助阅读疗愈相结合，为学生提供阅读、分享与交流的平台，吸引来自不同院系的研究生选课。在讲解阅读疗愈的原理和推介具有针对性的疗愈书目之外，我也注重引导学生主动寻觅“疗愈系读物”、亲身体悟图书的疗愈功效、展示阅读时的心路及收获，再借助同学之间的互动和自己的点评，帮助他们巩固疗愈效果、深化阅读感悟，掌握阅读疗愈的方法，树立积极乐观的心态。

许金晶：如何评价南京的阅读与文化氛围？在您看来，南京应该如何建设“世界文学之都”、最大限度上发挥其品牌效应？阅读推广工作在这当中，又应该扮演什么样的角色？

徐雁：1934年10月18日，著名学者、时任中央大学教授的朱偰先生在南京青溪寓居，写定了《金陵古迹图考》的序言。其中说：“尝以为中国古都，历史悠久，古迹众多，文物制度，照耀千古者，长安、洛阳而外，厥推金陵……此四都之中，文学之昌盛，人物之俊彦，山川之灵秀，气象之宏伟，以及与民族患难相共、休戚相关之密切，尤以金陵为最。”这段话给我们建设“书香南京”以深度启发，即在多年来“文学之都”的内涵弘扬之外，还须加强对南京地方文献、文化等历史资源的弘扬。

此外，根据“阅读从娃娃抓起”的阅读文化学原理，呼吁各界人士继续大力推动南京市少年儿童图书馆尽快立项建设，呼吁及早启动以颁布《南京市促进全民阅读条例》为目标的调研工作。

许金晶：说说您最喜欢的读书生活状态。阅读之于您、之于南京人、之于当代社会里的每一个人，又各自意味着什么？

徐雁：“风檐展书读，古道照颜色”，这是我素来喜爱的文天祥《正气歌》中的诗句——在清风徐来的屋檐下，开卷阅读前贤往哲的著作，他们的精神风范和道义光辉，顿时与我的颜面相辉映，令人肺腑透亮，面目光鲜。

一边读书，一边作文，随着书评写作越来越顺手，我月益年增的卖文收入也就大多化为了书。尽管拥有南大图书馆的借书证，但淘书而读的方式，很快质变成为我生活中的重要乐趣之一。在南京城南仓巷两侧的旧书铺里，我移动着一个小木板凳，像梳头一般地过目着旧书架上的故纸，以定弃留；去台湾出差，用了半日的工夫，把台湾大学周边的旧书店几乎全部走过了一遍；在香港、澳门、柏林、伦敦等地的新、旧书店里，那不菲的书价，是如何一遍又一遍地考验着自己购书的诚意和藏书的决心。

想想当年热情高涨期，几乎每周每月都要呼朋唤友逛书店。凡是从外地出差归来，总是肩扛手提着又重又大的“书包”。有一回，因在北京赶上书市活动，带书出站时，因步履沉重，被检票员发现“行李超重”，还补了款。

记得在新旧世纪交替前后那几年，为探究我国古旧书业的历史和现状，我还专门找各地的旧书店、旧书摊逛，从内地而香港、台湾。虽然没有拣获多少可以骄人的“漏”，但那种“期盼—发现—惊喜—拥有—品赏”的愉快，如今还是记忆犹新的。可以为证的，除了撰著百余万字的《中国旧书业百年》，于2005年在科学出版社出版外，我还意外得知，香港欧阳文利先生在其中华书局版的《贩书追忆》中，居然还印出了一张我淘书二三十册后，与他在店堂楼梯口的合影照片。

若要问我什么是“阅读的意义”，前人之述备矣，我想先以林语堂先生的论述作答：“今人读书等于是‘尚友古人’，而且那些古人著书立说者，必定是一时才俊，与古人游不知不觉受其熏染，终乃收改变气质之功，境界既高，胸襟既广，脸上自然透露出一股清醇爽朗之气，无以名之，名之曰‘书卷气’。同时在谈吐上也自然高远不俗。反过来说，人不读书，则所为何事，大概是陷身于世网尘劳，困厄于名缰利锁，五烧六蔽，苦恼烦心，自然面目可憎，焉能语言有味？”

今时今日，读书问题，再也不是一个可以局限在象牙之塔中自我品味、修身怡性的事了，而是成为一项关系国计民生、关系到一个民族文明程度乃至在“地球村”里各个国家之间综合国力争衡的重要标志。我认为，阅读是一个人认识世界、认识社会乃至认识人类自身的过程，是丰富和充实百年人生的重要方式，也是人类知识传承和文化延续的基本手段！

以上就是我关于读书、阅读推广的一些个人经验与见解，最后，我希望以明代文人祁顺《七律 · 题何氏西溪书屋》诗中的句子结束本次访谈："插架牙签比邺侯，结茅遥占郡西头……书香一脉如溪水，今古滔滔不尽流。"

徐雁：南京大学教授、博士生导师，
兼中国图书馆学会阅读推广委员会副主任，
主要从事中国典籍文化史及全民阅读的教学和研究。

葛继彬：身体力行，至生不渝

从零散的碎片化阅读到有计划性的系统阅读，从小范围的闺蜜共读到影响一大批读者的参与式共读，从“来者不拒”的杂书阅读到通盘谋划的经典阅读——无论是曾经把阅读推广当成日常工作，还是当下把阅读推广作为生活方式，葛继彬在身体力行的阅读推广中，不仅实现了个人阅读史与生命体验的迭进升级，也帮助一大批读者爱上阅读、爱上南京、爱上经典，实在是功德无量。

结束访谈后不久，葛老师迎来了人生的极大变故，至今风云难测。由此，她清醒之时留下的这份珍贵的口述交流实录，必将成为南京当代阅读文化史中不可或缺的一手文献，值得铭记。

2022 年 9 月 23 日晚访谈于南京万象书坊

访谈整理：刘艺（因访谈对象特殊情况，本访谈未经访谈对象审核确认）

许金晶：大约在2013年，南京市开始以政府为主导，大力倡导全民阅读，您是重要的决策者、参与者、见证者。想请您介绍一下，在调入阅读办之前，您自己的读书生活大致是怎样的状态？过往的人生经历还有阅读积累，对您后来负责阅读推广工作产生了哪些影响？

葛继彬： 我是江苏南通海安人，小时候在农村长大。我父母是农村老师，父亲是中学老师，母亲是小学老师。我们家虽然不像一般农民那样种很多农田，但是门前有一大块菜地，屋后也有菜地，平时也会种菜，家里还养了鸡鸭、兔子，我小时候放学回家经常到田里拔草喂兔子。那时，爸妈下班比较晚，我需要照顾妹妹，有时还要做晚饭。现在回想起来，这种家里有一块菜地，又有鸡鸭、兔子可以养，平时亲自拔草喂兔子的生活，不就是现在城里人向往的生活吗？虽然我的爸妈都是老师，但是他们也各自有家里的其他事情要忙，我们家也并没有像城里很多孩子家里那样有很多藏书，所以在我童年的课余生活中，基本没有过读课外书的经历。我感觉直到我从深圳大学毕业，我的课外书阅读量依然很小，当时的主要精力还是放在应试、考试方面。

另外，我还想补充一点，我对英语这门学科一直很感兴趣。我的数学成绩很好，高考文理分科时，我选了理科，而且我的高考数学成绩是116分（满分120分）。高考填报志愿的时候，我的班主任老师建议我，英语只是一种交流工具，以我的实际情况来看，还是报考理工类比较合适。我听从了老师的建议，最终没有选择英语专业，但是喜欢英语的种子一直都在。

大学毕业之后不久，我就结婚生子了，有工作和一大堆生活琐事要忙，也没有闲工夫翻看课外书。当然也不是说一字不看，但是我认为，我那时的课外阅读确实少得不成体系。

我认为我在阅读上的一个重大转折，发生在2006年，也就是我38岁时。当时我在物价局工作，在单位有4个关系比较好的同事，其中一位女同事年长我一些，我称呼她为“范姐”。范姐是欧美文学专业出身，她对我的阅读观起了推动作用。在那个微信还没有出现的年代，我们主要通过QQ来传输文件，电子书多是PPT格式。有一次，我看到范姐有一个PPT，文件名是《一百部世界名著》，闲聊的时候我就问起她：“范姐，这100部世界名著，你大约看过几部呀？”范姐浏览了一下告诉我，她大约看了90部。惭愧得很，我只看了不到10部。当时，范姐经常在微博或QQ上发布一些原创小短文，文笔很好，文风很美，我就特别受触动，很羡慕她（有这样的才华）。于是，38岁之后，我就开始（有意识地下功夫）看书了。我那时看书非常杂，速度也很快，几乎一周看完一本，一年下来我大约可以看52本，这样的阅读状态，我持续了两三年。

我们五个同事的专业背景很不一样，除我之外，有两个哲学系的，一个文学系的，还有一个是我读MBA时的同学。五人组由我提议，通过QQ群交流，花了约半年的时间，聚在一起讨论一些很有深度的话题，比如哲学、文学、教育学等。

我提议的契机源于龙应台的一本书信集——《亲爱的安德烈》。那本书中有一封篇名叫《对玫瑰花的反抗》的信，信的开头一段话对我触动很大："譬如你说，你特别看重你和朋友同侪相厮守相消磨的时光。我不反对。人生，其实像一条从宽阔的平原走进森林的路。在平原上同伴可以结伙而行，欢乐地前推后挤、相濡以沫；一旦进入森林，草丛和荆棘挡路，情形就变了，各人专心走各人的路，寻找各人的方向。那推推挤挤同唱同乐的群体情感，那无忧无虑无猜忌的同侪深情，在人的一生中也只有少年期有。离开这段纯洁而明亮的阶段，路其实可能愈走愈孤独。你将被家庭羁绊，被责任捆绑，被自己的野心套牢，被人生的复杂和矛盾压抑，你往丛林深处走去，愈走愈深，不复再有阳光似的伙伴。到了熟透的年龄，即使在群众的怀抱中，你都可能觉得寂寞无比。"这段话大意是说随着时间的流逝，人生的道路上难得再有青少年时期那些无忧无虑的同侪相伴了。我对这里有关"同侪"的论述非常有感触。于是我们逐渐开始讨论更多的话题。

大家当时的讨论模式是：先由一人抛出某个话题，然后第二人把自己对这个话题的感受写在下面……如此接续下去。交流过几次之后，我发现大家的文笔都很好，我觉得这样优质的讨论，只我一人独享未免太可惜，而我自己是个乐于分享的人，不如想办法分享给更多的人，于是就把这个小组半年间的讨论内容整理成文字稿。后来，我又发起了一个类似于我们现在"线上读书会"性质的读书会——"人间词话读书会"，顾名思义，我们讨论的主题围绕王国维的《人间词话》展开。

说实话，王国维的《人间词话》，我当时还没有读过。刚好朋友们一起聊天的时候，提到了出自《人间词话》的“人生的三重境界”。我正在考虑给读书会起什么名字，对这本书的“词话”二字并没有很深刻的理解，只是单纯认为“词话”本身包含了交流的意思，而且人生的三重境界自然也可以包括读书的三重境界，因此，我们的读书会最终定名为“人间词话读书会”。这个读书会成立于2013年，后来，在我们五个同事的基础上，逐渐扩大到五六十名成员。而刚才我提到的由我们五个同事参与的那个QQ群读书会始于2009年。现在看来，“人间词话读书会”正是由我们五个同事的QQ群读书会发展而来，读书会成员就是由最初我在MBA班的同学、我的大学同学等人逐渐发展壮大的。“人间词话读书会”成立之后，成员们讨论的话题范围就更广了。后来，我自己有本职工作要忙，而且家庭琐事也不少，单枪匹马组织这个读书会有些力不从心，就采取群主轮值的办法来维持读书会的日常活动。具体办法是：以周为单位，一名成员负责一周的群活动，或者两名成员联合负责两周的群活动，每次群活动之后都由专人整理活动内容。这样一来，我的负担就小了很多，逐渐从“管理者”的位置退了出来。

所以，从小热爱英语，工作后组织策划“人间词话读书会”，这两个经历对我来说，确实为我后来负责全民阅读工作奠定了基础，也起了很大的作用。

我调入阅读办工作，源于南京市开展的处长交流活动。2014年2月，我从物价局“交流”到文广新局。刚好那一年，青奥会在南京举办，组织上就把我抽调到青奥会工作了半年。我在青奥会工作期间，先是做了几个月的社交媒体运营（社交媒体在当时还是个新兴事物），后来又负责新闻发布的任务，我们的团队在青奥会期间一共做了50多场新闻发布。我感觉，不论是社交媒体还是新闻发布，对我之后参与的全民阅读推广工作都有很大的启发。

我曾经表达过这样一个观点：其实，一个人过往的经历，结识的人，读过的书，做过的事，都是自己的财富，你不知道这样的财富在你今后生活的哪个环节中会显现出来，因为这些其实都已经积累、积淀在你的血液里，或隐或现，只是你不自知罢了。

我负责全民阅读工作以前，个人的阅读经历就是这样。读得很杂，也读得不多，毕竟工作、家庭还比较忙。

许金晶：改革开放以来，不论在阅读氛围方面，还是阅读环境方面，南京都发生了巨大的变化。作为在此长期生活、工作的南京市民，就您个人而言，这几十年间，您所亲历的读书文化生活中，有没有一些让您印象深刻的大事件，比如书店开张或者某些书卖得特别好，可以具体谈谈吗？

葛继彬：我是1990年大学毕业到南京生活、工作的，一晃也30多年了。30多年以来，我感受到以下几个方面的变化：

第一，从实体购书到网络购书，这个变化对买书人的影响巨大。以前到书店去，还有很多人挑选书，书店里的读者还比较多；现在呢，越来越多的人都选择网上购书了。网购太方便了，有时候你今天想去书店，但是有事耽搁着没办法去，就可以网购，随时随地下单，而且经常可以今天下单明天就收货。我觉得这个变化对我来说，使得我买书比以前多多了，因为网购太方便了嘛，而且网上的书一打折，都好便宜。想想看，一本书，作者积淀了那么多的思想精华，我可以花费几十块钱就买到手，我觉得性价比真是非常非常高。

第二，纸媒阅读逐渐被网络电子化阅读所取代。以前我们坐地铁、公交出行时，甚至逛公园的时候，都会看到有人捧着实体书在读，这种感觉很好，但是现在，更多的时候我们看到的是大家捧着手机在读。坐地铁的时候我会观察一下，几乎没有人在阅读，可能偶尔会有，但是非常罕见。不过我自己还保持着一个习惯，包里还是会随时带本纸质书。因为经常看手机，眼睛也会很累，相比电子阅读，我还是更喜欢纸质书。

第三，现在，大家的碎片化阅读非常严重，日常生活中，我们很少有机会像以前那样带着思考深度阅读了。以前看纸质书的时候，你把这一本书看完，是比较完整系统的，或者说你还会边看边思考。比如我最近在看《万历十五年》，同时我还在看其他的书，都是一些有深度的或者启发人思考的书。更多的时候，我们手机的微信公众号经常推出海量的文章，而在这些电子平台上接触的更多是碎片化阅读，乍一看感觉信息量很大，你可以摄取到很多，但实际上这种阅读可能使人过目就忘，我认为这是我们现代阅读的一个弊病。

第四，我觉得我们中国人，或者说南京人的年人均阅读量非常小。我负责全民阅读的时候，统计过一些阅读数据，就是中国人每年读多少书，还有南京人每年读多少书，当时第一次数据出来的时候，我自己还蛮吃惊的。我记得南京人平均一年读书大约是4.86本，中国人一年读书大约5本，所以南京市民的年均阅读量也并没有比全国的平均值高。对比一下国际数据，以色列人年均阅读量是65本，德国、美国的数据也都很可观。我最疯狂阅读的时候一年读了52本，但是跟国际上一对比，我觉得这个数字好低（当然我那时读书读得很杂，一本薄薄的小说，也算一本），我感觉南京人的读书量确实太小了。

再说一个让我印象深刻的变化。南京成功入选“世界文学之都”是在2019年10月31日。我觉得这对于南京来说是一个比较大的事情。因为目前中国很多城市都有各种各样“xx之都”的称号，比如我们江苏省的扬州市和淮安市都是“美食之都”。但是放眼中国，入选“世界文学之都”的城市目前只有南京一个，这是难能可贵的，值得南京市民骄傲的。“文学之都”的申办前后经历了三四年，那时候我还在全民阅读办工作，所以一开始的申办工作我也是参与过的，这其中涉及后面要提到的那两年做的工作，稍后我会具体谈谈。

许金晶：2013年和2014年，您是在怎样的契机下进入南京市全民阅读办工作的？南京市全民阅读办大致是一个怎样的机构，成立阅读办的背景是怎样的，出发点又是什么？进入阅读办之后，您主要负责了哪些工作？

葛继彬：2014年的时候，南京市搞处长交流（活动）。具体做法就是这个单位的处长“交流”到另一个单位担任处长，当时一共交流了104名处长。我从南京市物价局收费管理处“交流”到南京市文广新局的版权和出版管理处。为什么把南京市的全民阅读办设置在版权和出版管理处呢？这里有一个小背景：2014年，“倡导全民阅读”被写入政府工作报告；2015年，李克强总理在政府工作报告上首次提出了“倡导全民阅读，建设书香社会”的口号，从江苏省到我们南京市委宣传部，都在响应省里提出的“建设书香城市”的号召。“建设书香城市”涉及很多标准，南京市为此成立了“全民阅读活动领导小组”。这个小组归市委宣传部管理，宣传部部长担任这个领导小组的组长，全民阅读办公室就设在我们文广新局，全民阅读办公室主任就是我们文广新局的局长，那么具体的事务就由我们处管理。我刚才讲到，我在2014年2月份到了南京市文广新局，之后在青奥会工作了半年，同年的9月10号，我又回到了南京市文广新局继续工作。从物价局到文广新局，其实是从社会管理的岗位上一下子转变到有关版权和出版的岗位，这中间的跨度还是比较大的，我需要抓紧时间熟悉新工作。

2015年的世界读书日，我们做了一个大型活动——“首个江苏全民阅读日暨第11届江苏读书节、第20届南京读书节开幕式”。这个活动有个启动仪式，需要提前准备，所以2015年2月份春节过后，我们就开始筹备，仪式非常隆重，在玄武湖莲花广场举办。40分钟不到的启动仪式，我们的呈现不能像一些晚会一样大搞歌舞，而是要结合主题，在“书香”上做文章。

这个仪式在策划阶段时，我们主要按照市委宣传部领导小组的要求来做。邀请南京大学教授胡翼青宣读了名为《全民阅读　领读者先行》的倡议书，还邀请了10个南京市具有代表性的读书会，请读书会会长们在启动仪式上发言介绍一到两分钟。我当时找到了亲子阅读、分类阅读、老年阅读等十个不同类别的读书会，把每个读书会会长即将登台发言的稿子浏览了一下，发现好几个读书会的成立宗旨都是“读万卷书，行万里路”，这样的话，发言自然就高度雷同了，所以需要在彩排阶段对他们的发言内容进行调整。那时候已经出现了微信，而且个人的微信交流起来挺累的，不如建群聊天高效，我就把他们10个人拉了个微信群，交流启动仪式彩排的事情，就是读书会最早的雏形。4月23号，玄武湖莲花广场的启动仪式结束之后，照理来说这个微信群就可以解散了，但是读书会会长们因启动仪式结缘，交流、彩排几次之后，大家都很有感情了，不希望这个群解散，而是希望继续在群里交流读书心得，这个群最终被保留下来。实际上，南京市领读者联盟的微信群就是南京市领读者联盟的前身。

后来为什么成立了“领读者联盟”呢？读书会的名称最初并不叫领读者联盟，而是受胡翼青教授倡议书标题的启发，叫“领读者先行”，后来，这个读书会微信群逐渐扩大，成员的来源很广，新华书店、书吧、出版社、新闻媒体……就像个庞大的联盟，因此定名“领读者联盟”。

我们当时做决定，哪些人可以进入“领读者联盟”的微信群呢？群成员最初都来自读书会，后来发现越来越多的人想进来，于是我们就细化了条件，对加入微信群设置了一些门槛，不到一年的时间，群成员逐渐增加到500人。读书会这批成员进群之后，亟须得到能够开展活动的阅读空间，我就开始加南京可以提供阅读空间的负责人微信。阅读空间其实很多，比如万象书坊、新华书店、先锋书店，还有我们城墙里的好多书吧，台城书房、金陵书苑……大概二三十个吧。这样一来，读书会搞活动不就有空间了嘛，比如群里读书会的某个成员想找一个阅读空间开展活动，刚好有群成员认识台城书房或者万象书坊的人，那么这些书房的员工也进群来，我只需要在群里艾特他们就可以，他们再各自对接，利用微信群这个平台，共享一些资源，我们工作就特别高效了。所以领读者联盟实际上是在阅读空间和阅读组织之间架起高速对接通道，保证了南京市全民阅读工作的顺利推进。阅读空间找好之后，紧接着就要开展领读活动，需要找到领读的老师。我们就请专家来为公众讲解，后来我渐渐发现，搞读书活动的时候，特别是搞“一月一传世名著”的时候，我觉得有限的阅读空间，100个读者来听专家的讲解，受众面还是太小了，于是又请了很多媒体进来。这样的话，媒体就可以扩大影响，效果更好，这就是我们“领读者联盟”的运行机制。你会发现，就像我这篇文章里面讲的，它形成一个能够“自我良性运转的生态系统”。这个联盟资源非常丰富，大家各取所需，自由对接就可以，这样我也可以轻松一些，需要我协调的事情我帮着协调一下就可以了。我认为，我在阅读办期间的重头戏是“南京传世名著”的活动评选和推广实施。

4月23号的启动仪式上，除了以上活动，还有一项重要内容，就是由南京市全民阅读活动领导小组办公室组织实施，南京出版传媒集团承办，发布评选“南京传世名著”评选活动的启动仪式。出版社的总经理卢海鸣组织了一批专家统计了历史上与南京有关的书，统计的图书标准很有南京特色：时间跨度从东晋到1949年，内容以南京为题材，创作地点在南京，首次出版（刻印）在南京。最初的数据显示近万本，他们就组织了专家学者初步筛选出50部候选名著，又对这50本名著进行网络投票和线下投票，让大家共同评选出24本传世名著。主办方当时把这50本书的书名、内容简介都展示出来，请王蒙、梁晓声等文化名人撰写了推荐词，在纸媒、网络媒体上广泛传播，征求大家的意见。市民的参与度非常高，我记得当时线下投票5万多份，网络投票有20多万，大家都发现：原来我生活的城市有这么深厚的历史文化底蕴！排名出来以后，由卢总他们牵头，开始从全国邀请专家，进行专家评审，当然我也参加这个评选的过程。一共邀请了文学、历史等8个不同领域的专家，93岁的蒋赞初老先生都来了，很令人感动。2016年，南京出版传媒集团就出了一本名叫《南京历代名著》的书，收录了这次初评入围的50部名著介绍，包含“南京传世名著”24部，“南京历代佳作”26部，书里还附了类似导读性质的专家解读。

2015年的12月29日，我们在江宁织造博物馆举行了“南京传世名著”评选结果发布会暨评选活动表彰会。我当时是这样考虑的：从4月23号启动，到12月30号对外发布，历时半年多，我们终于评选出了传世名著。可能对于出版社或者其他机构来讲，评选这个活动是有始有终的，但是对于读者来说，这才仅仅是个开始，如何读这些名著才是读者最应该思考的。而这个时候呢，领读者联盟已经基本成型了，有大几百号人在里面，那时候已经有很多读书会在群里，大家已经很熟悉了。我就在微信群里面说，我有个想法，这24本传世名著过两天就要公布名单了，咱们群里有读书会成员自告奋勇来认领吗？不如我们每个月从这24部传世名著里选一本来读，这样的话，12个月就可以选出12本。大家就开始“认领”每个月要读的书目，我也开始制定具体的读书计划。关于书目，我还请教了卢总，他是南京的地方文化专家，先给我推荐了前三个月的书目。他建议我1月份读《首都计划》，这本书其实是民国时期编写的南京城建大纲，我们考虑到，作为南京人，总该对南京这个城市有个宏观的了解；2月份读朱偰的《金陵古迹图考》，这本书记录了朱偰先生和他的父亲对南京古迹的考察，六朝的石刻，南京的城墙……图文并茂，这本书可以让大家在第一本的基础上对南京有更进一步的了解；3月份读法显的《佛国记》，法显当时从长安西行求法，游历30多国，回国后在我们南京的雨花台道场寺编印了这本书，而且他所处的朝代刚好是“南朝四百八十寺”的东晋时期，南京当时也在打造“佛都”，很值得一读。所以，一季度的书目我就是按照卢总的推荐书目来的。接下来几个月的书目，是我去太平南路的古籍书店翻阅24本书后确定下来的。确定书目还存在一些很重要的问题：有些书确实好，但是不一定适合全民阅读，而且有些大部头的书一个月的时间哪里读得完呢？这些就属于不宜入选的书。我觉得前一季度的书读得略沉重，大部头啃下来很累，就想着二季度的书目要轻松一点。4月份我就选了《科学的南京》，这本书是竺可桢等名家写的南京，里边讲了南京的气候、植物、雨花石……一共13篇文章，很好读；5月份我觉得题材应该往艺术方面转一下，想到很多书画名家都与《芥子园画谱》有深厚的渊源，就选了《芥子园画谱》；6月份选了袁枚的《随园食单》；7月份，孩子们放假了，我选了《千字文》，孩子们可以更好地参与进来；8月份我选了《世说新语》，南京是六朝古都，读这本书当然合适；9月份选了《儒林外史》；10月份选了《桃花扇》；11月份选了《红楼梦》；12月份选了《本草纲目》。这样，这12本书就全部选好了，我们在2016年的1月底公布了书目名单，12个读书会也“认领”了各自领读的书目。

后来，我们在名著的品读推广过程中，逐渐形成了很有特色的模式，我称之为“五位一体”模式。

第一个“一”是自己买书阅读。我们在2016年1月30日公布了上半年的书目，4月23日公布了下半年的书目，还请专家推荐了各书目最佳的版本，大家就可以自行购买了，很多书店也配合我们的活动，给相关图书优惠。

第二个“一”是专家微信群线上导读。我们每个月都建立一个以当月品读书目命名的微信群，每个月5号安排专家进行大约1小时的线上导读。

第三个“一”是线下实地行走。具体做法是由专家带队，去与当月名著有关的博物馆或者自然景点深度游。准确地讲，第一个月我们没有实施，因为当时临近春节，这个活动不方便开展，真正的线下行走是从2月份领读书目——《金陵古迹图考》时开始的。我们讲《儒林外史》的时候，还组织大家到安徽的吴敬梓故居、博物馆实地寻访。

第四个“一”是线下专家讲座。我们邀请专家在“书香南京大讲堂”开讲，讲座时长大约2小时，一般在每月的最后一个周末举行。

第五个“一”是全媒体宣传。我们邀请“书香南京”“文化南京”“龙虎网”等很多家新媒体参与了名著活动的预告和回顾，并且在《江南时报》《金陵晚报》等报刊设置专版刊登活动信息。此外，我们还跟南京电视台合作，由电视台负责现场转播，录制了每位老师的讲座，这样大家不必去现场也可以收看讲座了。

我们“五位一体”的阅读推广，在微信群里也是采用“群主轮值”的方法进行的。我是管理“领读者联盟”12个群的大群主，然后每个群都是有小群主的，群主们就利用微信群来开展每期的活动。我举个例子，2月份的线下行走活动，我们配合《金陵古迹图考》这本书，取名“寻找朱偰先生的金陵”，活动分为4个篇章：山川金陵、城垣金陵、守护金陵、诗咏金陵。那次的活动召集了100多人，全程由我主持，活动从早上8点多持续到晚上6点。大家早上在玄武湖城墙的创营书会集合，由有“南京活地图”之称的袁幼平老师给大家讲山川金陵，站在城墙俯瞰，这一边是玄武湖，那一边是南京的高楼大厦，视野开阔，山川河流尽收眼底。之后，我们从创营书会走到了解放门的台城书房，这一段行走，我们请了南京市城墙保护专家杨国庆老师来讲城垣金陵，讲述南京城墙的前世今生。午饭过后，我们在武定门的垣里书香书吧集合，由南京市文物局原副局长陈平给大家讲守护金陵。最后，我们从武定门走到了集庆门东的凤凰台上书吧，由《南京的风花雪月》的作者陈正荣老师讲古代诗歌中的金陵，赵步阳老师讲当代诗歌中的南京，我们还请了南艺的老师吟诵诗歌。我记得那次活动结束后，晚上回到家，我嗓子都哑了，但是一点儿不觉得累，感觉特别充实愉快，大家也都感觉活动特别圆满。

我重点介绍一下10月份的《桃花扇》。本来呢，《桃花扇》的活动也是按照上边这样的模式展开，但是读着读着，就有人跟我提要求了，说《桃花扇》是昆曲，不如组织我们看一场昆曲嘛！我就找江苏省昆剧院的李鸿良院长谈，我说大家读了《桃花扇》都想来看看昆曲的《桃花扇》是什么样子。李院长听说这么多读书人读完书想来看昆曲，他也很开心，就决定10月31号加演一场，而且专为我们读者演出一个时长2个多小时的小全本《桃花扇》，主演是昆曲名家龚隐雷，而且我们这一场的票价全部100元。他把这场的戏票全都给我，由我组织大家来看戏，我当天晚上就让大家抽签决定座位，500人的读书会，戏票很快就抢空了。后来读《红楼梦》的时候，大家还建议我联系越剧团，搞一次越剧《红楼梦》的观摩活动，我确实没精力了，就省去了这个环节。我记得这些活动结束后，有读者向我反馈，他说自己本来是个不爱读书的人，很难完整地啃下来一本书。但是从1月份到12月份，跟着领读活动一年之后，他感觉很受益。确实，采用我们这个形式，由专家学者导读，线上随时交流读书心得，线下还有实地行走，这样读书比自己读书的收获要大很多，更重要的是大家对南京这个历史文化悠久的城市有了更深刻的了解，更爱这个城市了。

2016年我特别忙，有人笑称，葛继彬不是在读书空间组织活动，就是在出发去读书空间的路上。还有很多人很羡慕我的工作，说：“哪会有人的工作就是读书呢？你的工作就是读书和推广读书。”我记得我当时组织活动，考虑到大多数读者都是上班族，我们安排在周末的读书会活动就相对多些。这些活动很多都在晚上，那时我家孩子在美国读大学，我自己的时间充裕一些，这直接导致我2016年几乎没有一个周末在家休息，要么我自己在组织活动，要么就是参加读书会中别人组织的活动，而且我当时每周五天的工作日也主要是做这些读书的事。2016年是我特别充实愉快的一年，也是我进步很快的一年，特别是那些活动影响了一些之前不怎么爱读书的人，我一直觉得2016年一整年是我自己的高光时刻。

我感觉能把“领读者联盟”做得真正有引领的效果，在读者群体中有一定的影响力，得益于好几个因素：

一是当时的形势特别好，从国家到省、市，都在倡导全民阅读，最直接的体会就是有资金的支持，我们的活动进展都非常顺利。

二是当时开展这些活动的时候，大家都非常支持，很多专家学者看到我们南京有这样好的读书氛围，他们也很高兴。所以只要我去请专家学者来导读，他们没有一个推辞的。

所以，2016年我们能在建设书香城市方面收到这么好的效果，真的是天时地利人和多方面的促成。

到了2017年，我就因为工作需要，被调到南京市文化和旅游局对外交流与合作处担任处长了。我刚才提到，我从小喜欢英语，一直到工作之后，英语也没有荒废。我要讲一段我自己很有趣的阅读经历。

大约2006年，我儿子正在读初中，为了给他创造一个良好的英语学习环境，我把我家对面的房子租了出去。我在网上的招租帖子里写清楚，我这个房子想要租给外国人，最好是英美或者澳洲这种英语母语国家的人，我还把租金压低了很多，要求只有一条：每周要留出半天的时间带我儿子出去逛街游玩练口语，其实等于招了一个雅思口语的练习老师。特别巧的是，帖子发出去两天，一个澳大利亚的年轻人就联系了我，他是南京某个大学的英语外教，喜欢爬山，他一看我家住在紫金山脚下、玄武湖边上，又实地看房，满意得不得了，并且对我的租金也特别满意，很爽快地就签了租房合同。那个外教一共租了两年半，这两年半的时间里，我的英语水平突飞猛进。我儿子每次跟外教出去玩儿的时候还带着他的朋友，结果他们两个小孩经常在外面互相聊，渐渐地就变成我和外教聊天了。这个外教不会中文，有时他女朋友也一起来，就变成我跟两个外国人聊天了。外教还非常喜欢看书，他妈妈经常从澳大利亚给他寄书来，他也很喜欢分享，每次读完了书，就借给我读，我有不懂的就请教他，他也会很耐心地给我讲解。当时他们两个小年轻不爱做饭，每到饭点儿，经常端着两个碗来我们家门口，吃完饭再把碗端回去，所以当时我们跟外教生活化的场景交流特别多。

有一次这两个外国人，还有我跟我儿子，我们四个人一起从太平门出发，花了3个小时，把紫金山从西到东走了一遍，最后一直走到马群，一路上大家各种畅聊。我记得到了马群找饭店吃饭的时候，我甚至恍惚感觉周围所有人都在讲英语，我需要切换一下语言才可以适应。还有一次我们和老外去镇江玩，到了那边，他约了一个在镇江工作的加拿大籍朋友，我们玩了一天回到南京火车站的时候，我听周围旅客讲话的时候又不大听得明白了，需要脑子里切换一下才能反应过来。

关于阅读，我又要讲一个小插曲。这个外教很喜欢旅游，一年要去新疆好多次。有一年他从新疆回来之后，给我带回来一本书——英文版的《狼图腾》。他说他在新疆返回南京的火车上就读完了这本小说，很想分享给我看，我就很开心。每天晚饭之后，我家小孩写作业，我就开始看《狼图腾》，两个月之后，488页的英文版《狼图腾》就被我啃完了。我发现还有些内容看不太明白，第二天，就跑到新街口的新华书店买了一本中文版的《狼图腾》，只看了30多页就看不下去了，因为情节我都熟悉了。

外教住我家对门两年半的时间里，我看不进任何中文书，看的全部是英文书，主要是小说，还有心理学方面的书。那段时间我连逛街都是本能地先看街上的英文标识对不对，这些都是外教带给我的影响。2009年，这套房子要给我父母住，外教就没有续租。他搬走之后，我才逐渐恢复了看中文书的习惯。我记得我儿子那时英语口语还可以，但他的进步肯定没有我快，因为兴趣是最好的老师，他只是应付考试，我是纯兴趣使然。

2016年的时候，我还在文广新局的版权和出版管理处，10月12号，金陵美术馆组织了一场“非洲艺术展”。开展的时候，我跟那些非洲的女画家聊天，被领导们听到了，觉得我口语还不错，就有领导找我谈话，领导评价我的全民阅读项目干得不错，又表示对外交流处需要跟各个大使馆、外国人打交道，我的英语口语水平可以跟外国人流利对话，就想听听我的想法，看我愿不愿意调到对外交流处来，我当时这样回答：“我很喜欢全民阅读的工作，也很喜欢英语，这两个工作我都很喜欢，我没想到领导会来找我，如果一定要挑的话，一个49分，另一个51分吧！”于是我就被调到了对外交流处。

2017年1月20号，我正式调入对外交流处履新。2016年开展的种种读书活动，效果那么好，总不能只持续一年就戛然而止吧。所以2016年的年末，我一直在策划接下来的读书工作。我换掉之前的“传世名著”的提法，标题前面加了年份，换成“2017共读南京”，这样我们的品牌就可以延续下去了。果然直到现在，我们都还有“2022共读南京”的活动，也依然是延续了我们之前“五位一体”的运作模式。我到现在还记得，2016年的12月28号，我在12个微信群里把“2017共读南京”的12本书给大家介绍了一遍，书目都是我征求多方面意见之后确定的，后来也是请专家学者们在各个群里做导读。

我当时还结识了一个导赏电影的读书会，他们的负责人向我求助，说读书会运作艰难，问我可不可以把他们的读书会纳入全民阅读办的活动里。我觉得这个想法不错，又想到很多世界名著都拍成了电影，我们就给这个活动起了标题“2017世界名著与电影”。许老师您也参加过我们这个活动，讲过好几期。但是在运作“2017世界名著与电影”的过程中，我们就变成“四位一体”了，取消了“线下实地行走”的环节。

另外，我还参与了“中华经典诵读”的活动，这个活动就是由领读《千字文》的读书会——生命家园读书会承办的，这个活动就变成了“三位一体”的模式，在前面的基础上又取消了“自己买书阅读”的环节。活动的日常基本就是群员们每天在群里读读经典，聊聊心得，最大的优点就是有大量学生和家长共同参与。

我在“领读者联盟”期间负责了很多项目，但是重点打造的就是这三个品牌——“共读南京”“世界名著与电影”“中华经典诵读”。“世界名著与电影”做了两三年之后就不做了，“中华经典诵读”去年停办了，“共读南京”一直到现在还在做，包括今年9月品读《烟火门西》的活动我也参加了，其他的活动我就没有那么多时间参与了。我现在很少参与选书，但是每年他们选出书来，我还是会关注一下。

许金晶： 您在南京市阅读办担任负责人期间，对“全民阅读”的认识和理解有没有一个发展、变化的过程？这种认识和理解方面的变化有没有影响到自己的阅读推广工作？

葛继彬： 第一，开展了两年多的全民阅读活动，我感觉很多之前有阅读需求，后来又由于种种原因中断了阅读习惯的人，因为住在南京这个城市，遇到了这么多书店，这么多阅读空间，赶上了全民阅读活动，重拾阅读，爱上阅读，受益很大，这一点很多人都跟我提到过。

对于我个人而言，我以前读书比较杂，全民阅读活动之后，我就逐渐专注于经典的阅读。因为人生时间有限，经典值得重读。而且我感觉人类需要读书就好比植物离不开水，人的一生最好要有好书相伴。如果让我谈谈我个人阅读史的变化的话，我感觉让我受益最大的就是一个读书会，叫“集贤元典会”，这是个付费读书会，收费比较高，年费达到5位数。我是2017年4月份加入“集贤元典会”的，在这里跟着学者们深度阅读了三年多，阅读书目涉及哲学、文学、艺术等很多领域，都是很重要的人文社科名著。

许金晶： 您在阅读办从事阅读推广工作期间，有没有一些印象比较深刻的有关读者的故事，能否谈谈您对他们的印象或者与他们交往过程中发生的故事？

葛继彬： 有，这些故事有很多！给我印象特别深的是我们南京的两个老年读书会——老来乐读书会、乐龄读书会。老来乐读书会的创始人方智环老先生今年已经87岁高龄了，乐龄读书会的创始人施顺才今年也84岁了。我第一次到他们的社区参加活动时简直惊呆了，真的都是满头银发，七八十岁的老人定期组织活动，让我特别感动。

除了针对老年人的读书会，还有专供低幼年龄段的亲子阅读。比如悠贝亲子阅读就办得不错，这个读书会的南京悠贝负责人叶云我印象很深。她是个宝妈，大学专业是图书馆学，原来在南京师范大学的图书馆工作，后来辞掉工作专心做这个亲子阅读，现在她这个品牌做得风生水起，在全国都很有影响力了。南京的悠贝亲子阅读也开了10多家，她不久前还联系我，讨论绘本的活动开展问题。

许金晶：您刚才也介绍了，您离开阅读办的岗位之后，还会继续关注读书会的发展和阅读推广工作的开展情况。您觉得在阅读办的这段工作经历给您个人带来了什么？您个人的读书生活，发生了怎样的变化？

葛继彬：阅读办的工作经历给我带来了很多。它让我结识了很多南京的文化专家、学者，我们互相都留有微信，参加活动非常方便。比如我最近在读陈从周的《品园》，其实这本书早在2017年我跟一位园林专家一起参加建邺区一个活动的时候，他就推荐我读了，但是我后来一直没有读过，最近才开始读。因为我是园林小白嘛，我特别希望大家一起读，我就跟这位园林专家提议，我们要不要几个人一起读，建个微信群，您在群里解答一下大家的问题。然后这位专家就像全民阅读的专家导读一样，给我们把这本书按篇做了导读。他的知识储备非常丰富，热爱园林，又通晓古诗词，特别博学，所以我们这本书读得很满足。我苏州的同学还会把自己去过的园林图片发到群里。大家都在感叹，这样读过书之后，再去苏州园林、扬州园林，那个感受跟之前的外行看热闹一定是大不相同的。我们群员还有特别用功的，会自发录制讲解音频，还有人会根据音频转写成文字，分享出来。

阅读办的工作经历还让我保持着良好的阅读习惯，让我身体力行地影响着身边爱读书的人。关于这一点，我要谈谈唐诗宋词的日常学习。2019年4月

10号，我在朋友圈发了一条微信：“有人愿意跟我一起背唐诗吗？”当时大概五六个人都表示愿意，于是我们就建了一个微信群，我每天从《唐诗三百首》中选出一首来拍图发朋友圈。你看现在我们这个群有48人，从2019年4月10号开始，截止到现在，我们群已经共同背诵了245首唐诗、100首宋词。我们的终极目标是背诵《唐诗三百首》和《宋词三百首》，一共600首。让我特别佩服的是，我们群员都是中年人了，我自己只有前100首唐诗是背诵下来的，后面的我就开始朗读了，但有的人是坚持每篇背诵的。一个很有趣的现象是好多群员跟我反馈，自从在群里开始背唐诗，他们发现自己的记忆力越来越好了。特别有趣的是秦淮区教育局的一个主管数学的副局长，他说他现在给教师开会或者讲课的时候，经常会很应景地引用几句唐诗，他觉得这种感觉妙不可言！

同样的，因为我喜欢英语嘛，有一次我发现翻译家许渊冲带领48个英语专业的专家，翻译、出版了英文版的《唐诗三百首》。受这本书的启发，我买齐了英译的三本唐诗集，2020年8月份，我们搞了一个“英汉唐诗三百首”的赏析活动，这个活动我设置成一周读一首诗，我提供文字稿，请了一个做同传的英语老师朗诵，录制好音频后分享到微信群里。后来有群员反映微信群爬楼太麻烦，我又发现明孝陵博物馆原副馆长王广勇在个人公众号“钓鱼舟”上经常会发他的原创诗词，我就跟他联系，借用这个公众号，由他来编辑，每周发送一首英汉对照版的唐诗。后来他告诉我，他想附上他个人创作的诗意绘画作品，更好地表现唐诗，我欣然接受。于是之后的每期推送，都配了他的插画。去年又有个热爱书法的朋友说他可以把每首唐诗创作成书法作品，每期的推送就又增加了书法。我们现在已经这样编辑、推送了112首唐诗，我粗略计算，300首唐诗的话，大约需要6年的时间。而且我已经把《宋词三百首》的英文版也买好了，如果大家有兴趣的话，将来我们就继续搞“英汉宋词三百首”的微信推送。

我最近的变化就是喜欢上了听书。上海有个作家名叫“牛皮明明”，他在微信公众号上写的文章很不错，这几年，他创办了一个读书会——“牛皮明明深度读书会”，主要是牛皮明明把自己喜欢的书分享给大家听。我觉得他的读书会价格也很超值，他做了一季深度阅读，带领大家深度阅读57本书，每一本书，他都会进行40分钟或者1小时的导读。我每天开车上下班大约需要1个小时，刚好可以听完一期导读。最近我参加了他新开展的“共读”活动，一个月的“《杜甫传》共读”结束之后，我意识到唐诗宋词要结合历史、诗人传记来读，才会理解得更深刻。比如我读到《旅夜书怀》这首诗，之前只是了解这首诗的字面意思，结合“《杜甫传》共读”的讲解，我了解了杜甫一生的经历，还有杜甫写这首诗时的国事家事等一系列情境，我一下子就对这首诗共情了，对这本书的理解也更透彻了。我发现，经典的作品就是值得我们一次又一次读的，就像《旅夜书怀》这首诗，今年读，明年读，在自己不同的人生境遇下读，感受和收获都是不同的。

许金晶：作为曾经主导阅读推广的核心人物，您如何看待阅读推广工作在当今中国的位置和影响？在阅读推广过程中，您又有哪些心得和建议可以分享？

葛继彬：我感觉现代社会，尤其是疫情影响之下的大家，都在为生活奔波劳累，没办法静下心来读书，加上当代整个社会风气比较浮躁，阅读变得逐渐碎片化、视频化、肤浅化，这种现状下，阅读推广活动所倡导的有深度、成体系的阅读就显得更加珍贵稀缺，而且有必要了。这一点应该是对读者们影响最大的吧。

我的心得就是，经典好书确实就是人类的好朋友，就是高人，谁不希望自己跟高人做朋友呢？我个人就很享受我的阅读时光，我的读书是融入自己生活的。比如我读《万历十五年》就是利用上下班时间，在地铁里读完的。

还有就是，读书其实是一件很个人化的事情，但是一群人共同读书，可以让阅读走得更远。比如我现在意识到自己阅读历史方面的书籍还是偏少一些，财经方面的书就读得更少了，我就制定了初步计划：今后每个月精读一到两本相关的书。明年我还准备读《人间词话》《苏东坡传》。我现在还在一个10人的小微信群里跟大家共读杜甫的诗，我们一天读一首，感觉对杜甫的理解更深刻了；然后，同样性质的群，我们还有一个共读普鲁斯特《追忆似水年华》的，我也是跟20位朋友一起，每年读一本，今年已经读完第三卷了。

许金晶：能否谈谈对您人生影响比较大的几本书？您作为阅读相关从业者，怎样看待阅读对人的影响，您自己又最喜欢怎样的阅读方式？比如理想中的阅读场景或者阅读状态。

葛继彬：对我人生影响比较大的书，首先是2007年出版的《包容的智慧》，作者是星云大师，还有凤凰卫视总裁刘长乐。我觉得读过这本书之后，我的气度就变大了。我很乐于分享，当时我记得我买了100本《包容的智慧》送给亲朋好友。

其次是2009年我接触到的哲学书——马丁·布伯的《我与你》，是一本很薄的小册子。我在物价局时期，四个同事中有两个是哲学系出身，他们在聊天时提到了这本书很好，我就找来读了。这本书主要讲各种人际关系，其实我当时读着蛮艰涩的，但是它的前言给了我很大触动。当时我家儿子刚好在读高中，青春期叛逆心理比较严重，我正处在教育他的困惑中，读了这本书，我在对待孩子的时候更加注意他的需求，而不是一味地以我的主观意愿出发去管教他，亲子关系也和谐了不少，我那时就切身体会到“良好的亲子关系胜过一百种教育方法”。

还有2017—2019年，我参加“集贤元典会”时候读过的几本书，对我影响也比较大，比如《坛经》。当时，复旦大学哲学教授王德峰老师精讲过《坛经》，之后还讲了《大学》，然后又花半年的时间讲了王阳明的《传习录》。我个人感觉王教授学贯中西，听他讲课总有触类旁通的感觉。而且他每次讲课生发的灵感是不同的，给大家的启发也是不同的。王教授除了讲《坛经》，还讲过《红楼梦》，还有他自己写的《艺术哲学》。其实他私下里还是个古典音乐发烧友，讲《艺术哲学》的时候，还顺带给我们讲了交响乐，大家都听得很享受。后来他还讲过一门课——“中西方智慧汇通”，参考书目就是冯友兰的《中国哲学简史》，还有罗素的《西方哲学史》。跟着王教授读书两年，我感觉自己的审美水平提高了很多。

还有北大艺术学院的丁宁教授主讲的《西方美术史》，这本书其实就是他给北大学生讲课所编的教材。丁宁教授讲这个课也花了半年时间，同时还推荐了很多书目给我们。将近半年的时间，我都沉浸在西方美术史中，我觉得将来再看到世界著名博物馆、美术馆的艺术作品，自己的理解一定会不一样。

阅读对人的影响呢，我认为是潜移默化的、点点滴滴的。比如我儿子读高中时，正是我教育他非常棘手的时候，我看了《孩子，把你的手给我》《如何说孩子才会听　怎么听孩子才肯说》《爱的语言》《非暴力沟通》……好多书，最后起效果的并不是其中的某一本，而是很多书里的精华。阅读对我的影响就是让我变得更加宽容，更加豁达，更加沉静。我现在每天都要读书，如果几天不读书，我会感觉少做了一件事。

我自己最喜欢的阅读方式是晚上一切事情都忙完了，坐在书桌前，打开台灯阅读一两个小时，就是很安静地坐在书桌前看书，而不是躺着看；还有就是我听了中医的建议，读书时喜欢坐硬椅子，而不是转椅。

阅读状态的话，我现在很享受共读。比如我现在读《追忆似水年华》《唐诗三百首》《宋词三百首》《杜甫传》《品园》……都是既有自己的深度阅读，又有群友们的交流共读，而且我们经常在群里安排计划，头一天会在群里预告一下第二天要读的内容。我是个责任感比较强的人，我如果答应过别人某件事情，心里就没有惰性，只有责任了。有这样的好习惯督促读书，我们读书群的成员每天就感觉过得有条不紊，很充实。

许金晶：您怎样评价南京现在的阅读环境还有文化氛围，您认为南京应该怎样建设“世界文学之都”？怎样才能最大限度地发挥这个称号的品牌效应？阅读推广工作在“世界文学之都”的建设过程中，又扮演着怎样的角色？

葛继彬：2019年10月31日，联合国教科文组织宣布南京入选“世界文学之都”，南京成为中国第一座获得这个称号的城市，也因此拥有了一张新的城市文化名片。我觉得不论是南京人，还是爱读书的人，听到这个消息都是非常开心的。这个称号的申请和获得并不容易，因为称号并不是终身制的，后期还会有相关考核，考核指标也涉及很多方面，比如每年开展了哪些读书活动，开辟了哪些阅读空间，每年与世界其他“文学之都”城市有怎样的互动，等等。我们也因此推出了一系列配套的文化设施，比如南京现在着力打造的“城市客厅”效果就很好。

关于南京建设“世界文学之都”的具体举措，组织上还是很重视的。南京市委宣传部下边有个文投集团，2020年下半年，文投集团联合《青春》杂志社和南京金陵文化保护发展基金会专门成立了一个组织——文学之都促进会，现在我已经不负责这些事务了，主要是文学之都促进会在负责相关事务。

我觉得2016年的时候，南京市的“世界文学之都”建设可能确实是个高峰，这个高峰也确实是天时地利人和多方面促成的。如果一定要谈成功经验的话，我觉得应该还是当年我在阅读办工作期间积累下来的：首先是南京市委市政府的大力支持，给活动的发展提供了强大的保障；其次是南京市“领读者联盟”融合政府、民间双重力量，发挥平台聚合作用，共同推进活动建设。

葛继彬：南京市文化和旅游局原版权处处长，
南京领读者联盟发起人，致力于全民阅读推广工作。

谢欢：普通读书人是“书香南京”的坚实基础

跟谢老师多年之前，因为他的一篇自发发在群学书院上的《开山大师兄》书评而结缘，后来通过他翻译的优质论著《美国公共图书馆史》，而进一步相知。

这次在《领读南京》的访谈对象设计时，除了类似卢海鸣、徐海、程章灿、叶兆言这样南京读书文化界的顶尖人士外，特意安排了一批勤恳耕耘、默默付出的中生代代表。译林出版社的编辑陆晨希、先锋书店的首席导购“教授”孙清和多年来致力于书评与书店探访随笔写作的谢欢老师，都是这样的中生代代表。

正如谢欢在访谈中所说，南京民间层出不穷的编辑、读者、阅读爱好者和阅读推广人，才是南京成为书香之都和“世界文学之都”最为坚实的基础。也非常荣幸借助于《领读南京》一书的写作，跟上述这些精英和中坚代表人士做深入交流。

谢老师之于南京公共图书馆建设与全民阅读事业的进一步期望，我个人是心有戚戚，在让南京成为更好的书香之城的道路上，吾道不孤，继续前行。

2023年7月17日晚访谈于南京万象书坊

访谈整理：沈飞地

许金晶：首先，能否介绍一下您的主要人生经历？是什么样的机缘，让您成为一位酷爱读书的人？作为一位高校学者，您平时为了研究、教学和休闲生活各自进行的阅读，呈现出怎样的不同面貌？

谢欢：我出生于20世纪80年代末，幼时生活在江南的一个小镇，小时候不像城里的孩子有机会去少年宫、图书馆等场所，我们基本上是“到处乱蹿”，田间地里、水汊沟边都是我们的常去之地，怎会安心读书？现在回想起来，在初中以前除了课本之外，真的能称得上课外阅读的估计也就是读作文选了。那时虽然家中有不少书报，但由于父亲职业（放射科医生）及业余兴趣（对家电维修很感兴趣）的缘故，这些书报基本都是与医学或家电维修有关，而我对这些则毫无兴趣。我所在的小镇并没有像样的书店，而所就读的小学虽然有一间图书室，但基本处于封闭状态，印象中直到六年级时才可以借阅图书，不过由于面临“小升初”，学校老师抓得也紧（虽然初中是义务教育，但每个学校在全市考试的排名主要是依据学生考试成绩来的，所以当时的小学老师都比较负责，对学生课业抓得比较紧），很少能去借书。

进入初中以后，我的阅读量开始猛增，而且读的绝大部分都是文学名著。起初读名著是因为那时教育主管部门规定中学生要读中外名著，并且在期末考试的试卷中会出相关试题，所以学校老师都很重视。一开始读这些名著当然是为应付考试，但是读着读着发现渐渐喜欢上了读名著。有时去市区，还会特意去新华书店买上一两本，记得那时人民文学出版社出版了一套“教育部《中学语文大纲》指定书目（中学生课外文学名著必读）”丛书，这套书我基本上买全了。初中我读过的，给我留下较深印象的文学名著有国外的《钢铁是怎样炼成的》《鲁滨逊漂流记》《格列佛游记》《欧也妮·葛朗台》《茶花女》《红与黑》《绞刑架下的报告》，国内的《呐喊》《朝花夕拾》《繁星·春水》《骆驼祥子》等。到初二、初三时，我开始阅读大量的中国古代文学作品，如《红楼梦》《老子·庄子》《唐宋八大家散文选》《三国演义》等等，当然也涉猎其他如大部分男生喜欢的武侠小说、青春漫画等。那时候的阅读可以说到了一个“痴迷”的地步，经常会看到晚上一两点，有几次还彻夜读《红楼梦》。现在回想起来，那时候虽然痴迷于阅读文学名著，但很多并未读懂，不过那种彻夜翻书的感觉确实让人记忆深刻。

正是初中这一阶段丰富的、无拘束的阅读经历，养成了我对文史的兴趣。然而高中阶段，却是我人生阅读史上一段“灰暗”时期。

当时高考的压力确实挺大，课业也很重，几乎没有课外阅读时间。不过，进入高中后，有两件事还是值得一提：当时我所在的宜兴官林中学建有一座规模宏大、设施豪华的图书馆，前几年我回母校看到这座图书馆后，仍然觉得这座图书馆在中学图书馆中应该算是非常不错的。那时，教语文的刘宏雷老师，定期会将他的语文课时间专门用作我们的阅读时间，带我们去图书馆由我们随意翻阅书刊，去图书馆也成为我们上语文课最大的一个期待。另外一件事是，当时学校允许学生自己订阅报刊，我在高二时订了一份《青年文摘》，这本杂志也成为我高二生活的重要陪伴者。当时，杂志都是由班主任签收，而我们班主任每次签收完之后都不会立即给我，而是等到放假（当时每两周放一天）时才把杂志给我，让我回家再看。不过难得的假期，怎会用来看杂志？所以，我一般都把杂志偷偷留在学校，返校后，或是在宿舍，或是在教室上晚自习时偷偷地看。偷看时的那种紧张心情，现在想来还有点“不寒而栗”，因为如果被老师发现晚自习不好好做“正事”，处罚是很严厉的！遗憾的是，进入高三后，班主任说“读这些东西会分心”，所以不允许我再订，我与《青年文摘》的缘分到此也就结束了，此后再也没有翻阅过这本杂志。

进入大学后，自由支配的时间明显多了，大一时，我把大部分时间都用来阅读，或许是想以此弥补高中三年的遗憾吧！那时也是什么书都读，有一种回到初中的感觉。我记得当时读的最多的便是人物传记，政治、文化、学术乃至娱乐明星，各界人物都有，其中尤以民国学人传记为最，而我对学人传记的热爱至今未减。但大学时的阅读与初中时又有很大的不同，最主要的就是学会了做阅读笔记，这一习惯至今仍然保持。记得那时候每个礼拜都要去几次图书馆，每次去的时候手里都会捧着好几本书，而出来的时候，手里依旧捧着一摞书，这种感觉真的非常好！可惜，到大二的时候，我开始越来越多地涉猎专业领域，虽然从图书馆借的书的数量不比原来少，但范围显然没有以前那么宽广了，像大一那样无拘无束地读“闲书”的时间也越来越少了。进入大三后，因为早早地确定了要继续读研深造，所以着手准备考研所需的英语、政治，阅读量又有所下降，好在获得了免试读研的资格，阅读量得以“触底反弹”。大四课程本来就不多，加上保研之后不用担心找工作，所以大量的时间都可以用来阅读。这一段时间的阅读和大一时差不多，广泛阅读各类图书，但是阅读水平较之大一则有了显著提高，会针对阅读中产生的问题去借阅新的资料。这种滚雪球式的、思辨性的阅读，对于研究思维的培养无疑大有裨益。

读研之后，特别是随着自己的学术研究兴趣确定后，阅读的领域越来越窄，除了专业文献之外，其余阅读的内容基本限于文史领域，后来这种阅读状态逐渐定型，一直持续到今天。如果现在让我自己估算的话，为学术研究而进行的阅读可能占到我阅读总量的70%—80%，这种阅读有时候不一定是通篇细读，一本专业书籍，我可能只会找其中的某一段或者某一部分资料来读，是一种有选择、有目的的研究型阅读。当然，有时候偶然读到一本书，让我觉得有兴趣、有研究的价值，也可能会给我提供一个新的研究选题，那么，我可能会围绕这个题目再去收集各种资料，进行补充阅读。而那种完全由着兴趣，比较随意的阅读，在今天大约只占到我阅读总量的两成以内。

许金晶：作为在南京生活了多年的新南京人，能否以您个人的亲身经历，介绍一下南京这些年以来阅读氛围和环境的变化？您所亲历的南京多年来的读书文化生活中，有哪些让您印象特别深刻的事情？能否为我们一一介绍？

谢欢：我是2011年由苏州大学免试保送到南京大学的，后来又硕博连读，所学专业一直是图书馆学。博士毕业以后留校任教，从2011年到2023

年，除去到美国访学的1年，我在南京一共生活了11年。

这11年间，我的活动轨迹基本都围绕着南京大学，所以如果让我回答这个问题，我可能还是会立足于南大周边的生活圈，确切地说就是围绕着南大的两个校区：鼓楼和仙林。我的学生时代是在鼓楼度过的，那时每天晚上吃完饭，基本都会去周围转转，不知不觉就对南大周围的旧书店熟悉起来。在我看来，南大鼓楼校区边上的旧书店群不仅是南京书业的重要组成部分，在南京整个阅读文化中都占据着非常重要的地位。关于南大周围旧书店群的文章有很多，但是这几年很明显地能感受到南大周围旧书店群的落寞。

另一个感受是南京的民间阅读力量比较强，我不知道在这里用“民间”这个词是否恰当，姑妄用之。在南京，我能感受有那么一群人，一群来自民间的，可能和学术圈有着千丝万缕的联系，但又非典型学院派的人士，积极热情地推动着南京阅读事业的发展。举几个我熟悉的例子，比如“梅园经典共读小组”的主理人许金晶老师，“群学书院”的运营总监陆远学长，独立编纂高水平民间刊物《开卷》的董宁文老师……他们都用自己擅长的方式，为南京“书香城市”的建设添砖加瓦。在我看来，南京强大的民间阅读力量是南京这座城市非常重要的文化基因，让我印象深刻。

许金晶：为什么会选择图书馆学作为自己治学的专业？作为图书馆学学者，您是否探访了中外各国的各类图书馆？哪些图书馆让您印象特别深刻？这些让您印象深刻的图书馆，其特色和优势何在？这些特色和优势如何值得南京的图书馆和阅读推广机构、场所参考？

谢欢：实话实说，高考选专业的时候是被调剂到图书馆学的。当时稀里糊涂就选择了这个专业，但是无心插柳柳成荫，学着学着，逐渐喜欢上了图书馆学这个专业，并确定了以学术为志业的人生方向。为此，我在本科阶段就曾尝试着去做一些学术研究，并撰写学术论文。本科期间我发表了多篇论文，其中好几篇发表于CSSCI来源期刊上，这为我从苏州大学保研到南京大学起了非常重要的作用。

因为专业的缘故，现在我每到一个城市，假如时间允许，都会到当地的图书馆走一走看一看。比如在美国访学的那一年，也就是2018年10月到2019年10月这段时间，我走访了美国的很多图书馆，其中既有高校图书馆，也有公共图书馆。提到美国的图书馆，可能很多人首先想到的是美国国会图书馆，或者纽约公共图书馆、波士顿公共图书馆、哈佛大学图书馆等等，不容否认，这些图书馆确实在世界图书馆发展史上占有重要地位。

但在美国期间，给我印象最深的可能不是某一个图书馆，而是某一种类型的图书馆，即美国基层公共图书馆。我觉得这种小型公共图书馆是美国图书馆文化的核心，是美国图书馆最具魅力的地方，因为它们直接和广大民众发生关联，为民众提供了一个与书相伴的环境以及各种各样的衍生服务。相比之下，我觉得南京的公共图书馆事业还有很大的提升空间。比如南京的玄武区，作为南京最核心的城区之一，好像到目前为止，都没有自己的区级图书馆，这同南京这座城市的经济地位、文化底蕴、人口规模都是不太匹配的。如果大家有机会去北上广深，尤其是珠三角一带，包括佛山、东莞这样的非一线城市，会发现当地的公共图书馆事业非常发达，走在街上很容易就能遇见那种小巧精致的阅读空间。但是在南京，无论开车还是步行，10分钟以内能遇到一间图书馆的概率都不太大。

一座城市的良性发展有赖于文化空间的建设，图书馆就是其中一种很好的载体，人们到图书馆来不仅可以读书，还可以讲故事、做游戏、听音乐，南京需要的是一个能够持续发展的、多元的公共文化空间。

许金晶：您在工作之余，一直以探访书店为乐，并且撰写过数十篇书店探访随笔。为什么这么喜欢逛书店？在您看来，如今的网络时代，实体书店的意义何在？在您的探访经历当中，哪些书店让您印象特别深刻？它们的特色和优势何在？这些特色和优势又如何值得南京的书店和阅读机构、场所参考？

谢欢：我起初逛书店就是闲逛，没有特别的目的，不经意间路过某个书店，时间允许就会进去看一看。同样，最初写书店也是不经意的，没有太明确的目的，就是练练笔。但是写多了以后发现，我写的那些关于书店的文章，从某种程度上来说竟然成了书业发展史料，就目前已经发表的不少探访书店文章而言，其中涉及的诸多书店已经消失了。所以我现在一旦走进某家书店，如果自己感觉比较喜欢，就会特地去写一篇文章，因为真的担心将来某一天这家书店就消失了。

关于互联网时代实体书店发展的这个问题，我曾经也考虑过。当下，也有一些学者在呼吁城市要恢复古旧书店、书市，我认为在讨论这个问题前我们首先应该回顾一下历史，看看以前书店或者说书市繁荣的根本原因是什么。

我们现在提起旧书店、书市，很多人都喜欢谈论北京的琉璃厂和隆福寺，那么这些区域在晚清、民国，甚至到二十世纪五六十年代，为什么如此繁荣？在我看来，这些书市在当时不仅仅扮演了图书提供者的角色，更是起到了一个“信息中介”的作用，全国各地的书汇聚到书市，读书人逛书市，无形之中就了解到了最新的学术资讯、文化资讯、出版资讯，所以读书人热衷于逛书市。

但是今天，随着图书馆事业的发展，网络、自媒体的迅速扩张，这些资讯完全可以通过其他渠道了解，所以书店作为信息中介，或者说知识中介、文化中介、学术中介的功能，基本已经被完全取代了。与此同时，书店另一个核心功能，售卖书籍，也已经被网络销售平台所取代。实体书店最核心的两大功能逐渐消失，那么实体书店的生存自然就陷入了艰难的处境。我听说现在的新书店，基本上没有靠卖书来实现盈利的，都是依靠一些附加产值，比如咖啡软饮、文创产品等创造利润。

在这种前提下，书店，尤其是像南大周围的学人书店、唯楚书店这类旧书店，我个人认为，在未来更多的是代表一种符号意义，让人们路过南京的街道时，感受到书香，感受到这座城市的书卷气和文化底蕴。但是如果想维持这种符号意义，仅仅依靠书店本身是非常艰难的，更多的就需要政府从各方面予以支持。

许金晶： 在这么多年的阅读、研究与写作旅程中，您跟哪些作者（作家、学者、艺术家）有过交往和交流？能否谈谈跟他们的交往故事以及对他们的印象？您又接触过哪些让人印象深刻的读者？能否分享一下这些读者的动人故事？

谢欢： 去年遇到了一件令我感动的事。2021年，我翻译的美国学者威甘德的《美国公共图书馆史》中文版由国家图书馆出版社正式出版，2022年某一天，我收到了一封邮件，来信者是武汉大学一位与计算机专业相关的工科女生，她在邮件中向我描述了阅读《美国公共图书馆史》时的心境变化。

这位同学后来成功考上了北京大学图书馆学专业的研究生。今年上半年我去北大信息管理系开会，还在会场遇见了她，彼此还加了微信。

作者方面，在南京给我留下深刻印象的是一位有趣的前辈——江苏文艺出版社前副总编辑张昌华先生。张昌华先生不仅是一位非常资深的编辑，同时也是一位非常有名的传记文学作家，他写过很多民国人物的传记，其中最具代表性的就是在广西师范大学出版社出版的《曾经风雅》《故人风清》《百年风度》等系列图书。

我和张先生结缘是因为一本书——《他们给我写过信》（商务印书馆2021年出版）。由于我对信札文献比较感兴趣，所以看到信札有关的图书基本都会买来翻阅，于是就读到了《他们给我写过信》一书。读完该书后，颇有感触，便写了一篇类似读后感的小文章。正好我与张昌华老师同在某一个微信群里，于是就冒昧加了张先生，张先生通过我的好友申请后，我把这篇文章发给了他。张老师阅后给我手写了一封回信并约定有时间面谈，当时正值疫情，见面不易，所以一直等到2021年9月，我才有机会当面去拜访他。

我与张先生很投缘，他也有点把我当忘年交的意思，所以后来往来颇频。在交往中我得知，他早年当编辑时，曾经有过面向整个华语文学世界征稿的宏大计划，并亲自致函海外名家约稿。这批信件因为特殊原因被张先生留底保存下来，但是无心插柳柳成荫，这批信札文献今天已经成为能够反映一代学人风貌的重要史料，同时也成为张昌华先生后期撰稿工作的重要素材来源。这是令我觉得很有趣的一段经历，记忆深刻。

许金晶： 能否再介绍一下您从事图书馆学研究、教学与翻译方面的情况？之于图书馆学的学术研究，对您的阅读与阅读推广起到了怎样的影响和促进作用？能否结合一些具体案例来做介绍？

谢欢： 我从来不觉得我是一位专业的阅读推广从业者，但是如果从广义的阅读推广来说，我的一些工作可能会对阅读推广产生一些间接的价值。一方面作为图书馆学的研究者，我的专业学习、研究、论述，聚焦于图书馆；另一方面，就像我刚提到的我写的那些关于书店的文章，它的传播价值、史料价值，或许能为当下的阅读推广事业做一点微小的贡献。

许金晶： 作为一位图书馆学的学者，您如何看待阅读推广工作在当今中国的位置与影响？就如何做好阅读推广工作，结合您多年来的运作经验，您有哪些心得和建议可以分享？

谢欢： 就图书馆学而言，阅读推广是近年来的一个热点领域，我也有过一些思考。对于图书馆的阅读推广，我觉得首先要区分高校图书馆的阅读推广和公共图书馆的阅读推广。

先就高校而言，现在很多高校的图书馆、教务、宣传等部门都在阅读推广方面投入了大量精力，对此我觉得是挺可悲的。在我看来，读书自古以来都是一种小众行为。我们今天的高校学生，他们本身就带有一些“知识精英”的属性，在这种身份认同下，阅读本应该成为一种自发性的行为，可以说高校学生是最应该读书的一个群体，但是现在高校自发阅读的学生已经很少了，所以我觉得这是一件可悲的事。

其次，就公共图书馆阅读推广而言，对于不少公共图书馆来说，阅读推广已经成为其首要工作，甚至对于某些公共图书馆来说，除了阅读推广就没有其他工作了，我觉得有点“过”了。事实上，除了阅读推广，公共图书馆的职能还有很多，比如搜集保存所在地区的文献等。

许金晶： 同为南京的阅读推广人，您跟南京其他阅读推广人之间，有着怎样的互动和交流？能否介绍和点评一下值得您敬佩和学习的南京阅读推广人以及他们的主要事迹？

谢欢：这个问题我前面已经提到过了，就我接触过的人而言，我比较敬佩的三位阅读推广人是："梅园经典共读小组"的主理人许金晶老师，"群学书院"的运营总监陆远博士，《开卷》杂志的主编董宁文老师。

许金晶：对于政府当下倡导和推行的全民阅读，您如何看待，又认为如何才能实现全民阅读的良性发展？

谢欢：首先我觉得政府倡导全民阅读的出发点是好的，也做了许多工作，但是如何去衡量这些工作的成效，以及投入和成效的比例，还是值得研究的。

在我个人看来，全民阅读最核心的要义就是为民众提供能接触到书的空间。政府需要搭建好平台，投入经费，完善空间，把基础设施（重点是公共图书馆事业）做好，然后充分调动民间的活力，不必所有事都大包大揽。

现在其实已经有了一些这样的形式，有些地方叫"读书驿站"或者"城市书房"，但是数量上仍然不足。设想这样一种情形：在玄武区这个核心城区，我们布置10个小型阅读空间（虽然这个数量也不算多），让民众在步行过程中，每10分钟就能遇见一个阅读空间。也许有人路过，本意只是想进去休憩一下，然而坐定以后身边书香环绕，他不自觉地就拿起手边的书本翻阅。这也许只是某个人一次偶然的经历，但这的确达成了一次"事实上"的阅读，也即构成了我们谈论全民阅读的真实样本。

比之每年4月23日（世界读书日）全方位的、集中性的阅读宣传，我觉得我们更应该关注当下，功在日常。南京在全民阅读基础设施建设方面和深圳、苏州等城市还有一定差距，任重道远。

许金晶：如何评价南京的阅读与文化氛围？在您看来，南京应该如何建设"世界文学之都"、最大限度上发挥其品牌效应？阅读推广工作在这当中，又应该扮演什么样的角色？

谢欢：关于南京的阅读与文化氛围，就像我前面提到的，令我印象最深的还是那些活跃的民间力量，甚至南京被评为“世界文学之都”的颁奖词里也明确褒奖了他们的贡献。但回到我的专业而言，我觉得南京的公共图书馆在“文学之都”的框架下，是有所缺位的。

前面已经就相关话题做了很多陈述了，我这里再补充一个例子。南京东部有仙林大学城，每个大学校园里都有自己的图书馆，但是作为一块城市区域而言的“大学城”，似乎也值得拥有一个大学城的公共图书馆，很遗憾现在还没有。从这个角度说，可一书店从市区搬到仙林是一个非常英明的举措，它为仙林区域开辟了一个公共阅读空间。

我当然还是希望南京能够多建公共图书馆，理想状态下南京应该拥有一个和“世界文学之都”相匹配的公共图书馆体系。也希望能够利用评选上“世界文学之都”这样一个契机，整合相关资源去帮助南京公共图书馆事业进一步发展。南方有城市提出过“图书馆之城”这个口号，但好像还没有听说过“图书馆之都”这个概念，我觉得这可以成为南京未来的一个目标。

许金晶： 能否谈谈对您人生影响最大的几本书，以及它们的影响何在？再说说您个人最喜欢的阅读生活状态。阅读之于您、之于南京人、之于当代社会里的每一个人，又各自意味着什么？

谢欢： 第一个问题我可能没法给出特别明确的答案，我始终认为阅读和人生的经历、际遇息息相关，我的人生相对平缓，没有经历过大的波折或转向，所以可能也没有遇到过一本里程碑式的书。

关于阅读这件事，我的感受是，读书就好像一日三餐一样，是我每天生活的一部分，不会说因为我今天吃了蒸鱼而明天吃了烧鸡，就对我的身体机能产生什么显著的影响，阅读已经融进了我的生活，成为生活的一部分。我不会去刻意强调，今天是否一定要读书、一定要读多少书，自然状态下的阅读最好。

如果从广义的角度来理解阅读，读报刊、读微信公众号里推送的文章，都算阅读；公交、地铁上盯着手机屏幕的上班族，也许也是在从事一种阅读，没有必要一定强调只有读纸质书才是阅读。所以，我觉得无论是自我阅读还是阅读推广，在今天都应该持一种包容的态度，大家能找到自己最舒适的阅读状态即可。

谢欢：南京大学信息管理学院副教授、系主任、博士生导师。

徐力：为公众提供“接地气”的阅读服务

“接地气”是对徐力老师进行一个多小时的访谈留给我最重要的关键印象。谈及对自己影响最大的书，徐力没有列举近年来他策划的沙龙里共读的那些名家名作，而是坦诚而毫不避讳地分享了郑渊洁、“痞子蔡”和马伯庸。而这样的“接地气”，也跟鼓楼区图书馆立足服务最基层的公众阅读需求、立足最具大众读者延伸度与影响力的文学作品共读沙龙一脉相承。

访谈过程中，徐力对于文学与阅读发自内心的热爱、以读者为本的坚实服务意识和着力挖掘陈妙玲等优秀新人作者的不俗眼光，都让同样作为阅读推广人的我感同身受。

每一本书，跟出版后的反响与交流相比，其访谈、写作与打磨过程，同样是让作者非常享受的生命体验。

2022 年 9 月 21 日晚访谈于南京龙江新城市广场 Tims 咖啡

访谈整理：张珈源

许金晶：首先，能否介绍一下您在从事阅读相关工作之前的主要人生经历？在到图书馆工作之前，自己的读书生活，大致是怎么样的路径和样态？过往的人生经历和阅读积累，对于您后来从事阅读推广工作，产生了哪些影响？

徐力：阅读一直是我个人的习惯和兴趣爱好。其实我从高中到本科学的都是理科，而且一直在南京生活。前不久初中同学聚会的时候，初中班主任还说，记得你高中的时候计算机那么厉害，还代表学校去比赛，没想到你现在在图书馆做文学阅读了。这个转变其实有一个重要原因，那就是我的高中班主任。我是在南京二十九中读的高中，当时的班主任就住在学校边上，省作协的宿舍楼，而她先生就是著名的评论家王干。当时有"北王蒙，南王干"的说法。我毕业很多年以后，他们夫妇一起调到北京去了。他们的小院子里住了不少作家，有周梅森，有叶兆言。当时我的班主任，也是我的语文老师，在潜移默化之中帮助我们养成这种阅读文学作品的习惯，我们班也形成了非常好的阅读氛围。

许金晶：当时老师有没有给你们重点推荐一些书呢？

徐力：1998—2001年，老师考虑到我们还是中学生，给我们推荐郑渊洁的童话，还有韩寒的作品，也包括叶老及他的祖父叶圣陶先生的作品。这种阅读的习惯一直延续到大学，延续到后来进入工作。我觉得我是如鱼得水吧，能够将兴趣爱好与工作结合在一起。

许金晶：作为南京本地人，能否以您个人的亲身经历，介绍一下南京改革开放以来阅读氛围和环境的变化？您所亲历的南京数十年来的读书文化生活中，有哪些让您印象特别深刻的事情？能否为我们一一介绍？

徐力：我们那会儿，中学附近其实没有多少供学生阅读的书店，最多只有一些报刊亭，整个南京市范围里国营的新华书店也并不多。提到鼓楼的书店，就是湖南路那边的图书发行大厦。而印象最深的就是军人俱乐部里的长三角书市，那里不光有各种参考书，各种文学名著也都有。我们想读书的时候就会三五结群地去，周日也会在书店里待着。

现在虽然长三角书市搬迁了，但是我们能很明显地感觉到南京这十年以来各种民营书店的兴起，比如说先锋书店、大众书局、可一书店、万象书坊、西西弗、锦创书城等等，这些民营书店的环境、氛围、选书等软硬件条件非常好。现在南京的阅读体验真是幸福感满满，每到周日各家书店都人满为患。

再说到图书馆，我们上学的时候，对图书馆没什么概念。但我工作后发现，越来越多的年轻人知道图书馆，也会愿意到图书馆来，把图书馆作为自己阅读的一个重要阵地。图书馆这几年在民众中的影响力也越来越大。我刚工作的时候，来图书馆的绝大部分都是老年人，在图书馆里看看报纸拉拉家常，待一天再借几本书回家。而现在，周末、节假日和寒暑假里，图书馆里都是来学习、阅读的青年人，还有带着孩子一起来感受阅读氛围的家长们，中老年人的比例越来越小。

许金晶：在您看来，南京这个省会城市中的区一级图书馆，在城市阅读文化生活和阅读推广中的定位和作用是怎样的？作为鼓楼区图书馆的一分子，您又是如何用自己的实际行动，去践行这些定位和作用的？

徐力：图书馆在最初的全民阅读推广工作开展时，和书店一起构成了这项工作的主阵地，几乎就是全民阅读代名词，承担了推广的最重要的份额。这些年，鼓楼区图书馆作为鼓楼的主阵地，和鼓楼的各家书店一起在努力推广全民阅读，一方面做好公共文化服务，保障和提高基础阅读服务工作，另方面通过各种形式去推广全民阅读，比如建设24小时的图书室，举办各类型读书活动，筹划各种主题的图书推荐等等。随着全民阅读推广的越来越普及，图书馆在做好自己工作的同时也在逐渐改变自己的身份，更注重于多部门的合作，全方位为各部门各阶层的阅读工作提供服务和支持。

公共图书馆一般分为省级馆、市级馆、区级馆，各个层级馆有不一样的定位。有一次开会，由浙江省图书馆的馆长褚树青做讲座。褚馆长有一个理念非常有名，他在担任杭州图书馆馆长时允许乞丐进入图书馆。面对质疑，他回答：“我没有权利拒绝一个热爱读书的乞丐来我图书馆，但你如果觉得不合适，你有权离开。”他对乞丐的唯一要求就是，他们需要把手洗干净。当时褚馆长在做讲座的时候，谈及图书馆的定位问题，他说在全民阅读工作方面，很多区级馆，做得远远要比省级馆、市级馆丰富和精彩，最基本的阅读推广功能是由区级馆来完成的。省馆、市馆更多将精力集中在古籍保护、文献科研、课题研究等方面，而公共文化服务和阅读推广这一项日常的工作更多的就交给区馆负责。褚馆长当时举了一个例子，比如说，春节、国庆的时候，省馆、市馆可能假期前几天就闭馆了，而区馆则是365天都开放的，因为区馆需要保障周边老百姓最基本的公共阅读服务的需求。他讲得很符合现在省、市、区图书馆的功能分配状况。

2013—2019年，因为当时全民阅读办设在文化局，各个区的阅读推广工作基本都由文化局交给图书馆进行，一个区全年的全民阅读工作，图书馆要占到六成以上，甚至更多。前几年的时候，我们常开玩笑，只要开全民阅读会，就是馆长开会。而在2019年全民阅读办调整到宣传部后，我能明显感觉到，虽然图书馆继续在做好自己的全民阅读工作，并且做得越来越好，但是从整个全民阅读情况来看，图书馆在全民阅读工作中占的总体比例却越来越小。就以我们鼓楼区来说吧，这一年我自己都感觉到我们馆里的全民阅读活动在经历了三年“压抑”后，井喷似的“报复性”开展，无论数量还是影响力和欢迎程度都是空前的。可是前段时间，我们区委宣传部部长刚刚发表了一篇系统介绍我们区这一年的全民阅读工作的文章。在那篇文章中，涉及图书馆的工作却只提到了一句，更多的是整个鼓楼区校园、机关、企业、社区、军营的全民阅读工作开展得红红火火。所以从2019年到现在，南京的整个全民阅读工作是越来越好的，范围是越来越扩大的，已经绝不是局限在图书馆了。全民阅读工作从宣传部牵头开始各个部门各个环节各个条口全部联动，百花齐放、精彩纷呈。图书馆的工作与之前相比是越来越多的，但是放到整个南京、整个鼓楼的全民阅读工作之中，比例反而越来越小。可以说全民阅读的这个事情算是真正起来了，而且是越来越好的。

许金晶：您是从什么时候开始在图书馆策划共读沙龙的？您在共读沙龙的活动定位、主题选择、嘉宾邀请、内容策划等方面，有哪些自己的思考和心得？能否跟我们一一分享？

徐力：我们图书馆很早就开始做全民阅读的推广和各种沙龙活动，2009

年，那时可能还没有全民阅读这个概念。当时我们举办了第一届书香鼓楼全民阅读节，是从南方城市，东莞和深圳那里取经的。因为一开始没有经验、没有资源，我们只能依靠一些图书供应商，比如新华书店、凤凰书城、先锋书店，他们有什么作家资源提供我们就做什么，我们更多地相当于完成全民阅读节中间的一个项目和任务。

这种情况一直维持到2018年。之前我们没有资源，是相对被动地求助于别人。而2018年以后，全民阅读氛围逐渐浓厚，图书馆在全民阅读工作中的地位和重要性逐渐显现，我们开始“反客为主”地根据最近的新书榜、热点好书等信息参考来提出馆里活动的要求。由我们提出想要哪些作家来，让书店根据我们的要求帮忙联系和安排。最近这两年里我们又有了一些变化，我们开始跳过书店，直接跟作家约活动，直接跟出版社约活动，并且会根据想要做的主题和想打造的品牌进行系统选择。比如中国医师节我们做了陈妙玲老师的《你的苦痛与我相关》活动，父亲节做了向迅老师的《与父亲书》活动，国家公祭日时我们做了《纪念碑下》的研讨会等等。我们会根据不同的定位来选择自己想要做的活动，完全是主动的，可以直接跟作家约时间，直接跟出版社约时间，之后再反过来定书店，由哪个书店来承接这次活动。活动需要的图书，我们来找书店提供，书店来配合我们的需求。

从2009年到现在，活动的策划和定位，经过多年的摸索，基本形成几个类别。第一，依据鼓楼的文化教育优势，突出名家的活动，与文学大家面对面，比如茅奖、鲁奖得主等知名作家。第二，以宣传南京、鼓楼的历史文化为活动宗旨，如“遇见鼓楼”文化行走，主打鼓楼的十张文化名片。第三，延续图书馆多年来已经形成的若干品牌活动，比如“绘本之旅”亲子阅读，“图书馆里的动物园”等等，围绕着这些品牌开展和策划活动。第四是根据重点活动、日程设计活动，比如“世界读书日”、足球世界杯、奥运会、教师节等等。

在各种新书分享活动中，我们发现一个问题。很多时候作家在上面谈，下面很多读者没看过作品，没办法产生共鸣。比如最近先锋书店叶弥老师

《不老》的新书分享活动中，何平与何同彬两位何老师在台上面谈自己的阅读感受，我自己是把书看完了，真的很有共鸣。但其他读者是没有反应的，因为如果没有先买书，看过书的内容的话，他们和老师们分享的内容是脱节的。所以，看过书以后再参加活动能受益匪浅，包括再回头看书也会有很多提高。

所以这两年我们图书馆做活动的话，会特别注意，我们做活动的书，要么在当月或前几个月就已经由馆里推荐过，告诉读者馆里有这本书，可以借着看。同时从今年开始，我们也开始了一种新的方式，就是在部分活动的时候尝试分享的图书由图书馆购买，赠送给报名参加的读者，让读者在活动之前拿到书阅读，能对书有更直观的感受。读者拿到书之后，在等待活动开始之前或者在活动中，就可以翻阅一下，从而更好地融入活动之中。比如这个周日我们举办了从苏州赶来的鲁迅文学奖获得者王尧老师的散文集《时代与肖像》的分享活动，我当时在现场的感受很深。在王尧老师讲到其中一篇《那是初恋吗》，和几个嘉宾讨论文中的句子和情节时，我看到台下的很多读者就翻到那一页，边听边看，相当于跟作者互动，整个活动效果非常好。所以，这几个例子也就反映出，我们这些年在活动中不断摸索和调整，也在不断地改进。

许金晶：工作期间，您印象当中有哪些比较深刻的读者故事？您又跟哪些作者（作家、学者、艺术家）有过交往和交流？能否谈谈跟他们的交往故事以及对他们的印象？

徐力：这就又回到之前谈过的全民阅读推广的感受上了。以前我们搞活动，在观众的人数方面还是挺头疼的，有时怕冷场会不得已去组织一些观众垫个场。但是从这一两年开始，我们不用去担心观众的问题了，图书馆已经有一批忠实的阅读活动读者。经常有很多读者守着点问工作人员，这周有没有活动，活动是什么，报名开始了吗？《海阔天空》的那一场活动，有一个奶奶带着小学生来，我们提醒这不是针对少儿的活动。她说，从第一场动物园主题的活动开始，你们图书馆今年举办的活动都想参加，想让小朋友感受阅读的氛围。老人家讲的这段话让我觉得很欣慰，从中能够看到全民阅读工作在南京，在鼓楼，在图书馆，开展之后的显著效果。

这么多年的活动也请了很多作家。有一个活动是我个人觉得很有意义的。2016年我们馆曾经邀请叶兆言老师到鼓楼的一所名校和学生分享，期间叶老师说到一个事情：他女儿当年小升初的时候，湖南路片区一共4所中学，当时的小升初是报志愿和考试录取的，所以学生和家长的压力都很大，老师给学生天天的“恐吓”是：“你再不好好学习，只能去上三十三中！”我在台下会心一笑，30年前，我也是那个片区的小升初学生，这句话真的是我们当年听出老茧的话，觉得去了三十三中人生就完了。后来我还专门发了一个朋友圈，引起了很多人的共鸣和回忆，无论是我的同辈还是长辈都记得三十三中这个“梗”。

这里说的三十三中是一所职业教育的中学，而叶兆言老师和名校学生说这段的意思很明确，非常反感当年老师给家长和学生灌输的理念，为什么进入职业教育就是人生失败呢？谁说的职业教育的学生就不能成才呢？叶老师的这个话我一直记在脑海里，然而机缘巧合这两年我们图书馆和同为职业教育的南京商业学校进行了分馆建设和阅读战略合作，多次随意走在校园里，南商学生的素养和活力给我留下了深刻的印象，完全不是我们固有思维里对职业学校学生所描绘的形象。后来在校史馆里我才知道南京商业学校的前身就是三十三中，多年前叶老师的那番话一下子又从脑海里跳了出来。

于是我跟南商的张校长说起了这段往事，表示自己有个想法，特别想邀请叶兆言老师来到南商，来到这个曾经他们那一批家长脑海中“妖魔化”的三十三中，在校园里走一走，看一看，和学生们近距离聊一聊，证明他当时的看法是没有错的。张校长非常感动和感慨，表示这个活动如果成行太有意义了。

回来我们就积极策划，今年终于邀请了叶兆言老师来到南商和学生们分享“在文学的历程中，遇见更好的自己”。活动非常成功，南商的学生们对文学的热爱，对阅读的执着，让叶老师特别感动。活动间隙我和叶老师谈到了当年小升初时候三十三中的“噩梦”和他几年前那次活动的感慨。叶老师挺惊讶我还记得那一次活动，并再次表达了自己的观点，尤其这也是他第一次来到职业中学，学校的氛围和学生的面貌给了他直观的感受，如今社会对职业教育学校的偏见是真的要改变的。

这个活动也是我做这项工作以来非常特殊、有意思而且让人感到欣慰的体会和经历。

许金晶：区一级图书馆从事阅读推广活动，有哪些自己的优势和劣势？您在策划运作过程中，是如何进行扬长避短的？

徐力：区级图书馆做阅读推广活动，最大的优势肯定是受众，是对周边老百姓、读者的便利性。省馆和市馆的活动可能会更加高大上一点，站位更高一点。而区一级的活动会更接地气，会做很多小范围的活动，比如我们举办的亲子绘本活动，与红山动物园一起举办的小型科普活动等，每次就三四十个人，这样活动更贴近、更方便老百姓。第二，区县图书馆全民阅读活动的频率和便利性要更高一点。比如省馆、市馆可能每一个月、一个季度甚至半年才会办一次大的活动，而各个区图书馆的活动会很频繁。现在各个区的图书馆基本上每周都有各种活动，我们鼓楼区图书馆从今年开始，几乎每周都有一个大型阅读分享活动。我们馆所在的南京白云亭文化艺术中心的场地空间是由文化馆和图书馆一起使用，周六文化馆会有演出，周日图书馆会举行沙龙讲座。对于老百姓来说，非常便利，活动就在家门口，周六来看文化演出，周日来听阅读分享，很多老百姓也已经养成了这种习惯。第三，对于鼓楼区图书馆来说，有一个独有的优势，就是鼓楼的图书资源可能在南京所有区里面是最丰富的，有大量的书店，比如四大最美书店——凤凰、先锋、大众、万象。因此我们馆新书的资源是最快、最便捷的，新书上架的效率可能也是全市最高的。比如王朔的新书《起初·纪年》，10月份就上架，马伯庸的新书《大医》出了一两个星期，下个星期也就上架了。

对于区馆而言，劣势也在它自身的一个重要特点，就是区馆更重要的工作是保障老百姓的基本阅读服务，因此需要像医院一样365天开放，而目前各个区县图书馆工作人员的总人数都有限，一个馆可能最多只有10来个在编人员，人员配备和经费使用可能只够保障最基本的公共文化服务，他们就分不出精力、人员、经费去做阅读推广，去做策划，去想品牌。这个是区县图书馆都存在的问题，就像我们馆里面每次做活动也都是临时抽调人手，主持人客串上台把嘉宾介绍完以后，就要赶紧回到窗口去服务了。馆里所有的全民阅读活动策划筹备都是在日常工作时见缝插针完成的。举个新书推荐的具体例子，对一个图书馆来说，当他们的人手可能真的只够借书还书保障图书馆的正常开放时，如果要再去做什么新书推荐，那只能被动地接受书店的推荐了，书店给什么、推荐什么，就做什么，没有精力再去挑选适合自己馆里的新书，或者说为活动，为特定的主题做一些提前准备。

区级图书馆的劣势还有受限于“区级”，在邀请大咖名家的时候可能会遇到被“嫌弃”，或者区级馆的场地条件达不到“咖位”的要求。比如同样的名作家，在先锋书店和鼓楼图书馆之间，会首先考虑先锋书店。不过目前鼓图的影响力在书店和出版社中已经越来越显著，邀请作家时出版社或书店会主动推荐鼓图，介绍鼓图全民阅读的“地位”，促进成行。

许金晶：为什么会把共读沙龙的主题，主要限定在文学方面？

徐力：这个也是因为区县图书馆的特点。到区县图书馆来的读者，他们的阅读方向和兴趣主要是在文学这一块，尤其是小说、散文这一类，我们的阅读活动也迎合了受众的需求。有个有趣的类比，先锋书店的诗歌作品、活动、诗歌相关的销售，做出来效果非常好。当时听说江苏凤凰文艺出版社在先锋书店做鲁奖作家胡弦的活动，同时卖两本书，诗集《定风波》和散文集《蔬菜江湖》，结果散文卖得不好，诗歌卖光了。我觉得这是因为是在先锋的活动，如果在图书馆，可以想到，散文肯定得比诗歌受欢迎。再比如我个人很喜欢的社会科学文献出版社的甲骨文系列，不能说没有读者，但除了铁粉或者对社科历史感兴趣的读者，很少有人去借阅。偶尔有读者来问，我帮忙去找的时候，架子上面的甲骨文系列，基本上就是全新的。这也是区县公共图书馆的一个明显特点。新书上架以及推荐的文学类型书籍，基本上会先被借走，而社科类被借阅的频次相比较而言会比较低。所以我们做活动的话基本上会以文学类为主，因为这个更受到区县公共图书馆读者的欢迎。

许金晶：策划文学共读沙龙多年下来，有哪些自己的经验与心得？

徐力：心得倒是谈不上，策划、举办活动的经验在这么多年举办活动的过程中确实积累了一些。我们知道怎么去策划活动，知道哪些活动最受区级图书馆读者欢迎。需要特别提到的就是全民阅读推广工作中的一项重点，就是未成年人阅读。跟孩子相关的活动，会受到家长跟孩子第一时间关注。无论从学校、家长还是从孩子自己的角度来说，这个全民阅读推广的效果是非常明显的。这也是区县馆跟省市级图书馆做活动不太一样的地方。区县馆做活动，哪怕是文学方面的活动，可能三分之一到一半的重点还会放在未成年人阅读上。今年8月份我们举办了育邦老师《吴敬梓》的分享活动，我们把它归为未成年人活动，当时认为并不会那么火爆。结果那天2点不到读者们就开始在门口排队，没报名的也要进来参加，这个场面我们自己也没想到。家长们说，《儒林外史》是名著，这个讲座对孩子来讲，是听名家怎么解读名著，是了解吴敬梓的一个机会。我发现，这些年，家长跟孩子在阅读方面的进步和需求可能比我们从事这些行业的人想象的更大。

许金晶：未来之于阅读推广工作，又有哪些短期和长远的规划？

徐力：之后我们想更加系统地做一些品牌类的活动。比如跟江苏凤凰文艺出版社合作的“他们在南京写作”文学活动，这几年活动断了好多档，都没怎么开展。还有继续开展已经形成品牌的活动，包括我们跟红山动物园合作的科普类阅读推广活动，包括我们每周的绘本活动，还有我们在文旅融合以后做的文化行走活动。这些是我们这几年已经形成体系的品牌活动，我们后面会更努力把整个系统化的品牌做好。

然后更加长远的规划就是南京“世界文学之都”称号获得以后，我们还在想要更多地跟世界文学之都促进会，包括高校馆、省馆、市馆、区馆的图书馆联盟一起合作，做更加丰富的活动。我想未来能够跟高校合作，在高校馆与公共馆之间，大学生跟普通读者之间，搭建起更好的全民阅读合作平台。

许金晶：作为一位阅读推广人，您如何看待阅读推广工作在当今中国的位置与影响？

徐力：全民阅读推广刚开始，2013年的时候，有教授和我提出比较尖锐的问题，他觉得阅读是个很私人的事，对这么推广全民阅读有些看法。我当时是举了个例子，比如公交车上的爱心专座，让不让座是个私人的事情。但是为什么还要设置爱心专座，还要宣传，目的是要宣传和普及尊老爱幼的理念和观点。2013年起我们开展全民阅读推广的目的不是说“管控”大家的阅读和要求大家去阅读特定的书目，而是要普及阅读这种习惯，介绍阅读的好处和方法，至于阅读的选择和方向，读什么，爱读什么，还是私人的事情。阅读是一个私人的事情，但是全民阅读推广，推广的是阅读的理念、阅读的习惯、阅读的方法和整个社会的阅读氛围。

全民阅读推广工作从2013年到现在，能看到南京的全民阅读氛围的显著提高。就看我们鼓楼区的各个街道社区设置有7个24小时阅读空间，在2015年刚打造的时候，可能晚上没人，就开在那里。但是从这两年开始，晚上真的就看到阅读空间坐满了人，还有人坐在窗户边上，坐在地上。

许金晶：就如何做好阅读推广工作，结合您多年来的运作经验，您有哪些心得和建议可以分享？

徐力：特别要提到全民阅读工作中的一个重要环节就是亲子阅读，这项推广和宣传的成效是显著的。就图书馆这些年来的实际情况，因为亲子阅读的推广，孩子对阅读的兴趣和习惯培养起来了，而陪孩子阅读的家长也被培养起阅读的习惯和兴趣，家长孩子一起借书的情况非常多。碎片化阅读和工作压力巨大的时代里，如何让中青年人去阅读，亲子阅读是一个很好的途径。

另外，刚才我们谈到，2013年全民阅读办成立，开始做全民阅读工作的时候，全部依靠图书馆，很难让整个区域的阅读氛围起来。从2019年到今年这短短三年，就从鼓楼区来看，那是全方位地做这项工作，书香校园、书香社区、书香企业、书香机关，就是各个部门全部起来了。之前我们依靠别人，现在经常有人来找我们，说希望打造一个阅读空间，希望图书馆提供资源，或者邀请名家过来。去年民防大厦楼下有一块水吧，准备开个奶茶店，按照道理，大楼的物业把奶茶店引进来就行，但是他们找到我们图书馆说在做奶茶店的同时，要搞一个阅读空间。整个空间的签约和管理是大楼的物业公司来做的，而不是奶茶店。这几年还有很多国企找到我们，想在企业里搭建阅读角。从这些地方都可以看出，在鼓楼，大家已经达成了全民阅读的共识，不像几年前是很有局限性的。而且我相信整个全民阅读的局面是会越来越好的。

许金晶：同为南京的阅读推广人，您跟南京其他阅读推广人之间，有着怎样的互动和交流？能否介绍和点评一下值得您敬佩和学习的南京阅读推广人以及他们的主要事迹？

徐力：说到最尊敬的阅读推广人，首先想到的是陈景和老师，他是南京外国语学校的原副校长，退休后被南京凤凰书城聘请为文化创意总监。我大概是2008年的时候跟他认识，十几年里他为我们鼓楼区图书馆的全民阅读活动做了各种精彩的策划，出了非常多的金点子，比如为我们馆里的名家分享会设计专题藏书票，为朱赢椿老师的《虫子间》策划“小蚂蚁写给人类的一封信”等等，为我们鼓图搭建了各种资源平台，受益至今。不光是对鼓图，全市各个公益文化活动都有他作为文化志愿者的身影。近年来，他身体明显差了不少，可还是闲不住，依然在为中小学、幼儿园、图书馆、弱势群体联络策划公益活动。这样一位老人真的是不计报酬，全身心地在做公益文化服务，并且在思想上、理念上、创意上都高瞻远瞩，非常值得人尊敬。

第二，就是我们都很熟悉的聂梅老师。她是专门在江苏文艺广播做全民阅读节目的主持人，节目叫作“有声书房”。聂梅老师以前是车展的主持人，她一直保持自己的文学修养和阅读爱好，从车展节目的主持人转变成阅读品牌的推广人。有时候我们做活动也会请一些主持人，有些主持人要出版社提供稿子，在现场机械地与作家一问一答之类。我印象非常深刻的是，聂梅老师她不一样，她接手的分享活动一定要自己把书看完，并且会自己撰写两三千字的访谈提纲，包括她对作品的理解，对作者的理解。叶弥老师《不老》的活动之前，聂梅老师把访谈提纲发给叶弥老师，叶弥老师说，你是目前访谈我的记者中唯一一个真正看懂这本书的人。极个别时候她比较匆忙或者时间太紧，书没怎么看完，虽然现场活动的效果很好，但她下来还一直跟我说很内疚，说没能读完书，只是全凭经验把活动做完。这是她对自己的要求，书一定要读透，读精，这是对活动、对作者的尊重，对作品的尊重，也是对读者的尊重。现在一些主持人，尤其很多年轻的主持人，书也不看，对作者也不了解，接个任务，读读通稿。聂梅老师说她从来不用出版社的材料，她必须用自己对作品的理解和阅读感受，跟作者最真诚地交流。

另外一个可能不算资深阅读推广人，因为刚刚涉及阅读、书籍这一行业，就是红山动物园的沈志军园长。

可能大家一开始知道他是因为他在“一席”演讲，他说“求报复”。我们当时请他来做讲座也是趁着这个热点，做了介绍红山动物园的一个讲座。按照我原来的预想，讲座做完了基本上就结束了，但是没想到，他主动找到我，约我到动物园去。他说，图书馆跟动物园有共通点，红山动物园的职责之一是要向老百姓普及，什么是真正的动物园，什么是真正的动物，什么是真正的自然保护。那图书馆做全民阅读也是在推广一种理念。动物园跟图书馆共同的目的就是普及和推广，图书馆通过阅读、分享来普及动物园的这些理念，让大家更好地去关心动物和自然。双方在进一步的沟通交流中，一起合作打造了一个品牌，叫“图书馆里的动物园”系列科普活动。

沈园长身上有着做事的执着，他把红山动物园的马戏团请出去了，把红山动物园打造成动物自己的家园。跟他接触之前，我们自己带孩子的时候，会觉得红山动物园不好玩，别的野生动物园可以投喂，狗熊在那招手，游客扔个鸡过去之类的。当时请他来做讲座的时候，他跟小朋友说，你们觉得很好玩，但其实换位思考，人类这样对动物是不是就像在古代，那些大爷们说给爷笑一个，然后赏个钱给你。作为人类，居高临下时，有没有对动物的关怀？

他讲完后我再到红山动物园去看，的确是这种感觉，他为整个动物所打造的馆舍环境，那就是把动物当作动物园主人去打造的。所以沈园长也是一个让我印象非常深刻，也让我非常尊敬的推广人。虽然他刚刚涉猎阅读推广这一块，但是已经做了很多工作，他跟朱赢椿老师打造了一系列科普类书籍，都是以动物园、以动物为本。他为红毛猩猩出了一本画册，是红毛猩猩自己画的。《动物园是我家》，是以饲养员视角来介绍场馆跟动物的故事。《熊在吗》是朱赢椿老师把读者写在熊馆门口“行为记录本”上面的留言收集起来，出了一本书。三本书分别以动物、饲养员、游客的角度来分享动物园。另外红山曾有一只名叫“乐申”的红毛猩猩，陪伴着南京人长大，前几年去世了。他们正在给乐申写一本书，叫《乐申传》。可能全世界的人都很少给一个大猩猩做自传。这都是他与别的阅读推广人不同的理念。

许金晶：能否谈谈对您人生影响最大的几本书？

徐力：其实这个问题我想了很久，因为做图书馆这么多年，读了好多书。但是要谈人生影响最大的，第一个想到的还是童年时候读的郑渊洁的《红沙发音乐城》。虽然现在情节记不得了，但当时读完以后的震撼和喜爱，记忆犹新。中国也有这样牛的儿童文学作家，他的脑洞、想象力，包括语言，对于当时的小学生来讲，真的是打开了新的世界。这本书也开启了我人生阅读的历程。

另外就是我高中时候读的痞子蔡《第一次的亲密接触》。他对我的影响在于，我很喜欢他的风格。这本书是网络文学，没有大段的文字，而是一句话就另起一行，七八句话就是一个段落，空几行再开始。20年前，他那种写法和幽默调侃的风格，虽然文学性不一定很强，但是对我个人的影响很大。现在在朋友圈写些段子的时候，会不由自主地被他影响。之前和他接触的时候，我开玩笑说，您的每一本书都影响了我个人写东西的风格，有时候没事写一些乱七八糟东西的时候就会用您的风格。他非常有意思，立刻回答说，原来我的风格只能写乱七八糟的东西。我说您注意重点呀，重点不是这个，我是在抒发情怀。

这些年也读了很多名家作品，这几年比较关注的是马伯庸，因为他是能打通流行文学跟严肃文学的第一人。从某种角度来说，他算是网络作家出身，可他的作品近年来越来越得到严肃文学的认可，这个非常少见，也很不容易。

许金晶：作为一位阅读相关从业者，您如何看待阅读之于人的影响？您最喜欢怎样的阅读方式？

徐力：我们都是从事阅读相关工作的人，阅读的好处我们都非常了解。我比较留意全民阅读对每个人的影响。其实我们图书馆里面有很多工作人员，平时可能也并不看书，但是随着全民阅读推广的深入，他可能就会在潜移默化之中逐渐了解、接受。现在也有一些工作人员，自己来报名要参加馆里的活动。

我觉得阅读还是人不可缺少的一种生活方式，或者说是提高自己的有效途径。现在生活的压力确实很大，当代社会的高速发展，碎片化的阅读对我们在阅读上的影响都挺明显的。

许金晶：对于政府当下倡导和推行的全民阅读，您如何看待，又认为如何才能实现全民阅读的良性发展？

徐力：刚才也谈到全民阅读整个氛围的形成，各个书店的崛起，各个平台部门的联动，我觉得南京的全民阅读已经在越来越往上发展。现在拿到“世界文学之都”称号，更是如虎添翼，为全民阅读推广工作提供了更好的便利性。

未来的规划，一方面需要更加接地气，通过“世界文学之都”这个品牌，让更多的名家名作走进南京。这个工作其实现在南京已经在进行中了，一周里可能图书馆、书店、社区、学校同时在开展活动，全面推广。另一方面，我觉得全民阅读肯定要跟“世界文学之都”结合，在未来，肯定是要把南京和世界接轨。要把中外文化交流纳入“世界文学之都”和全民阅读推广中，这也是我们与众不同的特点，引进高层次的名家论坛、峰会沙龙，同时将中外交流引到基层。

许金晶：如何评价南京的阅读与文化氛围？在您看来，南京应该如何建设“世界文学之都”、最大限度上发挥其品牌效应？阅读推广工作在这当中，又应该扮演什么样的角色？

徐力：2009年鼓楼想搞全民阅读节，那时还没有全民阅读这个概念。当时我们去广东，深圳、东莞，去考察的时候，挺羡慕人家图书馆的先进以及阅读氛围。但是2019年又去了一次深圳，发现南京的全民阅读氛围，从2013年到现在跟他们的差距很小很小了。

包括南京现在各大商场里面，基本上都会有个书店，这之前是不太可能的，像今天我们在的新城市广场里就有大众书局，栖霞区的可一书店整个楼就是一个商场，然后新街口的金鹰那边也有一个书店。从这个细节就可以看到南京的全民阅读氛围已经被打造得越来越好，整个全民阅读的工作也开展得越来越正规。像我刚才举例的，原来只是图书馆自己在做，而这三年明显地，社会各方面都在做，图书馆自己越做越好，但是图书馆的所占比重越来越低。

在获得“世界文学之都”称号以后，就更加明显地看到，围绕“世界文学之都”开展的各项工作。市政府旁边鸡笼山下一大块地打造成了世界文学客厅作为展示和活动场地。我们能感受到，从政府到各个层面，对于“文学之都”这个称号的珍惜和对整个全民阅读工作的重视。所以，未来南京的全民阅读工作会更加好的。

许金晶：说说您最喜欢的读书生活状态。阅读之于您、之于南京人、之于当代社会里的每一个人，又各自意味着什么？

徐力：最理想的状态肯定是没有压力，没有工作的打扰，自己躺在那里，泡杯咖啡或者泡杯茶，精心地去阅读一本书，但是真的很难。每天在单位里应付各种事情，你午休的时候就想要赶紧睡觉，晚上回家还要“盘”娃，等做完以后就已经挺晚了，也没有心思去读书。不过做阅读推广之后，当阅读已成为习惯，再忙的时候，总会有阅读的这根弦一直在脑子里，总想着要去看一些东西。工作、生活的确会影响阅读的进度，可一有精力的间隙就会不自觉地去找本书看。所以我们又回到阅读推广的目的上来，我们希望，通过阅读，读者能养成定心的习惯，让阅读成为提高自己的途径。

徐力，南京市鼓楼区图书馆党支部书记、
副馆长，副研究馆员，全民阅读推广人。

刘奇：生于先锋，共读诗意

刘奇创办的南京圆桌派与梅园经典共读小组几乎同时成立，我跟刘奇也在第一时间互相关注，但像当天那样坐在一起，面对面交流阅读与阅读推广，还是第一次。

作为“90后”读书人，刘奇对文学的纯粹热爱、对沙龙主持人定位与边界感的清晰认知以及每次沙龙中对个人公共形象的极其注重，都给我留下了非常深刻的印象。这次访谈，也是同为阅读推广人的我，向这位青年才俊学习的大好机会，获益良多。

刘奇出生于1996年，这一年刚好是先锋书店成立的日子，而南京圆桌派和先锋书店，也恰好都是以文学作为主打内容。南京的文学传播，就在这种不经意的巧合之间，代代延续。

2023 年 6 月 4 日下午访谈于万象书坊

访谈整理：吴思瑾

许金晶： 在从事阅读推广相关工作之前，你的人生经历是怎么样的？当时的读书生活，大致是怎么样的路径和样态？过往的人生经历和阅读积累，对于你后来从事阅读推广工作，产生了哪些影响？

刘奇：我觉得可以三点结合起来讲。

首先是对世界的认知与态度，我从小对世界的认识和态度可能就和别人不太一样。我小时候经历过两件事情，一件是我遭遇过一场绑架，被绑走7天。虽然当时我只有3岁，对那件事的记忆不是很深刻，但周围的人会不断地跟你提起这件事情，强化你的记忆，你就会觉得自己的人生好像有点不一样。我感到自己面对这种无常比同龄人更近一点，很早就开始了对生命的思考。第二件是我在小学一年级时得了一场重病。第一个医院说是白血病，第二个医院诊断是急性脑膜炎，当时很凶险的一种病，送到医院时我已经是要被抢救的那种状态。

这两件事情让我从小就意识到生命是无常的，这种无常很恐怖，我还经历过两次。所以我就在想自己可能需要一种追求来减缓自己对这种无常的恐惧，将有限的生命投入相对永恒的事情上，人好像也会进入一种永恒之中，获得一种安全感。这种追求是什么？我并不是很早就确立下来的，这中间经历了许多。我当时生病在医院住了一个月，很无聊，我爸买了很多童话、神话类的书给我，在旁边读给我听。那时候是我最空闲、最需要治愈的时间，那些书在解闷之外，还在我心中种下了一些东西。我爸对我也有一定影响，他是一个书虫，喜欢借书，每两天就会借两本厚书拿回家读，阅读速度非常快，可以说是他开启了我与书的接触。

第二点是我的文科思维。我在高一分班的时候，选了理科班。在很多人的刻板印象里，文科生学习比较差，理科生学习比较好，所以身边的人都对我说不要去文科班。其实我当时有动摇想去文科班，因为我的文科思维在理科班总有点格格不入，有些别扭。同学的数学都很好，但我的数学是弱项，语文却比较突出。文学对我而言，可能是我在理科班那种高压环境之下的唯一出口。那时候我不想学习不想听课了，就会写一些小说，写一些诗歌。到大学我还是学理工科，这反而让我更喜欢文科。如果我之前学的是文科，可能现在我不会做这种读书会，因为当你喜欢的事成为自己的专业或者工作后，你会觉得排斥，想保持距离感。

第三点是我也经常参加南京的文学活动。活动参加多了之后，我有了创办自己的读书组织的构想。南京的很多书店都有自己的读书组织，都有独特的风格与闪光点，但我觉得这些形式可能并不是完美的，所以就想如果我来创办一个读书组织会是什么样的。有一次参加先锋书店去碧山书局的游学活动，当时是春天，他们做了一个月下诗会，我觉得特别好，回来之后我就立马去实施创办读书会的想法了。第一次组织活动是在6月2号，在永丰诗社。因为一开始我不知道怎么做，也没有平台、人脉去做这个事情，所以就邀请了身边的4位朋友，围绕几本书聊一聊、谈一谈。在这里非常感谢先锋书店的小海姐以及诗歌书店、颐和书馆等各个分店的店长，他们给予我很大的支持，包括提供场地、活动建议等。大概前面10期活动都是邀请四五位朋友聊聊自己喜欢的书，做了十几场之后就在先锋的诗歌之家，老钱工作室那里做了一场诗会，有二三十个人参加了，这也是第一次有这么多读者参加我们读书会的活动。当时主要以读诗为主，类似诗歌朗诵会。

许金晶： 你是怎么想到南京圆桌派这个名字的？

刘奇： 肯定有受到窦文涛的《圆桌派》的影响。一开始我们就四五个人坐在桌子边聊天，大家一起谈谈书，就是一种《圆桌派》的感觉。《圆桌派》在媒体上很火，但我希望能有这样一个场景真实地落在我们生活当中。我和别人说我有个组织，大家一起分享读书。他说不知道。那我说《圆桌派》看过吧，就是那种形式，大家聊天畅所欲言呗。他就懂了。后来，觉得“圆桌”的概念特别好，在凯尔特神话中，“圆桌”的含义是“平等”和“团结”，亚瑟王的骑士在圆桌上没有地位差异，每个人都可以自由发言，这也与我们致力于以文学为主展开自由、开放的艺术交流与对话的初衷不谋而合。

许金晶： 大概是什么时候开始去考虑南京圆桌派的定位、成员构成、活动情况与面向受众？或者是定一个长期的、延续性的计划？

刘奇： 刚开始我是想做文学相关的，但邀请的这些朋友他们不一定对非常文学性的书籍感兴趣，他们喜欢各种各样的书，分享的书也是各种类别都有。我一开始想让他们分享文学，但是没办法做到这一点，因为有些人的阅读范围比较有限，所以前面十几期都是大家想分享什么就分享什么，畅所欲言。

活动开展10多期，形式相对固定之后，我就开始明确说需要围绕诗歌、文学相关的作品来谈。再往后面就开始尝试邀请一些老师作为嘉宾，有的是老师的个人讲座，有的是我邀请老师来做新书分享会、电影放映会、音乐专辑发布会，还有线上开展的活动，各种形式都有。

系统的规划应该是我跟黄梵老师学习写作课之后。黄老师在我们读书会做过一场《一寸师》新书分享会，他在分享中提到了写作课，我当时非常感兴趣。黄老师的写作课涵盖了诗歌、小说、散文，我跟黄老师学习之后，发现自己不想写小说，反而喜欢上诗歌了。之前我可能比较喜欢唐宋的诗歌，沉浸在古典的世界之中，而黄老师的课主要是围绕现代诗开展的，为我打开了一扇通往“现代”的窗，挺迷人的。特别是我按照黄梵老师推荐的新诗阅读书单，从何其芳、穆旦、顾城、多多读到狄金森、弗罗斯特、策兰、辛波斯卡、阿多尼斯，充分触及新诗发展的脉络，以及潜藏在其中的特殊气息，让我特别想沿着诗歌的各个发展方向深挖下去。也就是在这之后，我开始考虑主要围绕文学、诗歌来做活动。做一个文学组织，我希望受众有一个固定的、深刻的印象，活动要有一个统一的方向，不能什么都做，要做出自己的一种风格。回过头来想想，其实一开始我没有什么特别的想法，单纯出于个人兴趣来做而已，到后面活动做多了，自然而然会萌生一些成熟的想法出来。

许金晶：你这个像改革开放一样，也是摸着石头过河慢慢摸出来的。

刘奇：对。我后来也在想，其实很多读书会的发展路径都很成熟了，我直接借鉴过来不就行了吗？比如跳过前面十几期的读者分享直接做名家访谈是不是就可以呢？也许可以，但是没有前面这些活动做铺垫，让我从中总结活动经验，我会做得很差。唯有一点点摸索，才能真正找到适合自己的方向。

许金晶： 我觉得南京圆桌派在南京新生代的读书会里，它的品质应该说是最高的几个之一。南京圆桌派在共读沙龙的活动定位、主题选择、嘉宾邀请、内容策划等方面，你有哪些自己的思考和心得？

刘奇： 定位还是以文学为主。我觉得文学是生活的底色，也许其他学科比如物理学、社会学、心理学，对我们的人生都很有用，但只有文学是可以渗透到我们每个人的生活之中的，就像水一样，可以润泽每个人的生命。

一开始做这种文学活动，我没办法选择受众，发出招募信息能有人来就已经很好了，怎么可能还去选择？但现在活动做多了之后，会发现还是以青年学生为主，这些受众会多一点。

在嘉宾的邀请上，一个是我认识一些老师，邀请他们做活动之后，老师们觉得我做得比较好、比较用心，也会把我推荐给另外一些老师，所以第一点是要真诚和专业。第二点是现在是自媒体的社会，很多老师都有自己的社交账号，我通过这些账号来联系他们，可能不是所有的老师都会给你一个答复，但还是有些老师是会的。

许金晶： 其他的可能也是你自己做这方面比较认真、专业，慢慢做出口碑来了，往后人脉会越来越多，我自己做读书会也是这样的一个过程。

刘奇： 还有一点，有一些机构觉得我做得比较好，也比较成熟，就会邀请我来策划他们的一些活动。在这个过程中，嘉宾可能不是我邀请的，但是我会参与全程策划，包括跟嘉宾的对接。

在内容策划方面，我会搜索大量资料，包括嘉宾简介、出版作品、发表论文、访谈视频等。嘉宾是整个活动最核心的关键所在，唯有对嘉宾们有充分的了解之后，才能从宏观和微观两个方面更好地把握活动。

比如之前我在南京大学主持过一场关于诗歌的对谈活动，我结合嘉宾们的论文提问，一位教授对我看过他的论文感到惊讶，他没想到我的准备会这么充分。还有一次诗会有十几位嘉宾，很多嘉宾我都不认识，但每位嘉宾我都提前深入了解过，当我与其中一位嘉宾交流时，她非常吃惊，因为我从很久远的资料中找到了她的早年采访。

在团队分工时，无论是海报设计、摄影、场务等，我都会让他们阅读嘉宾们的作品，我希望这种“对谈”不仅仅是台上嘉宾们的深度交流，还希望这种“对谈”可以延伸到我们活动的每一个环节，这样的活动才会更有意义。

许金晶：作为在南京生活多年的读书人，能否以你个人的亲身经历，介绍一下南京近年来阅读氛围和环境的变化？你所亲历的南京多年来的读书文化生活中，有哪些让你印象特别深刻的事情？

刘奇：我觉得南京阅读氛围的变化是从2019年开始的。2019年之前，可能是南京为了申报联合国教科文组织的“世界文学之都”，做了很多努力，阅读氛围的繁荣程度相当高，到达了一个顶点，百花齐放，也没有太多限制。2019年之后，可能全国的阅读氛围都有所改变，很多活动受限于线上，没有之前那么自由，同时也减少了一个公共空间的带动效应。

有几件印象特别深刻的事情。之前先锋书店邀请北岛，当时特别轰动，青年学生特别多，签名都排到了书店门口。这也印证了北岛的文学地位，而南京的读者也能强烈感受到那种文学号召力。先锋书店还有一场活动是邀请了张嘉佳，当时也有很多读者，水泄不通。其实这也是一种对比，经典文学与通俗文学的对比。先锋书店很厉害，两类读者都能接受。这也是我经常考虑的一个问题，做一个书店，做的活动不能很单一，不能很狭隘，要讲究多元。比如我现在做诗歌活动，经常会邀请大学教授或者专业是诗歌相关的人，同时也会邀请一些民间诗人和青年诗人。可能有一些读者会质疑他们，但是从我们组织者的角度来讲，我们希望呈现诗歌的多元性，诗歌有很多样本，需要呈现在大家面前，让大家都去了解。

许金晶：这五年下来，包括你参与和你自主策划的，大概有多少场沙龙？

刘奇：我之前想统计的，但中间又遇到跟别人一起合作的，不太好界定，我觉得应该有100场。我比较喜欢独立去做活动。和其他组织合作，他们出于自己的诉求，可能更多的精力不在内容本身。之前有一次和三四家单位合作，大家为了海报上谁放在前面谁放在后面搞了一星期，我觉得这样很痛苦，不如自己独立去做。

我曾经发过一个朋友圈，我说我有一个目标，做1000场文学活动。有一段时间，我做的活动超级多，有点为了做活动而做活动，人感到疲惫，活动质量也在下降，因此我也改变了自己的想法。这1000场文学活动必须是高质量的，如果为了凑数而去做，我不如不做，我也不能把一些低质量的活动算进这1000场文学活动中。

许金晶：在从事阅读推广工作期间，你印象当中有哪些比较深刻的读者故事？你跟哪些作家、学者、艺术家有过交往和交流？能否谈谈跟他们的交往故事以及对他们的印象？

刘奇：首先一点很有意思，很多读者都变成我们的成员了。之前做罗拉拉老师的新书分享会时，有一个当时还在南艺读书的朋友参加活动。她也是罗老师之前教过的学生，罗老师说可以让她写一些手记，她写完这些手记之后就发给我了。我觉得写得还挺好的，就说以后对我们的活动感兴趣的话都可以来参加。后面她也经常来参加我们的活动，我觉得她是比较喜欢我们的平台的。圆桌派整体的氛围蛮好的，轻松自由，很有朝气。有一位小伙伴毕业后离开南京，去北京一家知名文学平台实习，她常常提起圆桌派的氛围好。还有一位去出版社实习的朋友，在他的毕业论文里特意提到南京圆桌派，感谢南京圆桌派带来这么多优质的文学活动。在收到朋友们的这些反馈后，我非常感动，我也坚信做纯粹的事情是有意义的。我们还有很多读者是妈妈，她们会带自己的孩子来参加读书会，有的孩子都上大学了，但她们还是想带过来一起听一听。她们的孩子也挺喜欢我们，也会加入我们的团队。

我非常希望团队小伙伴能够多接触优质的艺术作品，这也能提高南京圆桌派的总体审美水平，因此我会出资让团队成员学习一些艺术课程，比如文学课、昆曲课、剧本课等，我们还会一起去看剧、看展览等。很多嘉宾和读者夸赞我们活动海报设计感非常好，这也是因为我们会让设计师读过嘉宾作品后再进行设计，我们拒绝工具性的敷衍，追寻沉浸式的文学参与。

黄梵老师是我印象比较深刻的嘉宾，他是我写作课的老师，对我影响很大。特别是到后面做邀请嘉宾来对谈的这种活动，我觉得是需要一些更专业的知识来作为积淀的。黄梵老师的课对我在提升文学方面的专业性起到了很重要的作用。比如黄老师讲到的新诗发展历程、现代写作观念、主观意象和客观意象、新的叙事追求等，对我有很大的启发，也让我发生很大的变化。以往我主持活动比较工具性，和嘉宾搭上话的机会不是很大，后面慢慢地我也能参与到对谈之中，能讲出点内容，嘉宾也比较认可，对于我来说是很大的成长。

说到这个同时要注意一点，主持人要有专业的知识储备，但也要注意自己的身份，不能为了凸显自己讲很多东西，要把更多的说话机会留给嘉宾们。我听过很多读者反馈，说参加别的活动主持人讲了好多，都喧宾夺主了。所以我也很注意这一点，点到为止。

罗拉拉老师对我影响也蛮大的。之前做过一场罗拉拉老师的《比海更深》的新书分享会，那本书是文学与艺术访谈录，里面访谈了南京的很多画家、书法家、作家以及艺术家。因为罗拉拉老师以前是记者，而我经常要访谈嘉宾，就非常希望能够跟罗拉拉老师学习这一点。罗拉拉老师人缘很好，她为人处世的方式有时候也会影响我，让我学习到如何跟别人相处。我在主持的时候出现一些专业性的发音之类的问题，罗拉拉老师也会来纠正我，读剧方面她也给了我很多提点。我也曾跟罗拉拉老师在南京博物院、独立书店、个人艺术空间等地方看过展览，听罗拉拉老师的解读，收获会很大。因为罗拉拉老师的解读不是那种解说词，而是深入展品所处的历史时代以及其在同类展品中的特殊性来展开。还有许多老师给我留下很深刻的印象。在这些老师的影响下，我也总结了许多经验，比如做一个主持人，不仅要有专业的知识储备，在形象和表达方面也应该不断完善自己。

许金晶： 你们还做过陈年喜和王计兵的活动，能不能谈谈你对这些民间的、相对草根一点的诗人的印象？

刘奇： 陈年喜老师那场活动是我第一次邀请外地的嘉宾来南京，同时也是陈年喜老师第一次来南京做《炸裂志》的新书分享会。陈年喜老师分享《炸裂志》那首诗，讲他在地下四五千米的矿洞里面工作，噪音非常大，昏天黑地的那种感觉，出来的时候接到了一个电话说他母亲得了癌症，当时他很崩溃，山上正好是三四月份桃花盛开的季节，桃花落满了山，落满了矿洞的口。他说这个场景的时候，很多读者很感动，感动到落泪，在以往的活动中我从没有看到读者会这么受触动，会有这么共鸣的这种场景。

陈年喜老师、王计兵老师属于民间诗人，外界给他们矿工或者外卖员这样的身份标签，我心里有点不舒服，但是从传播的角度来讲，拥有这个标签可能没有不对，有利于他们个人诗歌的传播。他们走红为大家所熟之后，我发现他们其实并没有膨胀，他们依然保持着一种很清醒的状态，坚持投身于自己的创作。

许金晶： 作为“90后”读书人，你从事阅读推广，有哪些自己的优势和劣势？你在策划运作过程中，是如何扬长避短的？

刘奇： 很多文学平台的老师很愿意为年轻人提供帮助。因为年轻得到大家工作上的关注和支持，我觉得这可能是一种优势，但同时也是一种劣势。因为你年轻，拥有的资源相对比较少，不一定能够达到你想做的理想状态，而且对很多事情的认知也比较浅显，做一些比较专业的活动时，你可能接不上一些对话，把握不到一些点。

至于怎么扬长避短，首先一点，我经常参加其他活动，那就可以向别人学习，观察人家读书会是怎么运作的。我倒没怎么请教别人，只是默默地学习而已，我就自己默默地看一看，了解了解。

不同类型的活动要选择不同的平台，选择不同的活动场地。比如诗歌类活动的选择，我可能以书店为主，之前还在博物馆举办过诗歌活动。而讲座的选择就多一些，可以选一些相对严肃的场地，但基本还是以书店为主。随着自己做活动越来越多，会慢慢选择一些更好的平台。

许金晶： 你做南京圆桌派已经做了5年，对于这个读书会未来的发展规划，你的想法大概是怎么样的？

刘奇：就像我之前所讲的，一开始读者想分享什么书都可以，到下一个相对成熟的阶段之后，就开始以文学为主，诗歌、小说、散文，各种形式的活动都做，有点乱，不够明确。所以我现在有一个规划是再成立一个单独的账号，叫“奇谭Talk”。这个平台相当于南京圆桌派的一个子品牌，主要做诗歌相关的活动，只有这样才会让你的受众有一个很清晰的认知方向。

第二个，我现在还准备做一个南京和其他城市的双城活动。南京作为“文学之都”，之前做了很多跟其他城市合作的活动。但我觉得南京在获得“文学之都”这个名号之后反而好像没有什么特别突出的地方，没有做出南京的特点和风格。而且我观察了很多官方活动，他们做得有点断断续续的，比如一个系列做完了就没有下一个了，没有什么系统。我做南京双城的活动，希望可以突出南京的“文学之都”这一点。我想做的双城，主要是南京和境外的一些城市去开展，比如澳门、香港，以及日本、新加坡的一些城市。其实我们在6月10号就有一场活动是南京跟澳门合作的。

还有一个对未来的规划是我希望在世界上的每一个城市都能有一个类似诗歌之家的存在，诗歌可以像星巴克、麦当劳一样，成为一个在世界上每个角落都必不可少的存在，拥有像商业品牌那样的传播效果。现在大家送外卖都是送吃的喝的，那以后大家是不是可以送送诗歌？就像之前广西师范大学出版社做鲍勃·迪伦的诗集，就把书放进了薯片袋那样的感觉。

许金晶：作为一位阅读推广人，你如何看待阅读推广工作在当今中国的位置与影响？就如何做好阅读推广工作，结合你多年来的运作经验，你有哪些心得和建议？

刘奇：阅读推广目前虽然有人在做，但我觉得没有做到跟受众有一个很好的互动，可能更多的是一种单向的输出，好像很难激起受众的一些兴趣点，引起他们的一些互动。我觉得新媒体对阅读有很大的冲击。也许新媒体这种媒介的存在，对文学的严肃度和深度都有一些影响，很难让读者有一个深度的聚焦。官方有一些活动是想吸引受众，但因为一些局限性，没办法达到一种很好的状态。

我不太想迎合受众，做阅读推广也没想过有多大影响力，有多大流量，最主要的还是自己想有一个共读的平台。比如我对某个诗人感兴趣，那我会邀请相关的作家、诗人来做活动。如果真要说推广运作的经验，从推广者个人来讲，你要很注重自己的形象。结合以前一些读书会的组织成员和创始人来讲，他们个人的不自律会导致他们整个读书会的覆灭，这个是很大的影响。因为那时候你已经不仅代表个人，你还代表了一个整体的组织。

许金晶：我也注意到你非常注重个人的言行，每次都很慎重。

刘奇：我之前也发过一个准则，第一点，我们的成员不要与读者有任何的情感关系。第二点，不要与读者有任何的金钱关系。有的读者参加我们的活动，他会说给我10万块钱，帮他出个诗集，我就觉得很奇葩。我做活动还是以自己的兴趣点为主，但既然已经做这种阅读推广，我觉得还是有一定必要从受众的兴趣以及社会热议话题的角度出发。比如说前段时间我们邀请了诗人王计兵来南京做新书分享会，其实那段时间正好是王计兵老师受媒体各方面关注比较多的时候，南京又没有人做相关的活动，我们的活动其实会有很多受众感兴趣的。去年我还邀请了李睿珺导演做线上的电影分享会，当时也正好是《隐入尘烟》热映的时候，这场活动也引起了很多关注。我同时也邀请了陈年喜老师、袁凌老师，做活动前我就考虑到3位嘉宾老师都来自西北，会有共同的话题，活动中诗歌和西北电影的要素也会引起受众的关注。

许金晶：之前你说也会到其他读书会参加活动，默默地学习，你和其他读书会组织者的互动和交流是不是比较少？

刘奇：互动和交流可能不是特别多，但我会一直默默地关注他们，关注他们的公众号，关注他们的文章。比如群学书院的陆远老师，虽然和他没有见过面，但我有他的联系方式。一般我们见面的话，肯定是有活动，邀请对方作为嘉宾之类的。我觉得朱虹老师的半城读书会和群学书院是南京目前做得比较好的、比较持久的读书会。

许金晶：我们做阅读推广，首先自己也是一个阅读者，能否谈谈对你人生影响最大的几本书？

刘奇：有三本书：歌德的《浮士德》、毛姆的《刀锋》和《庄子》。

在我比较敏感的青少年时期，比较倾向于感性的、忧伤的《少年维特之烦恼》，但这本书并没有给我青少年时期的忧伤找到一个出口。《浮士德》相对来讲比较理性，很不一样。它有一点很吸引我，它有一个比较浪漫主义的情节，梅菲斯特让浮士德重获新生，恢复青春，这种重生的情节对我影响非常大。我之前提到的比较痛苦的经历经常会让我思考如何度过自己的人生，这个和浮士德比较契合。我无法获取重生，所以我常常用以后自己的视角来审视自己现在的所作所为。我现在是20多岁，我常常想如果我现在是30岁或者40岁，再回头看自己现在的生活，现在做的事情是否理智，是否值得，是否有意义。我会以这种视角来看自己，就相当于在一种自我设置的拟态环境中，一边成长一边修正自己，一边生活一边复活。第二个浮士德有很多经历，包括了政治、艺术、爱情，而第一个浮士德生活单调、老气横秋，一直都在做学术研究，所以我就非常注重增加自己的经历。之前作家止庵在先锋做活动，说旅行和读书是让人活得最多的两种方式。当我比较有体力和时间的时候去旅行，两者都没有的时候就把更多时间用来读书，读书是旅行的另一种延伸。浮士德的精神是一种不断否定自我、不断超越自我的精神，没有终极意义上的理想，只有永恒意义上的追求。如果第一个浮士德没有自我否定人生，他可能就会陷入那种顽固的知识死循环。人生虽然有限，但是这种不断否定的人生，其实是在有限人生当中寻找到更多可能性，不断地超越自我。我觉得应该辩证地看《浮士德》，当你比较迷茫的时候比较适合读《浮士德》，它能给你提供一种向上的力量。但是当你已经取得一定的成就，再读《浮士德》可能不太合适，因为第二个浮士德其实有很多欲望。从这个角度来讲，什么时候看书很重要。

相比于毛姆更广为人知的《月亮与六便士》，我更喜欢《刀锋》。我是把《月亮与六便士》《刀锋》和卡尔维诺的《树上的男爵》三本书放在一起看。我觉得里面的主人公在各方面是比较相似的，但他们最终走向了不一样的结局。《月亮与六便士》的斯特里克兰德和《树上的男爵》的柯希莫都太理想化了，而《刀锋》的莱雷其实更能给我们现实意义上的启发。斯特里克兰德和柯希莫来自人群，最终回归自然，树上的男爵柯希莫不愿意下来，斯特里克兰德一直待在小岛上直到死去。而莱雷来自人群，回归自然，最终又回到现实生活之中，这是非常不一样的。我读《刀锋》的时候觉得很过瘾，莱雷过上了我想过的人生，因为生活的局限性，我没有办法这么自然地经历这种生活。我读完《刀锋》之后还总结出一点：人必须在思考和寻找生命的本质和意义之后，才能够更加安然地怀揣初心去行走江湖，否则你的每次出发都意味着回到原点，和没有走出去一样。莱雷最终在印度的一棵树下顿悟了，他知道人类能够为自己树立的伟大理想去自我完善。他最后回归了生活，成了一个出租车司机。我也在不断地完善自我，一直在找自身的问题，然后修正自己。莱雷体现出的是一种以出世之心做入世之事的精神，这对我们来讲是很有借鉴意义的。人是社会性的，躲入到自然当中是没法解决问题的，我们要在自己的能力范围内去寻求一种最远的行走，最大限度地汲取生命的养料，再回归我们的现实生活。

我读《庄子》，如果光看书可能没法读透，书中几乎每一句话都有很多哲学的深意。我是结合两位老师的讲解来读《庄子》的，台湾大学的蔡壁名老师和杜保瑞老师。蔡老师讲了几点，对我影响很大。她说庄子不是宗教，他教我们如何看待异文化，需要放一把尺子去重新认识这种文明。正如《庄子·齐物论》中所言："故有儒墨之是非，以是其所非而非其所是。欲是其所非而非其所是，则莫若以明。"庄子说不如以明镜破除是非，不是说没有是非，而是教我们学会包容和体谅。后面尧和舜说要征伐三个小国，舜说这三个小国就像生存于蓬蒿艾草之中，你为什么还要对它们耿耿于怀呢？就像现在世界上民粹主义崛起，大家好像对其他文化都很排斥，但其实每种文化都有自己存在的方式，我觉得这是一个很大的问题。这里面还提到天籁、地籁、人籁，就可以引申为不同的人文文化构建不同的东西。现在国与国之间好像也变得很隔阂，但其实是有共同点的。很多东西古人都讲过，只是我们现代人没有完全认识到这一点，我们好像变得比较极端、片面，好像缺乏寻找共同点的耐心，都比较浮躁。

《庄子》中的很多话其实也可以算是对儒家视角的一些补充。儒家说舍生取义，让你去为某些事情牺牲，但《庄子》就提示我们当这种时刻出现时也要记得返璞归真，在我们为别人燃烧的时候不要忽略忘记另一些更重要的东西。结合现实，很多人说为了工作放弃了家庭，他们连自己家庭都不爱而爱其他东西，我觉得是不可信的。《庄子》提醒我们生命还有另外一种可能，当我们为天下的时候也可以关照自己，两者是不冲突的。我觉得庄子看到了儒家没有看到的东西。

之前在南艺听杜保瑞教授的讲座，他分析诸子百家中庄子的独到之处。墨家是社会基层百姓的心声，儒家是基层干部的理想，庄子是自由从业者的心态，老子是高层官员的智慧，法家是国家领导的原则，佛教是生死命运的解说。儒家讲的是众人的哲学，庄子则是个人的哲学，在庄子看来，一个人的成功不必是追求天下的成功，可以是追求个人世界的圆满。

庄子对我的影响很大。我做了很多事情，没有想过为了整个社会如何，我只不过是在完善自己的内心。推广阅读也是这样自然地做起来了，并不是为了推广而去推广，那样很机械功利，我觉得这一点很重要。也许很多人有更丰富的人脉与资源，但是这种纯粹很少有人能够做到。我觉得如果我做一个文学平台能够保持这种纯粹，我就很独特。

许金晶：作为一位阅读相关从业者，你如何看待阅读之于人的影响？

刘奇：我刚才有提到，止庵老师讲读书和旅行是人活得最多的两种方式。我希望自己的人生足够丰富，因为自身的局限性，没有那么多精力去更多的地方去认识更多的人，但是我可以通过读书这种最便捷的方式来达到目的。

另外一点是我觉得现在阅读的形态在新媒体的时代下发生了变化，已经不仅仅是纸质阅读了，音乐、电影其实都是一种阅读的方式，主要是你怎么去看待这些东西，通过什么样的方式去吸收。

阅读可以打破自我的认知局限，让自己找到更多的可能性，不会那么狭隘，你看待问题的时候就不会那么极端。我现在看问题不会看事情的表面，而是从政治、经济、文化、社会等等角度去分析。这样分析之后，你就不会那么极端了，你会从更客观、系统的角度去看待问题，这种思维方式对人的影响很大。

许金晶：你平时最喜欢怎么样的阅读方式？

刘奇：我还是更倾向于纸质阅读。对我来说，阅读需要一种仪式感，我希望可以坐在书桌前，打开一盏灯，静下心来。

许金晶：每天都有固定的阅读时间吗？

刘奇：每天大概有一个半小时。如果是有做活动的话，为了活动会匀出更多的时间去阅读。我现在阅读的书主要是以我做活动的书为主，因为时间比较有限。

许金晶：我们聊了这么多，感觉你作为新一代的阅读推广人，与官方倡导推行的全民阅读还是保持了一个适当距离的。对于这种全民阅读，你如何看待？这种全民阅读要达到一个良性发展，需要在哪些方面去努力？

刘奇：我觉得政府确实很重视阅读推广，但是执行起来比较僵化，没有那么灵活。他们做活动可能没那么纯粹，不太像我们民间为了活动本身去做。他们可能需要一些名头、一些经费来支撑这些活动，其实这往往会导致最后得不到一个很好的结果反馈。我希望官方能够更多的回归阅读本身。

许金晶：你如何评价南京的阅读与文化氛围？在你看来，南京应该如何建设“世界文学之都”、最大限度上发挥其品牌效应？阅读推广工作在这当中，又应该扮演什么样的角色？

刘奇：如果从全国范围来看南京的阅读与文化氛围，满分是10分的话，我觉得南京可以打到7分，相比于上海和北京，南京的氛围更好一点。但是从资源的角度看，南京的资源虽然已经很丰富了，但是一些大型的展览，如国外比较有名的诗人或作家的主题展，基本还是在北京和上海，在多元性上南京还是比较弱。

南京的地理优势和历史优势同时也是一种局限。南京的阅读推广如果总是从历史的角度出发却没有结合当代的南京，会是一个很大的劣势。怎样才能凸显南京当下的样态其实更重要，南京的历史很好，那如何让人觉得南京现在也很好，我觉得这是我们最应该做的一点。

我觉得可以围绕某一个点打造南京的一个品牌，比如诗歌、小说甚至是戏曲，应该在多元发展中突出一个点。另外，官方和民间应该有一些适当的合作互动，不要太隔阂。

许金晶： 最后想聊一下，你觉得南京圆桌派与南京这座城市的关联都体现在哪些方面?

刘奇： 首先一点，南京圆桌派成立在南京。我成立这个读书会，完全可以在其他城市，但有些城市大家可能更关注一些工具性的东西。要想把一个读书会做得好，肯定是要选择一个对文学关注度高的地方，我又在南京，所以它的创办地首选南京。

在南京，诗歌是一个永恒的主题。我现在做的很多活动都是诗歌相关的，邀请了很多南京诗人做客南京圆桌派。大家总是关注南京以前的诗歌文学传统，其实现在南京的诗人也很多，他们的诗歌也都非常好，但是又有多少人知道？也许经常参加我们诗歌活动的读者会知道，但是从整个中国来看，他们是隐没的。我们后面主要的方向会放在诗歌，我们不仅会邀请南京诗人，还会邀请外地诗人来到南京，与南京诗人有更多的交流互动，努力打造一个开放式的南京诗歌生态。

此外，我们的受众都是南京的，他们对文学的兴趣爱好可能比其他城市更浓厚。如果没有这些读者，我做一两场活动可能就没兴趣了，没动力了。也是因为南京这些读者对文学的热爱，他们对我们活动的关注和支持，让我更有信心把读书会做下去，把读书会做好。

刘奇：青年作家，文学活动策划人，
宁夏大学新闻与传播学研究生。

后 记

距离《领读南京》自序的写作，一晃大半年过去，这本汇聚了南京城15位跟阅读相关的代表性人士的口述访谈合集，已经出版在即。

这段时间，因为小鱼左手的意外受伤，我们夫妇共同休了一个月长假，在我老家南通海安休养。每天白天的日常生活，就是作为《领读南京》策划编辑和责任编辑的小鱼审看本书书稿，而我则潜心编读最近五六年里从海安唯一一家旧书店——欲晓旧书斋淘来的多本文史类经典旧书。我们在一天天的日常阅读与围绕阅读展开的交流中，期盼《领读南京》一书在2024年年底的如期出版。

这次休假，距离我离开海安到北京、上海、南京等城市求学生活，已经过去了整整25年。这也是长达四分之一世纪的时间里，我跟小鱼第一次有机会在老家待这么长的时间。年过不惑的生命状态与越发沉静的心绪，让老家书架上购入多时却从未能静心读完的那些泛黄旧书，一一得以被重新认真品读。也正是在这样的状态之中，我才对小鱼多年以来个人微信签名档里不变的内容，来自诸葛亮的两句名言——“非淡泊无以明志，非宁静无以致远”，有了更加直观和深刻的认识。

前天是我42周岁的生日，人生已半，想做的事情还有很多，然而个人的身体状态和精力，却已经缓缓呈现出衰退的趋势。在这样的背反状态下，只有真正让自己安静与淡泊下来，大力地对人生议程做减法，或许才能一一完成我们最想写的书、最想实现的创作与最想兑现的生命之旅。

感谢17年前，在高中同学夏永梅的大力建议之下，选择兼具人文历史底蕴与现代都市风情的南京，作为自己的长久栖居之地；更感谢这么多年以